【基金项目】本书受南京工业大学党建与思想政治教育研究ì
域下大学生学习力构建研究"（项目编号：SZ20230302）资助

U0591845

高校思想政治教育环境建设与优化研究

于佼慧　林　宁　著

WUHAN UNIVERSITY PRESS
武汉大学出版社

图书在版编目(CIP)数据

高校思想政治教育环境建设与优化研究/于佼慧,林宁著 . —武汉:武汉大学出版社,2025.3
ISBN 978-7-307-24129-9

Ⅰ.高… Ⅱ.①于… ②林… Ⅲ.高等学校—思想政治教育—研究—中国 Ⅳ.G641

中国国家版本馆 CIP 数据核字(2023)第 220377 号

责任编辑:周媛媛 冯红彩　　　责任校对:汪欣怡　　　版式设计:文豪设计

出版发行:**武汉大学出版社**　(430072　武昌　珞珈山)
　　　　(电子邮箱:cbs22@ whu.edu.cn　网址:www.wdp.com.cn)
印刷:武汉中科兴业印务有限公司
开本:720×1000　1/16　印张:14.75　字数:210 千字
版次:2025 年 3 月第 1 版　　2025 年 3 月第 1 次印刷
ISBN 978-7-307-24129-9　　定价:79.00 元

前　言

　　高校思想政治教育环境是高校教育发展的重要组成部分，也是构成高校学生全面发展的重要内容，可以说是高校教育精神和形态的体现。高校思想政治教育的内容不仅涉及大学生对基础课程理论知识的学习，还涉及对大学生的信仰、操守、理念和态度的培养。它与学校的整体发展有着密切的联系，对高校的教学、科研和建设都有重要的贡献。关注思想政治教育环境的难点、热点、弊端及改革方向，以更加理性、全面、循循善诱的方式，制定出更好的思想政治教育政策、提升思想政治教育效果，对高校的发展至关重要。因此，教师、家长、学生和社会各界都需要充分认识到思想政治教育环境对高校学生身心发展的重要性，从而切实加强和保障高校思想政治教育的环境建设和优化。

　　高校思想政治教育环境的建设与优化是高校发展路径选择的中心课题。实现思想政治教育环境的建设与优化，必须根据学校的特点、服务对象的特点，结合我国当前的社会实践，统筹考虑各方面因素，把思想政治教育环境建设与优化作为一项系统工程来研究，从组织架构、人员配备、内容选择、教育方式、效能评价及经验交流等方面入手，并以"服务学生，贯彻政策，促进发展，构建人文环境"为准则，不断调整和完善教育绩效的管理体系，形成一套高校思想政治教育环境建设与优化的有效模式和机制。因此，高校需要通过新闻媒体、宣传教育、校园文化的引领和传播，建立和营造高校思想政治教育的氛围，提升学生的思想意识，培养学生的思想政治素养。在教育资源配置方面，充分发挥政教结合的特殊作用，深入结合学校实际，利用新媒体平台，采取多种形式实施思想政治教育，为学生应用新知识提供有效的支持。在师资力量等方面，应加强高校思想政治教育的队伍建设，鼓励教师积极发挥主观能动性，提升教师的科学决策能力，以保证高校思想政治教育的有效开展。

　　总之，高校思想政治教育环境的建设既要积极而有效地营造社会舆论氛围，又要不断优化和加强高校思想政治教育队伍建设，为学校全面发展发挥更大作用。此外，还要加强高校思想政治教育研究和实践，利用现代化教育技术，培养学生的思想政治意识，树立正确的价值观念和行为准则，使高校思想政治教育深入人心，为学生的全面发展奠定坚实的基础。

　　本书重点研究思想政治教育的理论、实践和改革等方面，系统论述了当前高校思想政治教育环境现状，深入挖掘影响高校思想政治教育环境的因素，提出思想政治教育环境改革对策，构建思想政治教育发展新视角，充分发挥思想政治教育在促进社会发展中的作用，以实现思想政治教育的全面深化发展。本书旨在为地方政府和高校教育部门提供有用的思想政治教育理念和实践经验，使他们能够更好地把握国家政策和推动教育改革。通过对比研究，总结近年的生活实践，分析新形势下高校思想政治教育各种环境，深入研究高校思想政治教育环境及其发展趋势，本书提出了相关改革建设的科学方案，同时也提出了未来高校思想政治教育环境面临的挑战和对策。本书将为21世纪高校思想政治教育环境改革和优化工作提供有价值的参考。本书深入分析思想政治教育环境的复杂性，通过学习已有的有关思想政治教育的研究成果，从历史、现状和发展趋势出发，深入研究高校思想政治教育环境及其发展真实情况。经过不懈努力，笔者给出了一些解决方案，以进一步推动高校思想政治教育环境的发展，提高高校教育质量，促进国家教育现代化进程。本书将为当前高校思想政治教育环境的改革和优化提供参考，对学术界和社会发展具有现实意义。希望本书能够引发更多的学术讨论，为政府和高校提供有价值的建议，促进高校思想政治教育环境的改革和发展，为国家教育发展作出更大贡献。

　　全书共六章，对高校思想政治教育环境建设进行分析研究。第一章为相关概念界定与研究基础，主要分析思想政治教育与思想政治教育环境、思想政治教育环境建设与优化的实践基础、思想政治教育环境建设与优化的理论基础等内容；第二章主要介绍思想政治教育环境建设的主要内容、方式与特征；第三章为我国高校思想政治教育环境的现状与影响，主要分析高校思想政治教育的国际环境与经济环境、文化环境与社会环境、自然环境与网络环境；第四章主要对高校思想政治教育环境建设的原则与实现路径进行分析；第五章探索高校思想政治教育环境存在的问题与对策；第六章分析新媒体环境下高校思想政治教育环境的建设，主要包括新媒体环境下高校思想政治教育环境的新变化、新媒体环境下高校思想政治教育环境的现状及问题、新媒体环境下高校思想政治教育环境建设的新要求、新媒体环境下高校思想政治教育环境建设的对策。

　　本书由于佼慧（山东建筑大学商学院）和林宁（南京工业大学建筑学院）编写。其中于佼慧负责前言、第一章至第三章内容的撰写工作（约11万字），林宁负责第四章至第六章内容及后记的撰写工作（约11万字）。由于时间仓促，加之作者水平有限，书中难免存在错讹，恳请读者批评指正。

目　　录

第一章 相关概念界定与研究基础

第一节 思想政治教育与思想政治教育环境

一、思想政治教育

当前，关于思想政治教育的概念学术界有不同界定，可以总结为以下几种。

第一种观点将思想政治教育看作政治思想教育，认为思想政治教育是一种推动人在发展过程中实现社会化的教育活动。这一观点强调阶级性是思想政治教育的重要特征之一，并认为思想政治教育在人的发展过程中主要发挥的作用是促使人的思想、观念及行为等的发展。第二种观点认为思想政治教育本质上是一种思想教育，是为了能够在人的发展过程中帮助人的思想素质获得提升的教育。该观点强调思想政治教育的重点在于使人的哲学、政治及法治等思想层面得到提升。相较于前两种观点，第三种观点认为思想政治教育是一种结合道德教育和思想教育的综合性教育。同时，该观点指出思想政治教育不仅要实现人在思想上的转变，还要对人的道德品质进行塑造，从而实现人在道德认识、情感表达以及意识行为等方面的统一和提升。第四种观点认为思想政治教育尽管包含思想教育、道德教育及政治教育，但是思想政治教育的本质是育人，而要想实现育人效果，就需要在教育过程中重点研究人的心理，从而把握人的心理。该观点认为在思想政治教育中，心理健康教育既是基础也是核心。同时，这种观点认为思想政治教育需要以人的内在心理认知作为出发点，主要原因在于只有在教育过程中促使教育对象从内心对教育产生认同，才能够通过教育引导教育对象形成更强的积极性和创造性，从而激发教育对象的潜能，并且在此基础上改变教育对象的思想和行为。第五种观点在上述四种观点的基础上提出思想政治教育范围应该更加宽泛，即该观点认为所有针对人本身思想的教育都属于思想政治教育。

不同专家学者对思想政治教育的概念及范畴给出了不同看法。比如，学者张耀灿表示，任何思想政治教育活动都需要基于社会实践活动，同时必须实现人们思想道德和思想政治教育的契合，这样才能促使人们的行为活动与社会发展实际需求相符合，引导人们在发展过程中逐渐形成与主流意识形态相符合的思想道德观念。①学者邱伟光则认为，思想政治教育是一种建立在思想教育、政治教育及道德教育等基础上的对教育对象进行有目的、有影响的"润物细无声"的过程，最终促使人们在发展过程中形成与社会实际需求相符的思想道德品质及行为模式。②

对上述学者的观点进行总结，笔者认为思想政治教育概念的界定需要在马克思主义理论基础上与我国发展经验进行结合，并且需要在合理的框架内进行。笔者认为，思想政治教育是一种以马克思主义理论为基础和指导，并且充分结合我国发展建设经验，为了能够实现中华民族伟大复兴所开展的教育活动，最终目的是对人们的思想进行改造，从而构建和谐文明的社会。

二、思想政治教育环境

（一）环境

1.环境的概念

关于"环境"这一概念，《辞海》（第七版）给出了两种解释：第一种是广义上的概念，指的是环绕所辖的区域。这一区域环绕的中心是包括人在内的所有事物。第二种是狭义上的概念，一般指围绕人类生存和发展的各种外部条件和要素的总和。具体到本书则为人所生活的空间。这一空

---

① 张耀灿，孙清华．思想政治教育学科建设规律性探索与遵循 [J]．教学与研究，2022,56(12):74-82.
② 邱伟光．思想政治教育的学科定位和本科人才培养 [J]．思想政治课研究，2017(5):1-4,9.

间所环绕的中心是人类。环境是人类生存与发展的各种外部条件和要素的总体，分为自然环境和社会环境。在自然环境方面，按照组成要素进行划分，可以分为大气环境、水环境、土壤环境和生物环境等。从上述定义可以看出，环境的中心项只有一个，所有关于环境的内涵及外延都是以这一中心为参照，正是中心事物和外部因素之间的作用最终形成了特定的环境系统。在这一系统中，如果中心事物产生变化，那么环境也会随之产生变化。同时，环境是在中心事物基础上所有外部相关因素及条件的总和。正因为外部因素及条件本身具有复杂性，所以环境往往表现为不同因素及条件的呈现。从教育学方面来看，由于教育学本身是以人为研究对象的，因此教育环境是以人为环境中心体的。

本书所谈的环境就是这种以人类主体为中心所形成的环境。这一环境泛指所有同人的生存与发展相关的且存在于时空中的物质、信息及能量，主要包含自然环境、社会环境、精神环境及文化环境等。人的生存与发展不仅需要有一定的环境作为基础，同时任何个体都不能脱离环境而存在，因此人类的发展历史可以说是人类和环境相互作用的过程。人类所进行的一切活动都必须有一定的外部条件，同时也必然会受到外部条件的影响。

2.环境的类别

在以人类主体为中心的基础上，按照不同的标准，可以将环境分为不同的类型。比如，按照空间进行划分，环境可以分为宏观环境和微观环境。其中，宏观环境指的是人类所生存的自然环境和社会环境，其中社会环境如果按照领域进行划分，则可以分为经济环境、政治环境、文化环境及信息环境等。微观环境主要指的是与个人生活直接相关的工作环境、家庭环境、学习环境等。以时间为基础，可以将环境分为历史、现在和未来等不同类型的环境。按照构成性质进行划分，可以将环境划分为物质环境和精神环境两种类型。物质环境是一种可以看得见、摸得着的环境，如各种自然风景、建筑物等；精神环境是一种只可以用来感受的环境，如人际关系、社会风气等。按照状态进行划分，可以将环境划分为开放环境和封闭环境。开放环境指的是人和外部思想、信息有开放交流的环境；封闭环境指的是人和外部思想、信息没有任何交流的环境。按照作用进行划分，可以将环境分为直接环境和间接环境等。

（二）思想政治教育环境

环境是人类生存与发展的基础，如果没有环境支撑，人类将不复存在。对于思想政治教育而言，在不同的教育活动开展过程中需要有相应的环境作为支持。从个体角度来看，所有个体的道德品质都是基于一定环境逐渐形成的，主要原因在于环境会对个体的大脑产生直接影响，从而促使个体在发展过程中逐渐形成与环境刺激相符合的思想，最终形成外在行为模式。因此，要想在实际思想政治教育过程中完成教育环境对教育对象的塑造及教育环境的优化，就需要对思想政治教育环境形成过程中的各种影响因素进行分析与研究。

相关环境研究最早开始于20世纪80年代初期，经过多年发展，已经形成多种研究成果。从目前来看，思想政治教育环境作为客观存在的现实环境体系，在实际发展过程中具备了以下五方面特征：一是广泛性特征。思想政治教育环境的广泛性指的是在现实生活中，思想政治教育环境存在于生活的各个方面。比如，该环境不仅包括历史环境，同时也包括时代环境；不仅有现实的也有虚拟的。从整体上来看，该环境是一种在社会生活中普遍存在的环境。二是复杂性特征。从思想政治教育环境当前实际形态来看，复杂性较为突出。这种复杂性主要指的是思想政治教育环境是以多种形式而存在的，并且往往会通过多种方式对人产生影响，所以思想政治教育环境具有较为突出的复杂性特征。如果从形式方面来看，思想政治教育环境既可以通过精神形式对教育对象产生影响，也可以通过物质形式对教育对象产生影响。如果从导向性来看，思想政治教育环境具有建构性，同时也具有消解性。如果从影响来看，思想政治教育环境既可以对教育对象产生隐性影响作用，也可以对教育对象产生显性影响作用。如果从效果来看，即使是同一思想政治教育环境，对不同人所产生的效果也会存在不同；即使是同一个人在不同环境中，也会感受到不同的效果。所以，不论从何种角度来看都可以得出思想政治教育环境具有明显的复杂性这一结论。三是动态性特征。动态性特征指的是思想政治教育环境时刻处于动态变化中，不是固定的。比如技术的发展与革新促使物质条件发生变化，此时思想政治教育环境也随之发生变化。四是思想政治教育环境具有特定性。特定性主要指的是在实际教育过程中，教育对象所处环境是特定的。五是可创性特征。可创性特征指的是任何一种思想政治教育环境都可以通过不同方法或途径进行新的创造或优化，并在原有基础上进行改良。

（三）高校思想政治教育环境

1. 概念

要想明确高校思想政治教育环境就必须明晰环境这一概念。前述内容已经对环境这一概念进行了解析，在此不再赘述。从前述内容可知，以某种事物为中心，围绕这一中心点的其他事物所形成的就是环境。因此，高校思想政治教育环境可以进行如下界定：高校思想政治教育环境是以校园内教育对象为基础与中心，所有能够对思想政治教育活动产生影响的外界因素的总和，主要包括校园内部的软件、用电设施、人文环境等，同时也包括社会道德规范、政策制度及法律法规等。

2. 类型

从前述内容可以得知校园、社会、家庭及其他方面的环境是高校思想政治教育环境的组成部分，即可以将高校思想政治教育环境分为几个部分。高校思想政治教育环境的主要构成要素包括校园环境、社会环境、家庭环境及其他环境。校园环境可以分为校园内部的物质环境、校园文化环境及校园人际环境。校园物质环境主要包括校园内的建筑、休息场所、教学设备设施、校园绿化等；校园文化环境主要包括校风、教风、学风及文化氛围等；校园人际环境主要包括校园内部不同主体之间的关系，比如学生关系、教师关系、其他工作人员关系等。社会环境主要包括社会经济环境、社会政治环境及社会文化环境。其中，社会经济环境主要包括各种经济制度及经济发展情况等；社会政治环境主要包括政治制度、相关法律法规、政策等；社会文化环境主要包括社会风俗、民众信仰及价值观念等。家庭环境主要包括家庭的物质条件、家庭氛围、家庭成员情况及家庭教育方式等。其他环境主要包括学校周边环境及网络环境等。

3.功能

从整体来看，高校思想政治教育环境是以高校为基础所形成的教育环境，所以高校思想政治教育环境在发展过程中形成了自身所独有的教育功能。高校思想政治教育环境能够对教育对象的思想、心理状态及行为方式等产生影响，从而促使教育对象形成正确的价值观念，进而在社会中营造积极向上的社会氛围，最终对社会发展产生积极影响。

具体而言，高校思想政治教育环境具有隐性感化功能、利益导向功能、理想激励功能、同质强化功能、物质保障功能、价值导向功能、感染熏陶功能、行为约束功能及精神动力功能等。

（1）隐性感化功能

隐性感化功能的关键在于思想政治教育环境能够通过间接的情感熏陶方式对教育对象进行教导，从而使教育对象被情感影响，感受到环境中存在的动人之处，进而受到感化。通常情况下，环境对人产生的影响是潜移默化的，这种潜移默化的影响相较于强制性的影响更能够获得良好效果。要想达到这种潜移默化的影响效果，就要求高校思想政治教育工作者必须对政策与环境中的各种因素进行把握，特别是要让环境中存在的各种积极因素在无形中对教育对象进行影响。比如，每所高校都有校风、校训，这些都能够为大学生提供一个陶冶情操的环境。

（2）利益导向功能

环境本身的导向功能主要表现为能够对教育对象的需求及利益实现发挥正面的引导作用。第一，在该环境中存在各种积极因素。马克思主义及在此基础上形成的各种经验，能够引导大学生正确认识自己与自然的关系、自己与他人的关系，使大学生在追求自身利益的过程中或在满足自身需要的过程中明确利益标准，从而学会对自然的敬畏，以及尊重他人。第二，大学生在高校教育环境正面因素的引导下，在追求自身利益的过程中学会实现自我价值，并且在各种客观规律及道德规范的限制下约束自己，对自身的行为进行管控，从而实现与自然、社会及集体和谐共存的目标。

（3）理想激励功能

由于在高校的思想政治教育环境中存在各种积极因素，因此能够激励大学生追求自己的理想。目前，理想教育已经成为我国高校思想政治教育中的重要组成部分，并且各大高校在实际工作中通过各种理想教育的活动来引导大学生树立科学的理想以及形成艰苦奋斗的精神，进而促使大学生在科学理想的指引下追求更高的目标。特别是高校思想政治教育对共产主义理想的宣传，能够帮助大学生在追求自身理想的过程中始终保持正确的方向，并且在正确方向的指导下追求更长远的发展目标，形成优秀品质。

（4）同质强化功能

同质强化功能是指环境影响中具有的积极作用，与高校思想政治教育的目标一致。比如，在今天的高校中，无论是图书馆、博物馆还是校园，都会通过各种各样的海报宣传社会主义核心价值观，这些方式充分彰显了我国社会的主流意识形态，使大学生亲身感受环境的积极作用并在思想教育方面得到强化，从而将社会主义核心价值观深入大学生的头脑中。另外，环境处于动态发展过程中，并且有一定的客观规律性，所以必须遵循环境的作用及环境和思想政治教育的规律，这样才能够促使高校思想政治教育充分吸收环境中的教育内容，实现持续发展。

（5）物质保障功能

环境是人类生存与发展的基础，主要原因在于人类在发展过程中需要通过环境获得支撑自身发展所需的各种物质条件。人类在发展过程中对历史的创造基础在于能够保障自身生活，而要保障自身生活就需要满足支撑自身生存的衣食住行等生活上的基本需求。所以在人类历史发展过程中，首先进行的活动，也可以称为人类诞生后所进行的第一个历史活动，就是从环境中获得能够支撑自身生存的物质资料，这就是生产或物质生存。人类进行不同活动的基础由物质环境支撑，如果缺少物质环境，人类就无法生存。对于高校思想政治教育工作而言，物质环境是思想政治教育可以顺利进行的基础。主要原因在于思想政治教育工作是一种社会实践活动，而任何社会实践活动都必须建立在物质条件支撑的基础上，比如，在思想政治教育活动开展过程中需要相关教育场所、教育设备等各种资源的支撑，这些是思想政治教育活动能够顺利进行的物质基础。

　　高校思想政治教育活动的开展需要有高校的物质环境作为支撑，物质环境能够为高校的教育工作提供物质保障。比如，思想政治教育的国际环境能够促使思想政治教育活动融入更多国际内容，从而为大学生在校学习期间所进行的各种专业学习提供更多可能性，也能够为大学生事业的开拓、思维的发展提供更多机会。同时，国际环境能够帮助高校大学生提升其专业技能，增强其心理健康素质，促使大学生形成爱国之心，树立报国的志向。高校思想政治教育的经济环境是各种教育活动能够在校园内部顺利开展，并且获得良好效果的重要前提之一。对于任何一个国家而言，经济基础会对该国能否实现发展目标产生直接影响。而一个国家的整体发展情况会影响该国所能够获得的财富总和，这样的财富总和又能够决定人们是否能够拥有高水平的生活，同时也会直接影响该国在思想政治教育方面能够获得多少经济支撑，从而影响各种教育活动的物质保障基础是否充实。如果没有强大的经济基础作为支撑，往往会导致高校的思想政治教育工作因无法获得保障而难以开展。在高校思想政治教育实践活动开展过程中，文化环境也能够提供环境支持。通常情况下，文化环境的质量高低会影响教育对象的整体文化水平及整体素质。对于高校大学生来说，接受的文化教育越多，就越容易在思想政治教育过程中实现对自我道德的约束和行为的规范。对于社会成员而言，所处社会环境文明程度越高，在实行思想政治教育过程中所需要的教育投入就会越低。社会环境能够为高校思想政治教育提供物质保障及社会氛围。通常情况下，稳定的社会及和谐的社会环境更加有利于思想政治教育活动的进行，也更加有利于提升思想政治教育的实效性。校园教学环境也可以为高校思想政治教育提供更多保障，如果校园有着合理的布局、齐全的设备及先进的设施，那么就能够为高校大学生营造出良好的学习环境，从而充分满足大学生的学习需求。通常情况下，如果思想政治教育处于良好的自然环境中，就能够促使身处这种环境中的人感到心情舒畅，产生更强烈的愉悦感，不仅可以促进教育对象实现全面发展，同时也能够支持教育对象的学习积极性得到提高。同时，在自然环境中存在的各种资源，也可以在思想政治教育过程中被利用，从而拓展思想政治教育资源。互联网的快速发展促使网络环境成为高校思想政治教育环境的重要组成部分，网络环境不仅为大学生提供所需要的信息，还可以帮助大学生打破时空的限制，以更低的成本和更高的效率获得各种有用的资源，还可以使大学生更好地融入世界。

（6）价值导向功能

在高校思想政治教育环境的建设和优化过程中，人能够充分发挥自身的主观能动性，有意识、有目的地对环境进行改造。所以，高校思想政治教育环境在设计、布局过程中，可以有意识地创设会对学生思想道德品质产生积极影响的形式。

第一，价值导向功能主要体现为在高校思想政治教育环境建设和优化过程中所产生的全过程及全方位的影响。从时间方面来看，高校大学生进入高校直到毕业这一过程，必然会受到思想政治教育环境的影响。学生在高校的学习、生活及社会实践，都会受到教师、后勤工作人员及学校领导的价值引导，同时也会受到校园环境中存在的各种文化的影响，还会受到社会实践中各种榜样人物带来的影响。从空间方面来看，高校大学生在发展过程中所接触的各种环境，如校园环境、家庭环境等，都会在一定程度上对大学生的价值观念产生影响。特别是大学生在面对一些重大的社会事件或是遭遇重大挫折时，大学生的思想会更容易受到外界环境的影响，从而产生价值观念方面的改变。从整体上来看，环境不仅能够多层次和多角度地对大学生产生影响，也能够为大学生开辟新的发展途径，还能够为大学生提供更多新资源。比如，在我国实行改革开放后，随着整个社会环境的变化，人们的积极性得到了前所未有的激发，同时也使人们的思想观念发生了重大变化。这就是社会环境发生变化后所形成的推动作用。

第二，价值导向功能有多种多样的实现途径。通常认为思想政治教育环境的价值导向功能主要有三种实现途径：第一种是舆论导向。舆论导向指的是在社会舆论的支撑下，对人们的思想和行为进行引导，主要环境是各种媒介环境和教育文化环境，这些都能够对高校大学生产生价值引导。在面对社会突发事件或一些重大的群体性事件时，媒介环境能够使大学生形成一种具有特定性的舆论导向，从而对大学生的价值判断产生影响。校园文化环境中的教学风气、学校风气及学生身边的榜样人物都会对学生产生无限的影响。第二种是规范导向。规范导向指的是在法律法规或是规章制度的基础上，对人们的行为进行规范，从而引导人们树立正确的价值观念，以及强化人们的思想道德品质。规范导向涉及法律法规，相较于舆论导向有着更强的强制性特点。对于高校大学生来说，作为社会成员的重要组成部分，学生本身的言行不仅会受到相关法律法规的规范，也会受到学校规章制度的约束。法律法规、规章制度等共同构成了对社会成员产生约束的基本规范，从而引导社会成员在一定范围内的影响下逐步形成正确的价值观念。第三种是利益导向。利益导向指的是人们在追求物质利益的过程中或满足自身对物质利益需求的过程中所形成的导向。通常来说，个人需求的满足是形成利益导向的内在原因，社会的整体经济氛围是形成利益导向的外在原因。对于高校大学生而言，毕业后是继续深造还是就业，是最基础的利益追求之一。在继续深造方面，高校的学习氛围以及周边同学的求学欲望会对大学生产生积极的影响。在就业方面，社会的整体创业氛围、社会就业岗位的供求情况等方面会对大学生的就业取向产生一定影响。在各种环境要素中，这三种导向功能基本同时存在，并且对人的思想道德及行为品质产生影响。

（7）感染熏陶功能

在新时代，随着生活节奏的不断加快，人们更加乐于接收图片信息或者视频信息，主要原因在于这些信息更加直观，人们能够更快地理解其中的内容，而计算机技术及新媒体技术为信息的直观形象传播提供了技术支撑。对于思想政治教育环境来说，可以充分利用形象化的展示方式作用于人的感官，从而产生一种无形的感染力量，对人的思想产生影响，促使人的思想观念能够在无形中被改变。

第一，高校大学生在不同的环境中受到的影响存在差异。一般来说，如果大学生处于良好的环境中，就能够使大学生产生奋发向上、积极进取的心态，而不好的环境会导致大学生消极颓废，甚至形成一些不良的行为习惯。一方面，不同的校园环境对高校大学生产生的影响不同；另一方面，学校所处的城市不同，产生的感染和熏陶作用也存在不同。除此之外，高校大学生的家庭环境不同也会导致大学生形成不同的人格。相较于长期生活在家庭关系紧张且教育方式较为简单粗暴的家庭环境中的大学生，长期生活在关系融洽的家庭环境中的大学生往往在性格方面更为健全，情绪也更加稳定，在思想道德品质等方面也会获得更好的发展。因此，家庭的整体氛围、父母的言谈举止及父母的教育方式，都会对大学生的性格形成产生重要的影响。

第二，高校大学生在同一环境中受到的环境影响方式也会存在不同。比如，社会环境对大学生产生的感染和熏陶，主要表现为情绪感染及群体感染等。情绪感染发生在一定的大环境下，如社会舆论、校园风气等，被感染者会出现情绪波动的现象，进而在价值判断方面做出选择。从心理层面分析，情绪指的是人们内在心理状态的表现和变化，通常是在外界的刺激下出现和产生作用，如果外界刺激频繁变化，情绪波动频率就会大幅增加。高校学生由于心智尚未完全成熟，情绪方面容易出现不稳定现象，甚至有的时候会在某些外界刺激下产生激烈反应，并在情绪加持下产生激烈行为表现。从积极一面看，当国家某个地方出现突发事件时，大学生会产生人道主义情感，进而主动捐款捐物进行支持；从消极一面看，某些社会不良舆论会扭曲大学生的行为观念，甚至成为影响社会和谐的不稳定因素。情绪感染指的是社会成员受到直观的社会事务或一些事件影响时，引发情感方面出现波动和改变。一般来看，直观可见的事物和现象更容易带来直接刺激，让人们的情绪产生变化，进而向情感层面反射，进入人的内心，成为人们进行思考的推动力。因此，对于高校思想政治教育来说，将典型的形象进行生活化和具体化，能够使这些典型形象产生的感召力更强。群体感染指的是在一个群体中不同成员之间产生关联后所形成的环境场域，处于其中的人都会受到影响。环境场域具备积极向上特征时，人们会变得朝气蓬勃、精神振奋，做任何事都能保持良好精神状态；环境场域低沉萎靡时，人们会精神不振，整天无所事事，没有清晰目标。对于高校大学生来说，他们正处于朝气蓬勃的发展阶段，容易受周围群体的影响，同时在受到影响时所产生的反应也更加强烈，容易形成从众心理。所以，高校需要对大学生群体感染事件加以关注，采取积极措施引导群体感染的积极发展具有重要意义。

（8）行为约束功能

人参与生活必然离不开环境的熏染。一方面，人会从环境中汲取各类资源支撑自身生活下去；另一方面，环境会对人产生约束力。高校的思想政治教育便承担着塑造对大学生具有约束力的教育环境的使命，目的是引领大学生在思想和行为方面趋于合理和正常，并能在追求个人理想时保持限度，避免陷入极端个人主义的误区，使其思想与行为得到更好的发展。

关于"约束力"，可以从以下四个方面进行理解：第一，不同的思想政治教育环境对处于其中的成员能够产生不同的行为约束力。从前述内容可知，环境和人的关系是相互的，环境能够对人产生影响，人也可以对环境进行改造。通常情况下，良好的思想政治教育环境能够对人的行为进行规范和约束，而不好的思想政治教育环境会导致歪风邪气快速蔓延。如果一个环境形成了良好的风气，那么就会对其中的错误行为或负面行为产生抑制作用，从而促使人朝着正确的方向发展。与此相反，如果一个环境形成了不良风气，那么就会对正确的思想和行为产生抑制作用，从而促使处于其中的人走向消极的一面。当人们处在周围都是熟人的环境中时，会比处于陌生人环境中受到更多的约束力，因此学校、军营等环境所表现出的约束力会更强。第二，在思想政治教育引领下所塑造的教育环境是稳定的，而处于其中的不同群体所受的约束力会存在一定差异。高校思想政治教育环境是一种独立的环境系统，来自五湖四海的学生聚集于此，这些学生有着各自的文化修养和不同的爱好，即使处在同一种思想政治教育环境中，也会因为各方面因素的影响而产生不同的学习动机及不同的就业取向，还会形成不同的价值观念及行为习惯。大学生进入高校学习，原本在入校时并不会表现出较大差异性,但在学习过程中这种差异性会随之凸显,之所以会产生这种现象,除了个人主观意识的影响,环境所起到的作用也不可忽视。所以,即使面对同样的教育环境,学生之间的差异会成为产生不同环境反应的源头,表现为学生所受影响各不相同,所受到的约束力也会具有差异。第三,思想政治教育环境也能形成舆论压力,让学生规范自身行为。环境舆论对应着影响空间,会在各种环境中产生效应,比如宿舍环境、校园环境甚至是网络环境,在这些环境中形成相应的舆论评价。但是,由于认知及价值观念等方面存在差异,即使是相同的言行也会产生不同的评价,这些评价既有正面的也有负面的。尽管这种评价不够全面,但是所形成的压力是真实存在的,能够让学生重新思考和判断,并对自身言行举止做出新的衡量,同时学生也要在这一过程中学会适应这种压力和环境。第四,思想政治教育环境能够以"行为"为纽带,对学生的思想道德实践进行约束。思想政治教育环境的形成除了依靠理论学习外,实践过程也是重中之重,并且实践过程是动态的,可以支撑教育环境随着实际情况的变化而变化。所以当讨论教育环境导致某种价值取向时,一定要对相关实践做出深入分析,挖掘思想意识是重点所在。当这些工作做到位后,有利于传达给大学生正确的行为认知,让他们积极学习和努力贯彻,发现自己的短板和不足并进行改正。行为规范化是塑造正确价值观的重要一环,该环节得到夯实后,大学生在未来的生活与发展中会做出正确选择,同时他们的道德品质也会得到完善。

（9）精神动力功能

人的道德品质有先天基础,而完善与提升是依靠后天努力,其中环境因素发挥着重要作用,因此一定要对环境因素给予高度重视,使其在道德品质发展中产生更大的推动力。高校思想政治教育环境是环境因素的重要组成部分,其特殊性与专业性能够对学生产生正向刺激作用,并且这种作用会随着教育的开展进而形成强大推动力。随着时代的更迭发展,大学生作为国家建设者所要承担的责任与压力会不断提升,如果大学生的精神动力得不到激发,其价值将会大打折扣。第一阶段,环境作用于人,从而带给人压力，之后向动力转化。高校思想政治教育环境创设的目的是带给学生压力，再逐步帮助学生将压力转化成动力，而这种动力会让大学生逐渐与这些环境相融合，使大学生在环境的熏陶下形成一种与环境相符合的人格特征。高校大学生正处在思想道德观念形成的重要阶段和时期，因此教育环境建设不能有丝毫放松，其中有目的、有计划是基础，从而以此对环境动力因素进行开发，制订科学合理的规划，使教育环境建设效果更加显著，让大学生获得更好的精神熏陶和引导。在第二阶段，环境所产生的压力和转化而来的动力作用于大学生后支撑他们采取行动，通过亲身实践实现自我提升。所处环境积极良好时，往往包含更多的正面力量，这些正面力量能够刺激处于其中的人形成积极向上的心态，并且引导人走向真善美；而不良的环境包含更多的负面力量，这些负面力量会诱导人颓废堕落，甚至走上违法之路，断送自身的大好前程。具体到高校思想政治教育环境建设中，首先是确定建设目标与方向，其中大学生要成为核心和中心，确保建设举措能为大学生的良好发展服务，让他们成为有理想、有道德的先进分子，除了约束自身行为外，还能影响周围的人。所以"人"始终处于中心地位，只有"人"在环境中受益，才意味着教育环境建设是成功的。从目前实际情况来看，我国高校思想政治教育面临的一个难点问题是，尽管大学生对优秀的精神动力有深入认识，并且对这种精神价值持认可态度，但是往往在落实到行动中时会出现各种问题，主要表现为这样的精神动力仅停留在语言上，没有落实到行动中，导致这种正面力量一直停留在第一阶段，从而造成高校思想政治教育环境建设难以达到预期。

在思想政治教育环境精神动力功能的两个阶段中，第一阶段属于思想政治教育环境建设不可忽视的环节，也是基础所在。在对思想政治教育环境进行建设与优化的过程中，只有将第一阶段做好，才能够推动第一阶段进入第二阶段。而第二阶段又会反过来作用于第一阶段，使第一阶段的精神动力更足，方向也更清晰。如此相互支撑，思想政治教育环境能够形成良性循环，为思想政治教育环境建设工作的更好进行创造条件，最终营造出动态革新和实时更新的教育环境。

第二节　思想政治教育环境建设与优化的实践基础

中国共产党自建立时便将思想政治教育工作作为重点，并不断革新开展方略来保障该工作正常运转，这成为中国共产党保持良好组织性和传承优良作风的重要支撑。在长期实践中，相关做法从具体行为升华为指导理论与文化传统。高校思想政治教育工作可以从中汲取经验，除了坚定大方向外，具体做法也应得到足够重视。以下内容主要围绕中华人民共和国成立后高校思想政治教育工作开展的实践进行研究和分析。

一、中华人民共和国成立以来高校思想政治教育的历史实践

中华人民共和国成立以来，思想政治教育便是高校的工作重点所在。该工作与社会主义建设紧密关联，高校也在长期发展过程中积累了宝贵的实践经验，留下了深刻的历史启示。这一发展过程可以分为五个重要的历史时期。

（一）批判创建时期

随着中华人民共和国成立，在高校开展思想政治教育工作成为中国共产党的重要工作之一。但是当时的教育环境十分复杂，其中传统思潮的影响十分突出，表现为各种旧的思想在师生的思想意识中占据重要地位。此外，当时我国尚未建立新的或具有系统性的思想政治教育工作体系。在各方面没有稳固的情况下，中国共产党没有一味等待而是积极出击，对落后的、陈旧的思想大力批判，对积极的、先进的思想则充分汲取，通过长期实践后逐步形成更具可行性和可操作性的思想政治教育相关措施，支撑我国高校形成新的思想政治教育体系。

第一，明确教育性质，并对教育内容进行规划。1949年9月29日，我

国出台了《中国人民政治协商会议共同纲领》。该文件明确指出："中华人民共和国的文化教育为新民主主义的，即民族的、科学的、大众的文化教育。人民政府的文化教育工作应以提高人民文化水平，培养国家建设人才，肃清封建的、买办的、法西斯主义的思想，发展为人民服务的思想为主要任务。"由此看出，中华人民共和国成立之后，思想政治教育工作已逐步总结了很多经验，具体表现在融入新的教育思想、教学内容以及课程方案等方面。

第二，完善课程体系，并动态开展课程建设。中华人民共和国成立初期，我国教育领域就已经充分认识到课程建设的重要意义与价值，进而基于此开展了多项工作。1949年10月，政治经济学、辩证唯物论与历史唯物论等课程成为很多高校开展思想政治教育的重要内容。1952年10月，教育部围绕以上课程作出进一步指示，其中包括扩大开展范围，要求财经院校、艺术类院校及综合性大学必须开设新民主主义论、辩证唯物论与历史唯物论及政治经济学三门课程。1953年，教育部再次下发通知，要求各大高校在原来的基础上开设新的课程，主要包括马列主义基础，并且将原来的新民主主义论改为中国革命史。

第三，优化人才建设工作。在中华人民共和国成立初期，我国开创了大学生思想政治工作制度，进行了辅导员队伍建设。比如在1951年，教育部强调高校必须加强对思想政治教育工作的领导，必须有专人负责这项工作。1955年，中共中央要求加强高校的思想政治工作力量，加快思想政治教育工作队伍建设。通过一系列的规章制度及措施，促使我国在成立初期就建立了高校思想政治教育工作制度，并且思想政治教育从业人员进一步增多，队伍不断壮大。

（二）初步探索时期

1956年，我国基本完成了对农业、手工业和资本主义工商业的社会主义改造，同时高校思想政治教育工作也进入正轨，开启了快速发展之路。

首先，这一时期我国对思想政治教育工作给予了更高重视，并且强调在高校思想政治教育工作中必须始终贯彻全面发展的方针。1957年2月，毛泽东在《关于正确处理人民内部矛盾的问题》中指出："我们的教育方法应该使受教育者在德育、智育、体育几方面都得到发展，成为有社会主义觉悟的、有文化的劳动者。"1958年9月，中共中央、国务院在《关于教育工作的指示》中明确提出，"党的教育工作方针，是教育为无产阶级政治服务，教育与生产劳动相结合"。在教育部颁布的《1958—1959学年度中学教学计划》中提出了一项新规定，即在初、高中各年级都开设生产劳动课。

其次，教育部开始整合思想政治教育课程，目的是更好地为社会主义事业服务。1957年11月，中共中央批准中央宣传部《关于设立社会主义教育课程的报告》，要求高等学校和中级以上的党校要以毛泽东《关于正确处理人民内部矛盾的问题》为中心教材设立社会主义教育课程。从整体上看，在这一时期，我国在理论和实践两个方面均进行了探索研究，推动教育体系向更系统、更符合实际要求的方向进发。

最后，我国加强了党对思想政治教育工作的领导，对高校教育工作机构进行了改革。1964年6月，中共中央批转高等教育部党组《关于加强高等学校政治工作和建设政治工作机构试点问题的报告》。该报告规定了高等院校党组织尽管隶属于地方党委，但是实行以教育部党组为主，地方党委为辅的双重领导。同时，规定高校内部要专设负责思想政治教育工作的部门，这一规定在施行时先在北京大学和清华大学进行试点，而后逐步向其他高校推广。

（三）曲折前行时期

我国高校思想政治教育工作在受到了冲击的环境中，仍旧砥砺前行。在这一时期，各种对高校思想政治教育工作的批判层出不穷，这些举动必然对教育工作造成破坏，但也存在一些积极有用的内容，对高校思想政治教育工作的发展起到了相应作用。比如，在一些关于高校思想政治教育工作方案的内容中强调"开门办学"，突出了思想政治教育和生产劳动实践，充分体现了教育和劳动相结合的思想。

（四）恢复重建时期

党的十一届三中全会之后，我国高校思想政治教育工作和社会其他行业一样开始恢复重建。在这一过程中，我国高等教育领域一方面对"文化大革命"时期遗留的问题进行清理，另一方面根据当时的形势进行大胆创新。具体来看，这一时期我国高校思想政治教育工作的多个方面开始重获发展生机，相关理念、体制等摆脱落后体系制约，通过创新呈现出新的面貌，成为我国高校思想政治教育工作恢复重建的重要支撑。

首先，这一时期高校思想政治教育课程体系得到了建设和优化。1987年11月，国家教育委员会发布了《关于高等学校思想政治教育课程建设的意见》，指出高等学校在开展思想政治教育时要坚持"常态化"原则，让学生在日常生活与学习中受到熏陶和引导，这对促进学生健康发展有着重要意义。同时在这一时期，我国教育领域根据思想政治教育要求和高校大学生的实际情况，规定高校必须将形势与政策、法律基础两门课程作为必修课程。

其次，我国在这一时期加强了思想政治教育人才队伍建设。1984年4月，国家教育委员会下发了《关于在十二所院校设置思想政治教育专业的意见》，该意见指出，为了充分适应新时期思想政治教育工作的需要，决定在部分高等院校设置思想政治教育专业，并且使用更为先进的方法培养大学生，有条件的高校也可以培养研究生。1984年11月，中宣部和国家教育委员会联合印发了《关于加强高等学校思想政治工作队伍建设的意见》，该意见指出，高等院校必须组建思想政治工作队伍，为社会主义现代化建设培养更多全面发展的人才。

（五）稳步发展时期

1994年8月31日，中共中央印发《关于进一步加强和改进学校德育工作的若干意见》（以下简称《意见》）。《意见》站在更高的视角对教育工作进行分析和定位，认为教育工作要不断发展和优化，才能培养出优秀的大学生，才能为国家发展夯实人才基础。同时，《意见》指出教育工作要紧紧围绕马克思列宁主义、毛泽东思想和邓小平同志建设有中国特色社会主义理论等进行开展；要从整体出发对学校的德育体系进行规划，将中国特色社会主义理论作为中心内容。1995年11月23日，《中国普通高等学校德育大纲》正式发布，该文件作为《意见》的配套文件，对高校教职工教育思想与行为进行了进一步规范，并且提出了关于高等学校德育工作方面的具体规定。同时该文件指出要发展德育科学研究，形成全员性的德育意识，使德育整体效果得到加强，形成具有中国特色的高校德育体系。2001年，中共中央颁布《公民道德建设实施纲要》，该文件对社会道德风尚的形成、物质文明与精神文明的协调发展等具有重要意义。

二、中华人民共和国成立以来高校思想政治教育的历史经验

对中华人民共和国成立以来我国高校思想政治教育发展历程进行梳理，可以发现其中存在一些基本规律以及历史性意义。

首先，党的领导地位不能动摇。中华人民共和国是在中国共产党领导下成立的，并经过社会主义改造确立了社会主义制度，后来经过实践探索形成了中国特色社会主义道路。我国一路走来是不平凡的，遇到的困难很多，同时也总结了丰富宝贵的经验，其中坚持党的领导地位不动摇是重要内容。党的领导地位还要进一步夯实和强化，才能在新时代展现出更大价值。只有坚持与夯实中国共产党的领导地位才能正确定位思想政治教育工作，才能够充分保障思想政治教育为人民提供服务的力量不会减弱，才能够保障思想政治教育为中国特色社会主义提供的服务不会动摇。

其次，马克思主义是我们立党立国、兴党兴国的根本指导思想。实践告诉我们，中国共产党为什么能，中国特色社会主义为什么好，归根到底是马克思主义行，是中国化时代化的马克思主义行。拥有马克思主义科学理论指导是我们党坚定信仰信念、把握历史主动的根本所在。推进马克思主义中国化时代化是一个追求真理、揭示真理、笃行真理的过程。坚持和发展马克思主义，必须同中国具体实际相结合。我们坚持以马克思主义为指导，是要运用其科学的世界观和方法论解决中国的问题，而不是要背诵

和重复其具体结论和词句，更不能把马克思主义当成一成不变的教条。[①]
因此，我们必须坚持解放思想、实事求是、与时俱进、求真务实，一切从实际出发，只有这样才能锻炼人们的认知能力，从而激发人民的创造力，在推动社会健康发展的过程中产生更大的推动力，在实现中国梦的过程中发挥出更为强大的凝聚力。

最后，始终坚持人民的主体地位。中国特色社会主义道路不是一朝一夕形成的，坚持全心全意为人民服务是中国共产党的根本宗旨。从目前来看，中国共产党始终坚持"发展为了人民"的发展原则，人民群众从中受益，在社会主义事业发展中贡献更大力量，这是中国特色社会主义道路能够大踏步向前的重要支撑。思想政治教育工作要为人才培养服务，只有做到位才能培养出优秀人才，才能使中国特色社会主义道路建设后继有人，并且为是否能够实现可持续发展这一问题提供答案。因此，思想政治教育工作的中心及服务的大局不仅是人民群众的根本利益所在，同时也是实现人的全面发展的基础条件。在我国发展的不同时期，思想政治教育工作始终围绕党的中心任务，无论是在教育内容、形式还是方法等方面，都始终坚持服务于实现人的全面发展、服务于人民对更高生活水平的追求，这一目标不会变化。

三、新时代高校思想政治教育的现实实践

2013年，我国多个部门围绕青年教师培养进行研究探讨，并出台专项文件作出指导，其中提到青年教师要承担起思想政治教育的重要责任，因为他们在年龄上与大学生较为接近，进行交流沟通时会更加顺畅，能够对大学生所思所想、所追所求等充分了解，进而采取针对性教育策略。青年教师受到良好培养后，可以在大学生思想政治教育中发挥更大影响力，除了教育策略符合大学生诉求外，还能通过规范自身思想与行为来潜移默化地引导学生。在青年教师培养上，高校一方面要促进他们的思想素质与专

---

① 习近平. 高举中国特色社会主义伟大旗帜 为全面建设社会主义现代化国家而团结奋斗——在中国共产党第二十次全国代表大会上的报告 [EB/OL].(2022-10-16)[2023-12-14].http://cpc.people.com.cn/n1/2022/1025/c64094-32551583.html.

业能力得到提升；另一方面要遵循"人的全面发展"原则，促进青年教师获得全面发展，这对于贯彻党的教育方针、保障高校办学方向以及培养人才有着重要意义。

2016年，习近平总书记在全国高校思想政治工作会议上指出，要坚持把立德树人作为中心环节。"立德树人"的中心是"人"，具体到高等教育中，指的是大学生群体。这要求思想政治教育过程中必须充分调研大学生成长规律，并根据这些规律构建思想政治教育框架，支撑教育工作顺畅进行。

2017年，我国政府对思想政治教育工作给予更高重视，表现在将这项工作上升到战略层面，认为该工作是否得到良好开展会影响国家政治稳定性。2018年，习近平总书记在全国宣传会议上指出："中国特色社会主义进入新时代，必须把统一思想、凝聚力量作为宣传思想工作的中心环节"。同年9月，习近平总书记在全国教育大会上又对思想政治教育提出要求，"思想政治工作是学校各项工作的生命线，各级党委、各级教育主管部门、学校党组织都必须紧紧抓在手上。"[①]对关键词进行整合是各个学校开展思想政治教育时的重要工作，如此才能真正领略其中的思想精髓，才能通过调整办学方向、办学策略等提高教育工作水平，为培养更多优秀人才作出贡献。

思想政治理论课是巩固学生思想政治素质的重要渠道。2019年8月，中共中央办公厅、国务院办公厅印发《关于深化新时代学校思想政治理论课改革创新的若干意见》对其进行规划和引导，其中着重强调思想政治理论课在新时代必须呈现新面貌，并且提出具体发展与构建原则，涉及教材体系、教师队伍等方面，目的是增强思想政治理论课的思想性与理论性，同时在亲和力、针对性上进行加强，让学生更愿意接受思想政治教育。从整体上看，我国思想政治教育一直处于发展状态，所积累的经验逐渐深厚，与此同时，也不断引入新的理念促进思想政治教育革新，可以说当前我国思想政治教育已经进入新的阶段，期待后续的完善与发展。

---

① 习近平在全国教育大会上强调 坚持中国特色社会主义教育发展道路 培养德智体美劳全面发展的社会主义建设者和接班人 [EB/OL]. (2018-9-10)[2023-12-15]. https://www.gov.cn/xinwen/2018-09/10/content_5320835.htm.

第三节 思想政治教育环境建设与优化的理论基础

作为思想政治教育的重要组成部分，思想政治教育环境建设与优化是当前高校思想政治教育工作中不可或缺的一环。它不仅关乎学生的思想观念和道德价值观的树立，更直接影响高校整体的教学质量和社会形象。因此，探究思想政治教育环境建设与优化的理论基础具有重要意义。本小节将围绕这一主题，深入剖析思想政治教育环境建设与优化的相关理论，以期为高校思想政治教育工作提供有益的指导和启示。

一、马克思主义理论

马克思主义理论是指导中国特色社会主义实践的重要科学理论，具有普遍真理性。

（一）社会存在和社会意识之间的关系理论

马克思主义理论认为，人的思想观念形成既有先天因素又有后天因素影响，其中后天因素更为重要，如果做好后天的培养和引导，先天的"不足"也能得到弥补和完善。后天因素在发挥作用的过程中，环境因素是其重要组成部分，人们会与环境进行互动，并在环境熏染中逐步改变和积累内在体验，为后续社会意识达到某个层次打下基础。在环境因素中，社会环境依托其广泛性占据重要位置，而对处于其中的人来说，思想意识发展也会呈现多元趋势，没有固定边界和界限。从思想意识影响力层面分析，某种思想意识是对社会存在的客观反映，也会对社会存在产生引导效果，如果思想意识是错误的、负面的，则会在潜移默化中给社会带来负面影响。所以，要想改变错误的社会意识，就需要引入思想政治教育工作，对这些错误的社会意识进行纠正。在纠正的过程中，可以通过两方面进行：

一是从正向角度出发直接指出负面内容与错误思想意识的危害，而后找准方向采取教育举措，帮助受教者远离负面内容，使其具备更强的辨别能力来区分负面内容；二是从逆向角度对思想意识的发展与形成进行分析研究，通过有目的地对社会进行改造，促使人们形成正确的社会意识。总体来说，就是要通过科学的方式对客观存在的环境进行优化改造，营造良好的思想政治教育环境。马克思主义理论揭示了人的思想以及社会意识产生的根源，能够为思想政治教育环境的建设与优化提供理论依据。

（二）人的本质理论

马克思主义认为，人的本质在其现实性上是一切社会关系的总和。社会关系是人生存与发展的重要前提，如果一个人脱离社会，那就不能再称为人，准确地说即不能称为有价值、有意义的人。对于思想政治教育而言，教育的过程就是育人的过程，所以必须对人进行研究，必须准确掌握人的思想动态，并以此为切入点分析背后原因。人具有两种属性，分别是自然属性和社会属性，而社会属性会对自然属性产生制约作用。社会属性离不开社会关系，需要通过人和社会的关系得以体现，如经济关系、法律关系、伦理关系等。在不同的关系中，人们会通过不同表现来与其对应，如思想道德素质、行为方式等是重要方面。同时，不同的社会关系背后是不同的社会环境。环境因素的影响是巨大的，因此社会成员之间会在多个方面存在较大的差异。这一理论能为思想政治教育环境的优化提供支撑和引导。客观来说，教育对象是千差万别的，教育环境千篇一律是不可行的，必须基于实际情况体现出差异，为教育对象创造不同的环境，促使教育对象的思想观念、行为方式等得到更好的引导。这样的教育环境是积极的、有利的，学校应该主动营造，确保其继续维系并发挥应有的作用。

（三）人与环境之间的关系理论

马克思主义对人和环境的关系进行了深刻分析与揭示，能让人对环境获得更深的认知，该理论并不强调"人"的地位如何，而是着重强调环境的影响力，指出"人"是与环境相互影响、相互作用的人。具体来说，马克思主义认为人一方面会受到环境的影响，同时又会在自身主观能动性的作用下对环境进行改造，促使环境处于不断的发展变化中。马克思主义的这种理解否定了英雄史观、环境绝对论等片面观点，指出人与环境之间的关系是相互的，环境能影响人，人也能改变环境。因此，正确认识人和环境的关系是极为重要的，因此在当前的思想政治教育中，引入和深入理解马克思主义理论是当务之急，如此才能在改造环境以及提升环境影响力等方面获得更好的效果，而不是简单地将人与环境进行叠加。

二、教育学理论

无论是思想政治教育活动还是理论研究，都是为优化育人效果作贡献，而从逻辑关系上分析，理论研究应该先行，所以思想政治教育活动和理论活动都不能离开教育学相关理论。

（一）环境决定论

关于教育与环境之间关系的研究由来已久，从现有研究成果来看，环境对教育的决定作用逐步得到普遍认可，环境决定理论得到发展。在后期的研究过程中，卢梭对这一理论进行了丰富，并且认为只要能够提供良好的外部环境，就能够最大限度地发挥出儿童的潜力。[①]同时，卢梭还设计了一个理想的教育环境，即将儿童和恶劣的环境进行隔离，然后对儿童进行教育，不断降低恶劣环境对儿童产生的影响。儿童在发展过程中，随着儿童本身的阅历增长与丰富，其内部思想也会随之演化，而想要使演化结果趋向正面，教育必然不能缺席。因此，教育必须得到重视并放在首要位置，接着围绕教育营造良好的教育环境，让儿童保持善良，不被邪恶侵蚀，这对儿童而言是其发展过程中的重要财富。

（二）进步主义环境论

学者杜威认为，教育即生活，即"从生活中学习、从经验中学习"。教育是一种社会生活过程，学校就是社会生活的一种形式，即"学校即社

---

① 滕光伟. 卢梭教育思想对中国儿童教育的启示 [J]. 知识文库，2024，40 (13):154-157.

会"①。也就是说，教育就是在日常生活中的体验和感受，以及进行吸收的过程，校内学习应该与校外学习连接起来，学校、社会、家庭应相互合作，搭建更为紧密和牢固的关系。杜威认为，个体存在于环境中，对环境加以作为；而环境也会对个体加以作为，即施为，这种作为与施为之间的交互活动就是经验，而经验就是表现在环境中，对某一情境的整体反应，因此学校环境、家庭环境和社会环境对孩子的成长发挥了重要作用。孩子成长也必然受到环境影响，但影响的效果有负面也有正面，因此孩子的成长并不是在全部接纳利处的前提下完成。对于孩子本身来说，他们也具有自身的判断力和选择倾向，并且能从那些真正有教育意义和有兴趣的活动中进行学习，因此他们在学习的过程中除了能提升自身能力水平外，还能产生更有意义的经验。可见，经验是基础所在，是教育得以存在和发展的支撑。如果没有经验从中引导，孩子的成长将会受到不良影响，教育的作用也会削弱，所以教育的开展也要建立在经验改造的基础上。

（三）心理学与社会学理论

对思想政治教育进行优化改造能够提升教育活动与教育环境质量，真正发挥思想政治教育的育人价值与作用。这一过程是复杂的，必然会涉及各种因素，所以在这一过程中，必须遵循人的心理发展规律，同时也要充分考虑社会发展规律，如此才能促进思想政治教育工作科学、合理地开展，为塑造更优良的教育环境打下基础。所以，心理学及社会学中的理论能够为高校思想政治教育环境的建设与优化提供相关的理论借鉴。

1.行为主义心理学理论

行为主义心理学诞生于美国，该学派是心理学派的重要组成部分。该学派的核心理论可总结为"刺激—反应"理论，其主张以客观的方法研究人类的行为，从而预测和控制有机体的行为。该学派认为学习不是孤立的，而是存在刺激和反应相互作用的过程，当学生通过学习产生某种行为时，通常有着背后环境的刺激作用。该学派认为环境是重要的刺激因素，因为环境是无处不在的，所以学生学习时必然会受到环境因素的影响，进

---

① 顾红亮.杜威"教育即生活"观念的中国化诠释 [J] 教育研究，2019,40(4):22—27.

而产生刺激反应，并在相关行为上有所改变和调整。因此，该学派得出结论，即环境决定人的行为模式。现实生活中有行为正常的人，也有行为不正常的人，造成差异的主要原因是其所处环境给人带来的影响，但并不是说某种环境下一定会产生某种行为。改造和优化环境是必然的，而在这一过程中也要实施更具针对性的措施。具体到学校教育中，一方面教师要对学生的行为和动态进行调研和了解，切实掌握相关信息后采用针对性方式、方法进行塑造；另一方面，学校要在环境营造方面积极投入，通过有效的治理对学生的正确行为进行强化，对错误行为进行消解或纠正，以达到教育学生的目的。

美国心理学家阿尔伯特·班杜拉在行为主义理论的基础上，进一步发展出社会学习理论。阿尔伯特·班杜拉认为，人在日常生活中所表现出来的各种复杂行为不仅会受到人本身先天遗传因素的影响，而且后天经验环境对人产生的影响更大，人的各种行为在大部分情况下是通过后天学习获得的。班杜拉对学习的影响因素进行了分析：第一个方面是家庭影响因素。人的成长离不开家庭，家庭成员的行为以及思想观念等会对儿童的行为产生影响，而且会影响孩子的一生。第二个方面是文化氛围影响因素。对于任何一个人来说，在其生活与学习过程中都必须处于某一区域内，而这一区域所形成的社会风气会对其行为产生重要影响。第三个方面是信息传播工具带来的影响。随着科学技术的快速发展，信息传播速度进一步加快，同时传播范围也会大幅扩展，而支撑信息快速和在大范围内传播的信息工具为人提供了观察学习得到施行的重要源头。

2.社会学理论

社会学理论在我国的发展研究中经历了多个阶段，初期阶段环境并不在研究范围内，到了中期阶段才逐步引入，目前已经获得了更多与环境相关的各类研究成果。但是随着整个社会的不断发展及科学技术的创新，环境包含的范围在不断扩大，并且环境的重要性也在不断提升，促使人们开始意识到环境对整个社会所产生的影响已经不仅表现在技术方面，还会渗入各类模式中，如社会结构、社会组织、社会生产方式等。此时，社会学开始将环境纳入研究对象，开始关注社会、自然及网络等方面的环境，并且开始从传统社会学逐渐转向现代社会学。现在的社会学理论基本是建立在对现代社会环境理解的基础上，所以社会学研究与环境研究紧密关联。

（四）系统理论

系统理论是由贝塔朗菲提出的。系统理论强调系统内部的多种关系，包括整体与局部、局部与局部等，这些关系组合在一起后能够为系统正常运行服务。系统理论具有指导作用，表现在看待事物的过程中需要将事物作为一个整体进行考察，进而研究内部相应事物和现象之间的联系。在系统论视野下，教育环境不能停滞不前而是要动态革新，其中时间、外部条件等皆是进行革新时的重要切入点。所以，高校思想政治教育环境的建设必须具有整体性的意识，并且要坚持全面发展的原则，如此才能够综合运用环境的内外部因素形成环境建设的合力。

第二章 思想政治教育环境建设的主要内容、方式与特征

思想政治教育环境建设是指在学校、社会、家庭等各个领域中，通过多种形式和途径对人们进行影响、引导和教育，使其形成正确的思想观念和政治态度，提高他们的道德素质和文化水平，达到社会主义现代化建设所需人才的要求。思想政治教育环境建设具有多种形式和方式，如通过课堂教育、集体活动、宣传报道、网络媒体等途径对人们进行思想政治教育。其特征是以社会主义核心价值观为基础，以理性、科学和进步为导向，积极推广良好的道德风尚和文化传统，营造一个和谐、稳定的社会环境。本章将重点分析思想政治教育环境建设的主要内容、方式与特征，以期为读者更深入、更全面地了解这一重要主题提供参考和启发。

第一节 思想政治教育环境建设的主要内容

思想政治教育环境建设是一种在社会精神基础上所进行的生产活动，在该环境内部所有的思想政治教育信息主要发挥两方面作用：一是教育环境系统和其他信息相互联结的重要枢纽；二是教育者和受教育者进行互动和产生关联的桥梁。两个方面相互作用与协作能够发挥环境营造效果，同时也能搭建逻辑关联。

思想政治教育为政治稳定服务，承担着培养正确意识形态和价值观的重要使命。对于我国思想政治教育来说，会围绕基本使命设置与规划基本任务，其中价值观念引导是重要组成，价值观念使人们可以在日常生活中约束自身的思想和行为，进而与社会规范的行为要求相符合。一般来说，思想政治教育内容在进行规划与整合时必须紧紧围绕教育目标，对不合时宜、单一滞后的内容进行剔除，确保教育内容能在价值观念的培养方面发挥作用。

对于我国来说，始终坚持马克思主义思想以及我党的最终奋斗目标，决定了我国思想政治教育的目标和思想政治教育的内容要保持稳定发展。除此之外，思想政治教育要与社会现状相契合，如果没有社会支撑，思想政治教育就不会形成与发展。无论是体现社会的整体发展情况还是以社会为支撑，都要求思想政治教育内容必须紧跟时代发展，能够充分体现出时代特点。培育和践行社会主义核心价值观，是新时代赋予高校思想政治教育的价值使命，因此高校要将社会主义核心价值观融入学校教育各个方面，切实增强培育和践行社会主义核心价值观的实效性。

思想政治教育内容按照上述分析，可以分为两个层面：第一个层面是基本内容，第二个层面是具体内容。其中，基本内容主要指的是能够维护特定社会所要求或所确定的内容信息。从当前来看，我国思想政治教育环境的基本内容是以社会主义核心价值体系为中心进行营造和构建。具体来说，思想政治教育一方面要与时俱进，不断引入新内容；另一方面要立足核心价值观得到进一步优化，围绕思想政治理论编制内容。从我国思想政治教育内容来看，都是以社会主义核心价值观为基础所形成的各种信息内容。

一、基本内容

马克思主义理论认为，意识形态是与一定社会的经济和政治直接相联系的观念、观点、概念的总和，包括政治法律思想、道德观念、文学艺术、宗教信仰、哲学思考和其他社会科学等。意识形态并不是一朝一夕形成的，生产劳动是重要基础，而当生产劳动不断积聚成足以改变经济基础的能量后便能带动意识形态发生变化，因此，意识形态会与社会发展紧密相连，是对社会关系的深刻反映。也就是说，一个阶级是社会上占统治地位的物质力量，同时也是社会上占统治地位的精神力量。支配着物质生产资料的阶级，同时也支配着精神生产资料。社会意识形态指的是在一个社会中占据主导地位的思想理论体系，并且在通常情况下，这种思想理论体系能够充分反映统治阶级的利益以及需求，是以统治阶级为基础和主导所形成的社会关系，是巩固统治阶级统治的重要工具之一。因此，社会意识形态只能是统治阶级所推崇的思想体系，只有这种思想体系才能够形成这个社会的意识形态。从社会意识形态的内容来看，伦理道德思想观念是重要的组成部分，对整个意识形态产生重要影响。社会意识形态在思想政治教育内容中处于基础地位，是基本要素，同时也是思想政治教育环境建设的基本内容之一。

社会主义核心价值体系是社会主义制度的内在精神和生命之魂，是社会主义制度在价值层面的本质规定。马克思主义是该体系的核心所在，并且依此构建了中国特色社会主义共同理想，引导国民在主题明确的道路上不断前行，如懂得如何爱国、如何创新、如何实现自我价值等。我国正处于改革转型的关键时期，只有平稳着陆才能在当今时代更好地生存和发展，而国家想要实现这一目标，必须建立社会主义核心价值体系来调动和引领全民力量，而后凝聚成一股强大合力。思想政治教育是发挥社会主义核心价值体系价值与作用的重要途径，因此必须大力研究，并围绕和谐社会所倡导的价值导向进行实践，这样才能巩固我国发展的思想基础，开创活力四射的发展新局面。

二、具体内容

教育本身具有文化传承的功能，同时也有开启新知识领域的价值。任何一种教育活动都同时具有现实性与合理想象，所以在教育领域制定教育目标就是要将现实与理想价值进行联系，使二者结合起来。思想政治教育就是以提升人的精神层次与发展高度为目标而开展的，进而为人的全面发展打下坚实基础。因此，思想政治教育环境建设的具体内容，就是围绕社会主义核心价值体系进行优化构建而成的各类信息。

本书在对思想政治教育中的教育信息进行分析与探索时，将其分为以下四种类型：第一种是哲学主导型，围绕哲学进行构建，提升教育信息的深度与广度；第二种是政治主导型，围绕政治进行构建，主要是为政治稳定服务；第三种是道德主导型，围绕道德进行构建，主要是为社会道德建设服务；第四种是心理主导型，围绕心理进行构建，这类教育信息更加精细，主要是为学生保持心理健康服务。教育信息丰富多样是时代诉求，具体的思想政治教育无论是内容体系还是结构体系都要得到塑造，并通过进一步赋权明确各类教育信息的地位和作用。其中，政治主导型思想政治教育长期处于主导地位，是其他类型教育发展与调整的重要依据，而这样也能决定与控制思想政治教育的发展方向。

（一）哲学主导型

哲学主导型的教育内容鲜明，其特征表现在世界观和方法论方面，有着显著的宏观倾向，能够指导人们在思考问题时秉持辩证唯物主义和历史唯物主义观点，并在方法构建上获得成效。该类型的教育内容不会脱离社会现状，而是紧紧围绕社会发展引入相关信息内容，尽可能地为社会全面发展作出贡献。个体层面也能从中受益，如个体出现的问题也能在该教育引导下予以解决。人生观、价值观等内容会在世界观的大框架下得到研究和呈现，其中马克思主义唯物论是重要指导思想。该类型的教育内容在课程安排上倾向于基础哲学课程。

哲学主导型教育重视社会发展规律的揭示和传达，引导受教育者形成正确的价值观念和理想信念，并在二者引导下规范自我行为，实现受教育者从认识世界向改造世界的转型与提升，尤其是在方法论层面能得到塑造，让受教育者不仅从根本上认识问题，还能切实解决问题。

（二）政治主导型

政治主导型的教育具有导向性。从我国实际情况来看，在我国教育体系中，政治教育地位超凡，思想政治教育深受其影响，无论是教育性质还是内容都会呈现出政治性特征。可见，思想政治教育中的政治性内容是核心。该类型的教育内容是以各种政治观点、政治方法及政治方向等为中心展开的，其中包括党的基本定位、基本经验、爱国主义、集体主义及社会主义等内容，并且这些内容不是孤立存在的，而是紧密联系的，是一个有机整体，所分析和研究的是政治立场、政治方向等方面的问题。该类型的教育内容是在马克思主义理论基础上与实践进行结合所获得的理论成果，能够为我国保持政治稳定作出贡献，使社会秩序得到良好维系，还有利于提升人民群众的政治素养。所以，这一类型的教育内容能够更好地实现个体的政治社会化，同时也是思想政治教育环境建设得到确立的重要支撑。

（三）道德主导型

道德能够调整人与人之间的社会关系，因此道德具有鲜明的人文性，能够发挥规范社会关系的重要作用。道德主导型的教育内容丰富且覆盖广泛，只要是与道德相关的问题都会涉及并能提出解决策略，促进社会道德向更规范的方向发展。对于社会群体来说，他们要在该类型教育引导下形成良好的道德观念，而该类型的教育也能够帮助人们掌握和践行社会主义公共生活的准则，如遵守公共秩序、爱护公共环境、形成诚实守信品德等。对这一类型教育内容的重视是一个国家对内部发展提出更高要求的表现，因此国家想要提升治理质量必须重视这一类型的教育内容。对于我国来说，在社会主义市场经济发展过程中，需要通过这一类型的教育内容去对抗西方国家的文化观念与价值理念的侵蚀，引导国民更加理智地看待我国的社会主义制度，能够正确看待个人与集体之间的关系，进而使整个社会形成良好的社会风气，维护良好的公共秩序。总体上来看，道德主导型的教育内容是思想政治教育环境建设的基础性内容。

另外，在这部分教育内容中还包含法制和纪律，因此这部分教育内容能够促使受教育者在学习过程中形成正确的法制及法律观念，做一个知法、懂法、守法的合格公民，并且在遇到不法侵害时能够及时运用法律武器保护自己的权益。可以说，该类型的教育内容会成为思想政治教育的基础和保障，逐渐通过建设作用来展现自身价值。

（四）心理主导型

心理主导型教育在新时代得到引入和构建，原因在于随着经济发展水平的不断提升，社会心理问题不断凸显，需要通过心理主导型思想政治教育进行引导。从目前来看，该类型的教育内容已经十分丰富，不仅关注心理知识与表现，还会涉及预防心理疾病的知识。该类型教育的最终目标是提升教育对象的心理素质，促使教育对象在遇到挫折或困难时能够积极面对且有足够的应急能力来解决这些问题，从而帮助教育对象预防各种心理疾病的发生。同时，该类型的教学内容也能够促使教育对象形成健全的人格、乐观的心态及坚强的意志，使教育对象敢于面对困难，敢于创新。所以，心理主导型的教育内容是思想政治教育环境建设工作的基础内容之一。

第二节　思想政治教育环境建设的方式

思想政治教育要在一定环境中进行，包括社会环境、组织环境、文化环境、心理环境等，这些环境发生作用时会经历由外到内的过程，最终通过信念、意志等要素作用于思想政治教育。这一过程营造了思想政治教育环境，教育活动深受其影响，影响效果不只是脱胎于环境向度，而是由与环境相关的各类因素综合后共同决定。良好的思想政治教育环境更能引导人们形成良好的思想道德品质，因此必须重视对思想政治教育环境的营造。在信息时代，环境的营造必须革新方式、方法和最终目标，如此才能使环境因素在思想政治教育中发挥更大价值。具体来看，思想政治教育过程中所进行的信息传递与接收必然会受到环境因素的影响，同时会在环境因素的支撑下发生各种变化。思想政治教育完全是一种客观存在，但是思想政治教育环境不具有直接应用和操作特性。对于思想政治教育来说，环境主要发挥介质支撑作用，如信息中介就是其中的重要类型，能够作用到思想政治教育的过程中，这种信息中介主要是信息的建设。在信息化建设的影响下，思想政治教育环境才能与时俱进且得到动态革新，进而为最终目标的实现打下基础。主要通过信息交流的方式进行建设，所以这种外部因素无时无刻不给思想政治教育带来影响。

马克思主义理论认为每个人都从现实中走来，并依托现实实现生存和发展，并且每一个个体都必须处于一种社会关系中。生活是实践活动累积而成的，处于其中的每个人既是创造者也是体验者，具体包括以下要素：第一个要素是活生生的人；第二个要素是人的生命活动；第三个要素是人生命活动的创造物，即环境。在这三个要素中，生命活动是生活的本质及核心所在，只有存在生命活动，人才能够称为人。同时，生命活动的进行不仅是人开展实践和创造的表现，还是自身实现成长和提升的过程。人的成长是必需的也是必要的，否则基本的生存就难有保障，而当人成长到一定阶段后，就能为获得更好的发展打下基础。成长要有载体，生活既是最大的载体，也是一种宏大的实践活动，并且这种活动能够对客观现实进行改造。在马克思主义视域中，所谓的现实生活包括日常生活和非日常生活。其中，日常生活指的是个体在存在与发展过程中所进行的所有活动，既有客观因素影响也有主观能动干涉，总体来看具有极强的感性特征。非日常生活则是由社会经济、文化及政治等方面构成的。在日常生活和非日常生活的关系方面，马克思主义指出日常生活是个人生存和发展的基础领域，尽管日常生活与非日常生活紧密关联，但二者是相互独立的，二者都具有自身的独有结构及自身的发展规律。人每天都处于各种信息、能量及物质的交换过程中，因此如果按照人的精神生活进行分类，就可以将思想政治教育环境建设分为两种类型，分别为日常生活建设和非日常生活建设。

一、日常生活建设方式

日常生活是人们普遍接触和参与的活动场景，需要人们重视和塑造才能从中收获更多益处，因此日常生活和所有人的生存与发展紧密相关。马克思主义认为日常生活是"自在的"，生存于其中的个体也会实现"自在的对象化"，如此支撑社会生产的活力，使生产要素不断更新集聚。人们在日常生活中会围绕自身诉求生成行为与思想，而个人诉求往往是片面的、局部的、不完整的，因此日常生活也会呈现这些特征，同时也是在这一基础上促使人们的成长结果出现差异，并使形成的社会关系丰富多样，从而为构成更为宏大的社会关系体系与结构打下基础。马克思和恩格斯认为，人们的日常生活有两个重要前提，具体为现实所在和意识空间，而两者并不是泾渭分明、毫无关联的，而是互为作用后塑造出富有生机的日常生活。日常生活是形成历史的基础，也是人们参与历史的渠道，按照这一说法，每个人在日常生活中每天每时每刻都在进行历史活动。马克思恩格斯指出，人们为了能够"创造历史"，必须能够生活。但是为了生活，首先就需要吃喝住穿以及其他一些东西。因此第一个历史活动就是生产满足这些需要的资料，即生产物质生活本身，而且，这是人类从几千年前直到今天单是为了维持生活就必须每日每时从事的历史活动，是一切历史的基本条件。①同时，人类从诞生起发展至今，为了维持生活就必须每天从事各种历史活动，这是所有历史发展的基本条件。马克思的这一观点充分说明了人本身的生存及生产是人类所有历史的主要前提，相较于政治、经济等有更强的优先性。从总体上来看，人的发展离不开日常生活，而人在日常生活中的表现和创造能够成为构建社会结构的基础，同时也对人类社会发展有一定的制约作用。

通常情况下，日常生活作用于具体个体后，会呈现出显著的私人化特征，并且感性色彩更加浓厚。很多学者将日常生活等同于具体生活活动，而这些活动累积便成为社会发展进程。日常生活中既有主体也有客体，在进行研究时要从两个方面同时进行。首先，日常生活充斥于主体作用客体的全过程，表现为主体管理、使用和创造客体，这会塑造日常生活的实践性、客观性和开放性，通常情况下包括人的衣食住行等方面，以个体生命维系及发展为基础的生活资料获得及各种消费活动，以礼尚往来、人际交往为基础的交往活动，各种跟随日常活动所产生的日常关联活动。另外，日常生活所表现出的自在、自发特征，能够支撑重复性实践基本活动方式

---

① 马克思，恩格斯.德意志意识形态 [M].上海：上海辞书出版社，2023.

成为现实。同时，从共产主义角度来看，对人的全面发展的探索和实践要进一步深入，不能只停留在经济、政治等宏观领域，还要关注更为实际的日常生活。人们想要获得幸福感并拥有更光明的未来，必然要深耕日常生活，通过直观可控的努力与改造来创造自己想要的生活。而当日常生活中出现问题和困难后，同样要着眼于日常生活本身进行应对和解决。

日常生活存在于家庭、社会等环境中，人们处于其中且会受到直接影响，其中以维持个人及群体的生存与发展最为基础。日常生活中人们会进行多种活动，如消费活动、人际交往等，从中会获得相关体验和经验，也会将已经积淀的经验融入其中，最后生成新的内容。生存发展始终处于第一位，新的内容会作用于血缘关系、内部情感等，并促使它们更好联结。比如，以家庭为组织，以重复性实践和思维为存在方式的生活便是其中的典型例子。对于思想政治教育来说，要在日常生活建设过程中进行相关信息的转化，如消费活动、交往活动等要在思想政治视域下得到挖掘和转化，才能使其在思想政治教育中的作用完整地发挥。这一过程包含日常生活消费环境建设、人际环境建设、日常意识建设等。

（一）日常生活消费环境建设

人在生存与发展过程中，与人本身在物质上的生产活动以及生活条件紧密相关。从某种意义上来看，人就是围绕自身的物质生产活动以及物质生活条件得以生存与发展。对于思想政治教育环境建设来说，物质环境的建设主要指的是将思想政治教育的信息转化成具有精神引导作用的内容，而后作用于人的内心，从而满足人的精神与心理诉求。人离不开社会，社会既是生存之所也是发展之所。从生存层面分析，人在社会中首先进行的实践活动就是物质生产活动。在人们的生活过程中，无论是思想、意识还是观念，在产生的初期都与人们的物质活动紧密相关，正是在人们的物质交往过程中形成了思想、观念等精神产物。因此，人的想象、思维及精神交往是人进行物质交往的产物。从主体心理结构来看，人在日常生活中感受最直接或最强烈的是自然生理，同时这种基于自然生理生成的需求是人动力与活力产生的重要源头。人本身的生理机能与人在日常生活中所进行的各种活动紧密关联，人作为活动主体，本身所具有的相关特性会对活动产生影响，同时活动也会反过来作用于人的心理，起到协调心理过程的作用，这也是人的心理环境产生变化的重要表现之一。人的思想在产生和发展的过程中，都要与人本身的需求建立联系，与此同时也要考虑相关外部条件。从总体上看，能够对人的思想与行为产生影响的外界物质环境主要包含三个方面，分别是自然物质环境、社会物质环境、技术物质环境。

自然物质环境指的是具有自然性特征的环境形式，该环境形式的形成会遵循自然规律，能够对人的思想形成与发展产生影响。该类环境在思想政治教育中引入和塑造后，可以为受教育者提供多种支撑，包括介质支撑、资源支撑及营养支撑等。正是由于这些物质要素会对人的性格、思想及行为等方面产生影响，才促使人本身受到的影响是客观的。尽管这些是客观影响，但是影响力不容小觑，需要受到高度重视。

社会物质环境指的是具有社会性特征的环境形式，该环境形式能够对人的思想行为产生影响，并且这种影响是深刻的，会伴随人的一生。该环境包括多个类型，如政治环境、文化环境、技术环境等，也包含人文方面的物质环境，以及自然和体育方面的物质环境。比如，人文方面的物质环境主要包含各种历史事件，及其他带有一定人文精神的事物或景物等，这些都能对人的政治观念以及思想观念等产生影响。比如在中华民族发展过程中众多物质环境的形成，如长城、故宫等都是重要的人文物质环境，能够对人的思想观念产生影响。除了这些古代遗留下来的建筑以外，我国改革开放以来建成的鸟巢、水立方等也是新时代具有极大影响力的人文物质环境。

技术物质环境主要指的是技术的突破与创新，以及在社会应用场景下所形成的物质环境，其中相关媒体、媒介是重要组成部分，除了传统媒体外，还有互联网时代出现的各种新媒体。技术物质环境的变化会对传媒领域产生影响，如今思想政治教育与传媒的关系越来越紧密，因而思想政治教育也必然受其影响。

（二）日常生活交往的人际环境建设

交往是人在社会实践活动中的一种重要交流方式及存在方式。在日常生活中，日常交往是各主体之间的重要交往活动。这里的日常交往指的并不是不同个体之间的交流与交往，而是指在社会劳动分工领域搭建具有经济关联和社会效益的关系——这一关系所进行的交流更广泛、更深入。日常交往是社会中的不同角色为了维持自己的生存和发展，在物质手段及语言符号等的基础上进行的一种存在于各主体之间的相互连接。马克思对人与人之间的交流进行过总结，认为这是社会关系形成的前提。虽然日常交往与日常生活交流的场景不同、关系不同，但二者有所关联，均是社会交往的重要基础。社会关系的形成离不开社会成员的参与。从理论上分析，社会成员具有复合特征。社会成员交往既包括私人交往，也包括群体交往；既包括没有利益关联的交往，也包括建立在社会效益创造基础上的交往。其中，私人交往关系是这种关系的重要基础。即使是一组人相互交流交往，所展现出的社会关系样态也是局部的，而不能直接代表整体。虽然如此，这类社会关系仍然具有很大价值，从中能够剖析出该交往关系所从属的社会结合的本质。在现实生活中，社会关系必须在一个群体或者个人之间通过互动予以呈现，而对于具体个体来说，社会关系成为养分，支撑他们获得崭新机会。人本身属于社会，每个人在社会中生存与发展都要与社会产生关联，同时社会关系会进一步深化人的社会属性，让人在社会中更具存在感。人类发展前行的过程会对自然界产生影响，也会接受自然界反馈的影响，人和自然之间总是通过一种方式或一种手段相互影响，只有这样才能够进行生产。而为了生产，人与人之间便会发生一些联系。

思想政治教育环境的营造与各类教育信息有着密切关联。日常交往与思想政治教育融合时，风俗习惯及情感等方面是重点建设对象，因为这些方面会对人的思想及行为产生较大影响。

从风俗习惯方面来看，风俗指的是历史发展过程中不断延续和累积而成的习俗。其中，由于自然条件不同所形成的习俗被称为"风"，由于社会环境不同而形成的习俗被称为"俗"。关于风俗的发展，最初可能是某个群体在社会生产实践过程中产生某种感受之后，一些人进行总结归纳，其他成员则在共同生活中效仿，最终形成了一种风俗。习惯指的是人类在长期发展过程中形成的一种规范和社会风尚,并且能够被人们无意识地遵守。通常情况下,风俗能够对人的行为习惯产生影响,所以二者紧密相关。第一,人们往往会因为自身的生活条件产生的影响而形成与之相对应的习惯,然后这种习惯经过不断强化、传承以及发展之后形成风俗。第二,风俗能起到一定的约束和引导作用,让人们的行为得到规范,思想得到扭转。在日常生活中,与风俗相适应的行为,往往是人们认为应发生的行为,是善意的行为,所以应得到肯定或褒奖;而与风俗不相符的行为,是不应发生的行为,是恶意的行为。由于与风俗不相符的行为会受到各方面的限制,所以在长期发展过程中会被逐渐抛弃。

情感是人类精神生活的重要组成部分。社会学家认为情感在社会发展中影响匪浅,可基于此对社会现状作出评价。情感属于非理性内容,会在文化积累进程中逐步丰富,同时也是人类精神、风俗习惯中的内核所在。情感可通过人的态度得到体现,并且能在融入环境后起到影响人的内质的作用,这一过程往往不是被动的,而是展现出主动的姿态。马克思指出日常生活中的人在衣食住行过程中会进行思考,也会通过释放情感来表现和肯定自己。情感基于人本身感官产生的感觉而形成。人本身的感觉能够反映物质经济关系和人们生存之间的某种关联,而它也与日常活动有所关联,当日常活动逐渐积累后,社会心理也会迎来改变契机。冯德认为情绪由情感组成,情感进行的过程会引起情绪观念内容的变化。任何一种情绪都是由不同的情感过程构成的。情绪也能够导致意志产生变化,所以也被称为意志动作。意志相较于情绪处于更高层次,当情绪在同一向度集聚后能够获得上升为意志的机会,具体过程为先成为情感,而后再向意志进发。日常生活中,人们往往会因为社会关系的远近而形成社会心理中的各种要求、理想等,这些都是经过情绪导致的意识。情感因素是由认知而诱发的一种弥漫性反应或体验,如人在日常生活中的喜怒哀乐、爱恨情仇等情感产生时往往是不自觉的、不受控制的,后续虽然能通过调控有所限制,但情感产生的影响难以避免。通常情况下,一个人在积极向上情感引导下更能克服自身不足,往往能够更好地促使正确思想得到重视和发展,成为促进人的思想转化与升级的推动力。

　　自中国共产党成立以来，在思想政治教育活动中就十分重视情感因素的影响，强调在思想政治教育中要动之以情、晓之以理。从社会道德视角审视，可以将社会现象感知与认识引入德育中，与此同时人们不能忽视外部环境及氛围的影响，不能采取"命令式"的方式来调节和激励情感，而是必须与具体的人形成互动，通过让他们亲身参与和感受来获得调节动力。日常生活中的每个人都会在长期生活中形成自身的生活态度，而这种态度不仅有意识形态的身影，还会受道德影响，如果仅从意识形态上进行分析将难以准确了解和把握人的生活态度。另外，不同的人心理结构也会存在一定的差异，更需要将相关工作做细、做到位。在整个社会中，人并不是被动接受社会带来的一切，如道德规范、行为标准等，而是会表现出很强的自主性，有自主追求善意的欲求。这样的欲求对不同人而言有不同的情感体验，如果人在这一过程中认为自身达到了善的要求，那么就会产生自豪感和愉悦感。如果人自身认为没有达到善的要求，就会产生内疚和自责感，从而自发激励自己达到善的要求。在历史进程中，社会变迁是常态，不断地会有新的价值观念涌现，这些内容会与传统价值观念产生碰撞与冲突。人们在遭遇一些情况后，内在诉求也会发生变化，满足诉求的途径和方法也会产生变化。人在和周围事物进行接触的过程中，由于自身喜好的影响，所流露出的情感多种多样，很多情感是新的体验。教育不能没有情感，否则教育便会是冰冷的、冷漠的，便不能对受教育者的精神层面产生深刻影响。每个人都有自身思想也会思考，教育应该起到激发和引导作用，让人们展现自身潜力，在道德方面不懈追求，进而对社会、文化、世界获得更充分的认知和体验。日常交往是普通人每天会经历的事情，对人的生存和发展有重要意义。在日常交往中，人的活动主要是在血缘家庭、社会共同体等范围内建立起来的一种情感化、人情化的实践。情感是客观事物满足人们自身需求的主观体验，很多因素会对情感产生影响，其中环境因素的影响十分突出，如在家庭环境、学校环境及单位环境中产生的情感存在不同。一个人的情感能够感染他人，从而促使他人产生与其相同或相似的情感，这样就能够在人和人的交往中，更加紧密地联结起来。

在微观视野下，社会中最小单元应是家庭，该组织形式是以血缘为纽带，较之其他形式更为牢固，因此是诸多社会结构形成的最基本的组织形式。家庭组织形式处于基础地位，其在社会发展中的作用是巨大的，能充当传输角色并确保相关价值观得到传播，也能在积累经验后向社会发散，同时还可以为道德品质的内化提供有利条件。很多学者指出，在人的一生中最重要的学习阶段是孩童阶段，正是在这一时期形成了人最基本的价值观念和态度，即使在人成年后，这样的价值观念依然会产生重要作用。血缘是感情的源头，如父母与孩子之间有直接血缘关系，感情上也更为亲密。在这样的感情基础上，思想政治教育能获得有利的开展条件，进而可以优化教育效果。从本质上看，依恋是两个人或更多人在感情建立和熏陶中逐步产生的情感契约，人们会基于此强化参与感和共鸣感。第一，血缘关系是产生亲密感情的源头，能够给人一种更强烈的归属感和安全感，同时也能够促使家庭成员产生依恋感，因此对于孩子而言，血缘关系基础上的亲密感情能够成为孩子健康成长的强大推动力。在家庭成员的日常生活中，父母及其他长辈给孩子传递的价值观念以及人际交往等方面的礼节会对孩子产生积极影响，并且这种影响是无声的。

儒家思想将家庭作为一种能够培养仁爱之心的场所。家庭不仅能够为人的生存与发展提供场所支持，也能够为人的生存提供精神支撑，因此家庭是人获得良好发展的重要支撑。社会大众一般对家庭有着深厚的情感，在社会生活中十分关注家庭发展，如果家庭不复存在，人们的精神意志就会萎靡。这样的表现是传统文化在人们心中不断积淀的结果，人在内心坚定后，行为上便能做到位，进而在精神层面实现升华，成为个人精神和谐与社会和谐的重要前提。当然，这样的文化传统也能够为整个社会提供精神素养及奠定环境基础。

基于唯物史观，我们认识到生产力发展是在人类生存前提下进行的，如果人类的生存问题得不到解决，生产力发展也会成为空谈。反过来，生产力处于低水平时，人类的生存和发展也会受到限制，如交往活动范围缩小，交往对象就会受到限制。如果有较高的生产力发展水平，那么人的交往活动范围就会越广，交往对象也会更加丰富。随着现代科技的发展与社会环境的变化，市场经济的快速发展打破了原来在交往方面存在的各种阻碍。建立在血缘关系之上的传统交往方式产生了巨大变化，人们在日常交往过程中不再是通过单一方式来完成，而是有了更多选择，会基于自身实际诉求灵活选择。这一过程是动态的，能够增添交往过程中的活力。如此一来，人的交往会变得更加开放，封闭状态成为历史。开放状态下，人的日常交往会融入更强的社会性，具体到家庭，家庭的原始结构就会受到冲击，呈现出新的样貌和态势。在独生子女家庭中，父母对孩子会表现出溺爱态度，如任何事情都不放手却美其名曰"保护孩子"，孩子犯错不严加管教而是一味迁就，或者对孩子施加更大压力来追求更好发展等。很多父母进入这些误区后，表面上好像情意浓浓，实际上却鲜有情感关怀，使得孩子精神层面得不到父母的关爱和理解。同时，年轻一代成长于互联网时代，饱受互联网的影响，潜移默化中精神层面受到改变，使得他们与父母进行交流时横生阻碍，父母对孩子不够了解，对孩子想什么、怎么想往往一无所知。

家庭是人的第一课堂，是道德品质培养的第一站，是否能保障家庭教育质量会直接影响人的道德品质培养效果。在青少年思想道德发展过程中，家庭有着难以替代的作用。家庭是一个人最早接受思想道德教育的场所，对于任何人而言，要想形成高尚品德，关键在于打好根基，从小开始培养和塑造。儿童时期是关键，比如孩子懵懵懂懂时，家长就要有意识地向孩子传达道德内容，但要讲究方式方法，不能直接灌输，而是采取深入浅出的方式进行引导和熏陶。随着孩子的不断长大，家长要基于实际情况调整培养方式，让孩子在理解优良道德表现的同时逐步具备明辨是非的能力。在家庭中，家长要注意自己的言行举止，不能太过随意，尤其是不能在孩子面前将一些恶习展示出来，那样会起到反面作用，造成引导效果不佳，也不利于家风建设。因此，在高校思想政治教育环境建设过程中，家庭的力量一定要得到发挥，通过引入家庭情感来营造教育氛围，让学生在思想政治教育中感受到温暖，进而更积极主动地接受教育。在日常生活中，家长应组织好家庭生活，并且进行积极的情感交流，努力处理好家庭成员之间的关系，这样不仅能够使家庭成员和谐相处，还能够通过自身的言谈举止为孩子充当榜样，让孩子更有力度、更有方向去学习和成长。通常情况下，家庭情感越浓厚、家庭氛围越良好、家庭榜样越突出，培养出的孩子往往会形成更为积极的道德情感，从而更好地发挥自身的道德积极性和创造性。

从宏观层面分析，某种思想在形成和发展过程中会受到心理的重要影响，人作为思想的载体，同时也是心理因素产生的源头，人在日常交往过程中会经历相互影响的过程。心理因素会产生全面且深层次的影响，主要表现在情感、意志等方面，进而再作用于思想，促进某种思想形成或是向其他层次转变。在思想结构中，价值部分需要以美丑、善恶及荣辱等价值判断为基础，如理想信念、人生观及价值观等。同时也需要人调动内部情感来进行激发，此外，还可得到语言、行为、表情等的加持和优化，使情感表现更浓烈、情感交流更彻底，这样才能够更好地将自我情感传递给对方，从而引起对方产生共鸣。在交往过程中双方是互动关系，如果某一方能够主动出击，展现出积极向上的态度与另一方互动，那么另一方大概率也会作出积极反馈。上升到社会理想信念发展方面，共产主义理想信念不仅远大美好，还会将人民群众利益放在第一位，因此人民群众会对这一理想信念具备较为强烈的情感，如此一来人民群众便会树立坚定无比的理想信念，进而凝聚成强大合力。在实际生活中，时时刻刻有不同群体、机构等进行互动的场景，使得社会关系的影响力更为突出，相互影响和关联更加显著，具体到思想政治教育中，任何一个公民的道德情况都会通过这种相互影响进行传递，从而给人们带来好的影响或是坏的影响。如果在这个过程中依托相应渠道，理想信念交往就能得到更广泛传播，便会使更多人受到影响，这也代表着某种感情具备更强的感染力，也更能在社会群体中产生浓烈的情感共鸣。

（三）日常意识建设

人的交往主要包括两种模式：一种是一对一进行交往与互动，另一种是多人参与的交往与互动。无论是哪种模式都会经历交往过程，这种过程不仅体现在物质交往方面，也体现在相互作用的精神交流方面，如信息交流、情感交流等。在日常生活中，如果一个人的日常生活范围较为狭小，并且日常活动重复性较强，那么其在交往过程中所进行的信息沟通便能够更快建立一些工作关系或伦理准则，并且在此基础上形成一定的情感、风俗习惯及信仰等，最终在一定时期及一定地区形成共同的社会心理。社会心理的形成具有很强的自发性，社会中的人是这一特性形成和发挥作用的基础，之后再经过进一步改造获得深化。从本质上来看，社会心理是一种发起于价值观念的思维方式。同时，社会心理也是一种形成于人们日常生活的感受，人们所关注和思考的是生活中常见事物和现象，并且是极为朴素的，从形式上看包括情感、意志等。从影响方面来看，社会心理对人的行为及人的选择所产生的影响是一种基于微观层面且更为隐性的影响。

社会心理的形成和发展过程通常会形成稳定观点和看法，人们会对这些观点和看法基于相应逻辑进行分析研究，但社会心理本身并没有十分严谨的形式。马克思主义哲学家普列汉诺夫认为，社会心理是一种在特定时代和特定国家及特定民族中所形成的一种习惯、感觉、理想、情感等方面的精神状况。1907年，普列汉诺夫在《马克思主义的基本问题》一书中明确指出，社会意识可以分为低级形式的社会心理和高级形式的思想体系。①同时他还指出，在社会意识结构中存在不同层次的内容，相互之间并不是泾渭分明的，而是能够在一定条件下进行相互转化和建设：一方面，低级形态的社会心理占据基础地位，是社会心理立足和汲取养分的土壤，随着社会的发展演变，低级形态也会受到外界影响，社会风气、文化思潮等更会发挥影响作用，在这些影响之下，低级形式的社会心理就会升华为高级形式的思想体系；另一方面，思想体系会对社会心理产生反作用，并且会在社会风气及社会思潮等方面的影响下转变为某一群体或整个社会的社会心理。由此可见，无论是社会风气还是文化思潮，除了对社会心理产生相应的影响外，同时也会受到社会心理的反作用，成为衍生新的思想体系的重要推动力，如社会主义市场、共产主义思潮等思想体系既有马克思主义理论的引导作用，也有社会心理影响下获得人们理解与认可的

---

① 普列汉诺夫. 马克思主义的基本问题 [M]. 北京：人民出版社，1957.

力量。这种形成过程是在不知不觉中完成的。不管是经济发展还是政治建设，人的思想都会受到相应影响，这种影响很大成分是源于社会心理，而当思想体系形成之后，需要反作用于社会存在，并且需要通过社会心理这一中介才能完成。

从表现方面看，社会心理是社会意识的低级形态，其主要表现为相关言行和活动，其来源于日常生活，因此社会心理的影响力会覆盖到更广范围，进而形成更为稳定的社会风气，持续对社会产生作用。一般来说，低级形态的社会心理具有积淀潜力，在某种环境下会不断吸收相似内容以增加自身浓度，进而使自身影响力得到提升，演化为更高层次的社会思潮。对于思想政治教育来说，想要营造良好环境可以通过融入日常意识来实现，因为日常意识是社会心理的重要体现，可使思想政治教育环境在社会风气和社会思潮中更接地气，更符合受教育者的诉求。

社会风气产生于日常生活，其中人作为行动主体，会对社会风气的走向和作用成效产生主导作用。自然环境的影响力也不能忽视，其是经济、政治、伦理道德等获得发展的重要基础，能够在价值取向、思维模式、生活习惯等塑造中发挥重要作用。当人们长期处于某种社会风气中就会逐步适应，进而在行为上形成某种习惯，而这些习惯在不断积累后便会形成某种精神风貌，对其中的社会成员产生持续不断的影响。从文物史观角度来看，社会风气是一种普遍存在的且低层次的社会意识现象，是社会心理的直接外化，具体表现为各种社会行为或活动。某种社会风气的形成必然与该社会的政治导向、经济发展及文化氛围紧密关联。社会经济制度和政治制度会对社会风气的发展和流变趋势产生限制，但不是约束，如一个社会的统治阶级地位发生变化，那么必然导致整个社会制度发生相应变化，此时社会风气所主导的内容及社会风气本身的发展趋势也会随之发生改变。即使社会制度没有发生本质上的改变，但只要该社会的经济与政治等方面有所调整，也会对人们的社会心理及意识等方面产生影响，从而导致整个社会风气发生一定程度的改变。从根源方面来看，社会风气形成的精神根源是传统文化及道德价值取向。其中，传统文化的价值取向能够在一定程度上促使人们形成与传统文化相适应的心理素质或精神风貌，而在道德基础上形成的风俗习惯会对人们的言行举止进行调整。整体上来说，社会风气是特定时期或特定时代社会心理的集中体现，所以社会风气本身便具有十分鲜明的时代特征和动态特征。

社会风气是规范文化的一种，也被称为行为文化。在人们生活和发展过程中会逐渐形成社会意识，社会意识在人们的行为及行动中最普遍和稳定的表现就是社会风气，因此社会风气是一个社会的意识、心理及行为的集中体现。在现实生活中，任何有人群存在的地方必然会形成社会风气，并且某一社会风气的形成和兴起主要指的是在一定时期内和一定区域内，大部分人对于某种生活方式或某种思想观念的追求、模仿。比如，在我国市场经济快速发展的背景下，曾经出现了读书无用的社会风气，正是在这种风气的影响下，赚钱逐渐成为很多人的价值追求目标。社会风气对于处于社会中的民众具有极大的导向性，并且社会风气本身就包含对教育对象进行教化的作用。人是社会风气的重要载体，所以任何一个人的作风都是社会风气的重要组成单位，因此对于社会风气整体来说，如果其中的单位拥有良好的思想道德品质，往往就会更加有利于形成积极向上的社会风气。如果无数个有着良好社会风气的人聚集在一起，那么这些人所形成的社会风气必然是良好的社会风气，不良社会风气在这样的群体中就无法存在。所以，社会风气尽管是由大众形成的事物，具有极强的广泛性和随意性，但是社会风气可以被控制。比如，通过学校教育、正面的舆论宣传及榜样力量引导，促使整个社会形成良好的社会风气，克服不良的社会风气。

学校教育能够对社会风气进行改造，从而帮助整个社会更新旧的道德观念，促进新的社会风气的形成。因此，学校要创设和谐、文明、健康、有序的校园人文环境，要加强和改进思想政治工作，开展丰富多彩的校园精神文明创建活动，改善我国现有的不良社会风气。

在信息时代，新媒体在社会风气的形成和发展中发挥着重要的传播作用。现代社会，个体的主体意识不断增强，不同的个体在看待某种事物或某种事件时会产生不同的态度，因此社会风气即使在很小的环境中也会出现相对或者相容的情况。如果这种风气被社会承认，在社会组织的支撑下进行传播，就必然会在更大范围内产生舆论变化，从而促使整个社会风气产生变化。比如，我国每年评选的"感动中国年度人物"，其中获奖人物的事迹经过媒体传播之后能够在整个社会中起到良好的社会风气引导作用，促使整个社会形成良好风气。优秀文学作品所蕴含的正面艺术形象也能够促进良好的社会风气形成。相对应的是，如果不讲诚信、不道德的社会风气形成，也会促使人们对社会风气进行反思。

社会思潮是一种在一定范围内和一定时期内，在特定的社会环境中反映某一阶层或群体的利益要求，并且对整个社会生活产生影响的思想趋势或潮流。社会思潮能够反映出社会生活变化，因此社会思潮也是在一段历史时期，在某种意识形态下形成的一种特殊形式，对整个社会发展及处于其中的人民大众会产生不同程度的影响。马克思主义理论认为，社会思潮是一种社会意识形态，是在一定社会经济、文化及政治基础上形成的结果。从本质上来看，社会思潮与社会结构的变化及社会阶段的发展紧密相关，是这些方面在发展演变过程中所形成的社会现象。如果一个社会处于正常发展阶段，并且社会的信息反馈机制较为完善，那么在这一社会中占有主导地位的意识形态就能够较为充分地反映大部分社会成员的根本利益，在这样的社会中只有极小的概率会产生不良的社会思潮。如果一个社会中出现以下情况，社会思潮就会不断地发生变化：第一种情况是社会中的人民大众形成的社会关系，以及大量的社会生活发生了重大变化；第二种情况是整个社会出现了重大危机，导致社会生活陷入动荡，整个社会的正常运转中断；第三种情况是整个社会的制度和形态发生根本变革。上述三种情况都会使社会思潮出现较为频繁的变动。无论是社会关系的变动还是社会制度发生变化，都会导致处于这一社会中的人民大众的利益再分配，并且利害关系会被重新组合。在重大变化发生时，原本占据主导地位的意识形态往往不能充分彰显出人们此时的实际需求，甚至会成为人们思想解放的阻碍。在这样的情况下，人民群众爆发的不满情绪会在整个社会传播，从而转化为社会思潮。所以，如果一个社会处于转型和变革的重要时期，那么必然会有各种社会思潮出现，从这些社会思潮中可以看出社会历史发展的整体情况。

很大程度上，社会思潮是基于社会心理及日常意识形成的，但是这种社会思潮又不会局限于社会心理及日常意识的范围，而是与一定的社会意识形态相对应，是一种在一定时期内某种群体内部形成的具有较大影响，并且流传范围较广的思想潮流。社会思潮处于社会意识形态和社会心理之间，是连接两者的重要枢纽，社会意识形态和社会心理正是通过社会思潮进行相互转换。社会思潮不是主流的社会意识形态，但与一般性的社会心理又存在一定差异。社会思潮形成之后，最终目标就是发展成为主流的意识形态，所以社会思潮会对整个社会历史形态产生重要影响，会在一定程度上影响社会意识形态发展变化的整体趋势。社会思潮是社会意识形态和社会心理的通道，如果缺少了社会思潮，社会意识形态因没有支撑其转化为人们社会心理的通道，从而不能对人们的实践行为进行有效指导。一般来说，社会思潮对社会主流意识形态能够产生两方面的影响：一是积极影响，社会思潮能够为社会主流意识形态提供更加丰富的思想素材，从而促使社会主流意识形态在发展过程中得到更多补充，这对于任何统治阶级来说都是十分重要的。二是消极影响，社会思潮会对社会主流意识形态产生一定程度的冲击，从而动摇社会主流意识形态的权威地位，这一点对于任何统治阶级来说都是应该担心的问题。正是社会思潮在社会意识形态结构中发挥着重要作用，并且处于特殊地位，所以在旧的社会意识形态被打破形成新的社会意识形态的过程中，社会思潮会发挥重要作用。因此，在任何社会中，统治阶级为了维护自身的统治，往往会十分重视社会思潮的形成及发展。

从目前来看，当今世界正向经济一体化、文化多元化方向发展，这既有正面积极影响，也会产生很多负面影响，如很多社会矛盾因此得到激化，并在相应环境中变得更加复杂和尖锐。当前社会关系出现了诸多改变，社会生活也因此呈现出新的面貌，比如，在社会思潮多样化背景下，社会思想意识不再单一,人们参与社会生活时的精神意识变得丰富。除此之外,人们的受教育水平也在不断提高,对自身的权利与义务的认识程度更深,如此一来人们对社会治理效果更为关注。在新媒体技术推动下所产生的社会思潮也会越来越多,这使得社会思想更为复杂,也给整个社会带来了巨大挑战。社会思潮既有先进的也有落后的,但想要辨别不能只看表面,必须挖掘内在才能看透,也才能做出正确的判断和选择。只有积极向上的社会思潮才能得以传播,才能推动社会更具活力。如果一种社会思潮是错误且落后的,那么就会对人们的思想进步产生抑制作用,并且会对整个社会的稳定造成影响。改革开放以来,我国开始出现各种社会思潮,其中不仅有积极向上的社会思潮,也有一些个人主义、拜金主义及新自由主义的错误思潮,这些社会思潮相互碰撞。无论是积极的社会思潮还是消极的社会思潮,都会对人们的思想产生影响,从而导致大众在这些思潮交锋和碰撞的过程中无所适从。随着我国改革开放的不断深入,西方的一些思想理论和社会思潮进入我国,从本质上来看,西方主流的社会思潮充分反映了资产阶级的价值取向,也代表了西方资产阶级的利益。在这些社会思潮中,既存在健康向上的社会思潮,也有落后的会对我国社会发展产生负面影响的社会思潮,这种情况应引起人们的高度重视。

目前来看,我国的发展已经进入关键时期,经济发展水平飞速提高,这也导致在社会中出现了多元社会思潮,并且这些社会思潮呈现出多元化发展趋势。特别是当前出现的各种社会思潮是现实生活问题的重要体现,并且有着极快的分化速度,不同社会思潮之间的影响力不断增强,这些社会思潮对人们产生的影响力也在不断增强,与主流意识形态的关系不断向复杂多变的方向发展。对这些社会思潮进行概括可以发现,其主要特征是对群体利益进行反映、对媒体舆论产生影响、对国家的政策决策产生影响,以及最大程度上争取民意民心。社会思潮具有以下特征:第一,在内容方面主要表现为社会的现实性;第二,在观点表述方式方面具有十分突出的新颖性和形象性;第三,在影响力方面具有突出影响。从整体上来看,社会思潮和人民的实际需求与利益紧密关联,体现的是一种较为复杂的思想情感。社会思潮对人们产生影响既是潜移默化的，也是循序渐进的；既会对当下产生影响，也会对未来产生影响。

二、非日常生活建设

相对于日常生活，非日常生活是一个与整个社会和人类存在相关性的领域，是维持社会再生产和人类再生产的各种活动的总称。非日常生活的主要特征是理性。在现实生活中，非日常生活由两个基本层次构成：一是非日常社会活动领域，主要包括经济、技术、管理及公共事务等，也包括一些大规模的社会活动领域；二是非日常精神生产领域，包括艺术、哲学及科学等，通常情况下被称为意识形态领域。

非日常生活主要包括经济生活、政治生活、文化生活、社会生活及生态文明建设生活。在这些生活中，需要更加重视政治生活，主要原因是政治生活是实现我国国家治理体系发展和完善，以及提升国家治理能力的关键环节。下文主要分析经济生活、政治生活及文化生活方面的环境建设。

（一）经济生活环境建设

经济生活是生产、分配、交换和消费等方面的综合体，是人类生存发展过程中的基本方式之一。在人类生存发展的过程中，生产活动是人类最为基本的实践活动，而物质资料的生产与再生产是人类社会能够生存和发展的重要基础。经济基础决定上层建筑，经济生活是创造物质财富的核心。前文提到，人们为了生活首先需要解决衣食住行方面的需求，所以第一个历史活动就是为了生产出能够满足这种需要的资料，这就是生产物质生活本身。几千年以来，人们为了维持生活，就必须从事这样的历史活动，因此这种历史活动是所有历史活动的基本条件。人类历史的发展规律就是人们必须首先解决自身衣食住行等方面的需求，然后才能够以此为基础进行科学、艺术及政治等方面的实践活动。因此，对于任何一个时代或一个民族而言，直接的物质生活资料生产都是其中的基础阶段，任何一种国家设施、法律法规甚至是农村村委会，都是在这一基础上发展而来的。对于任何一个社会来说，确立了怎样的思想道德教育观念，就会引导社会中的人形成怎样的思想道德品质。总体上来看，思想道德是由这一社会的生产力及经济关系所决定的。人们总是会自觉或不自觉地从其本身的阶级地位获得自身的思想观念，这充分说明经济生活是社会生活的主导，经济生活的具体方式是人类生产发展过程中的主要方式。如果经济生活环境发生变化，那么必然会导致人本身的思想道德发生相应变化。

一个社会的基本价值观念及伦理道德不仅建立在一定的经济基础上，而且会受到这种经济基础的影响，但基本的价值观念及伦理道德又会推动社会经济发展，是支撑社会经济发展的重要精神动力。在日常生活中，人们从事和参与的各种经济生产活动主要是为了解决人本身的物质需求。马克思指出人类的经济生活尤其是经济生产活动是一个从低级不断向高级发展的过程。人类的经济生产首先需要满足人类本身在衣食住行等方面的实际需求，这一阶段是低级阶段。只有在这一阶段得到发展之后，才能逐渐发展到满足人类精神需求的高级阶段。经济生产和人类需求的满足是一个相互影响、共同发展的过程。人类本身所特有的精神活动形成了经济生产和物质需求之间的中介。因此，人们所形成的某种道德观念或行为方式必须依附在现实的经济关系中，同时要有经济活动的支撑。从经济环境方面来看，经济环境是思想政治教育的决定性因素，会直接影响人们的思想政治品德，同时也会影响整个社会思想政治教育的发展层次。所以，思想政治教育如果存在某些问题，那么这些问题必然是产生于经济生活之中。要想解决思想政治教育中存在的各种问题，就必须先解决存在于经济生活中的各种问题。

基于上述观点可以得出，思想政治教育的经济生活环境建设基础是不同物质利益和物质需要的满足。在思想政治教育中所包含的思想、道德、意识及观念等精神性内容都是以经济关系为基础的，并且与社会的物质利益紧密相关。马克思指出，任何个体的根本动力都是利益，所有人奋斗的一切都必然与人自身的利益相关。具体来看，人的所有行为都是在人自身相应需要的推动下进行的，都和人自身的现实利益直接相关或间接相关。在人的发展过程中，思想方面产生的变化必然会受到人自身利益的驱动，同时也会受到利益关系的限制。一般来说，人的思想变化的最初原因都可以从与人自身利益相关的关系中找到。现在大量事实已经证明，能够对个体行为选择产生影响的因素都是个体对其自身行为后果进行分析和预期之后的结果，并且在这种结果分析和预期中，人都会着重考虑经济利益。邓小平同志曾经指出，如果在国家发展过程中不讲多劳多得，不重视对物质利益的追求，这一点对于少数先进分子可以实现，但是对于广大人民群众，短期内可以，但是长期不行。从这一观点能够看出，"革命是在物质利益基础上产生的，如果只讲牺牲精神，不讲物质利益，那就是唯心论"①。对于思想政治教育而言，教育内容与整个人类社会的物质利益追求紧密相关。

20世纪90年代，我国确立了社会主义市场经济体制目标，开始了现代化改革。构建社会主义市场经济体制，一方面，促使我国的经济与社会发展活力得到更大程度的激发，并且在这一过程中创新、理性、自由、平等及民主等思想逐渐被广大人民群众接受。另一方面，随着社会主义市场经济体制的构建，原来计划经济时代的利益格局被打破，进而导致原来能够对人民的行动产生指导作用的道德原则已经不适用于新的经济生活。同时，市场经济发展过程中所蕴含的工具理性及对利益的追求，在社会意识形态方面产生了一定的作用，并且一定程度上消解了人文精神，也对理想与信念的神圣性具有一定的削弱作用。在市场经济的利益驱动下，原来的道德规范、理想及价值观念等在一部分人群中逐渐消失，导致在这部分群体当中出现道德失范、心理失衡现象。市场经济追求的是利益至上，因此在价值观念方面主要表现为见利忘义和唯利是图。在这一过程中，人们对自己原来坚持的价值观念产生了动摇，并且不清楚自己应坚持怎样的价值观念，应遵循怎样的原则，也不知道应将自身多个理想运用到哪种情境中。对于我国来说，当前最为重要的任务是建立与市场经济相对应的价值观体系与道德伦理体系。

公有制为主体、多种所有制经济共同发展的基本经济制度，是中国特色社会主义制度的重要支柱，也是社会主义市场经济体制的根基。进入21

---

① 引自《邓小平文选》第2卷，人民出版社，1994年版，第146页。

世纪之后，我党明确指出各个地区和各个部门在制定政策的过程中，不仅要重视当地经济和社会的发展，同时也要充分体现出社会主义精神文明建设及对公民道德建设的要求。具体来看，在政策制定过程中，不仅要保护通过正常手段获取利益的行为，也要提倡个人多为整个社会作出贡献，防止出现因政策不当而带来的不良后果。在经济生活中，人们的价值取向及价值行为与经济政策紧密相关。在人民群众进行物质生产、交换及分配的过程中，是以物质利益为基础形成对社会的情感与诉求，所以在经济生活中，思想政治教育必须引导社会主义道德价值方向，从而促使外在规范逐渐内化为人们具体的行动信念。

（二）政治生活环境建设

政治生活是人们在公共生活中，以公共生活为基础对人类资源分配进行影响的活动。公共生活是政治生活的主要方式，能够体现为人民所共有的媒介及话语，还可以体现为共同的规则和习惯。从整体上来看，政治生活以权利和义务的统一为核心。

在现代社会中，政治生活是维护社会平衡的重要基础。现代政治生活所要解决的问题是如何促使人与人的行动更为合理，从而树立共同理想，进而促进社会的和谐发展。从语义学角度来看，政治生活主要指的是阶级社会中政治主体在国家、社会运作过程中为了参与政治与发展政治所进行的各种活动。政治生活首要关心的便是政治参与及政治进步方面的各种问题，因此必须考虑政治生活的范围、政治权利获得途径、政治生活方式及政治生活价值追求。所有这些问题，最终都可以归结为人在政治生活中对社会资源占有和分配的问题。

政治生活具有普遍性、关怀性及程序性。现代政治生活存在于所有社会成员的公共生活中，并且能够通过这种公共生活对所有社会成员产生影响。在现代政治生活中，人们获得政治权利的途径主要包括：一是按照法治程序获得政治权利，主要包含任命制度与选举制度等；二是通过参与政治生活来获得，主要包括义务履行、政治参与及民主协商等。政治生活的价值追求主要包括正义、平等、民主、自由、开放及透明等。政治生活的资源分配结果主要表现为：强势的社会群体能够获得更高的资源分配能力，弱势的社会群体能够得到一定的制度保障。随着全球化进程的不断加快，现在政治生活产生了新变化，这些新变化刚好印证了上述特征。

政治生活环境主要指的是以人本身的生活为基础所形成的实际发展情况及政治制度运行情况，主要包含政治制度、政治性质、政治思想及政治准则等方面，是促使人形成政治观念的发展因素，也是促使人实现政治社会化的客观条件。从某种程度上来看，人是政治生活的产物，即便是社会中的普通劳动者或其他个体，也能够表现出对政治生活的关注，并且这些个体本身的思想也会随着整个社会政治状态的变化而发生相应变化。从教育方面来看，政治生活环境中的所有活动、设施、体制或氛围等方面，本质上都是一种教育范畴或教育力量，所以能够对人本身的思想道德素质产生引导作用，从而影响人思想政治道德素质的形成和发展。

人作为社会的产物，在面对各种社会现象时，采用的态度或方式必然会受到社会环境及历史发展的影响，甚至可以说人本身的态度和理解方式是由社会环境及历史条件决定的。人的思想是人在对整个社会生活进行观察，以及学习各种政策方针的过程中转化的。我国的政治环境主要通过以下五个方面对人的思想政治观念形成产生影响：第一，国家政权的性质能够对人的政治立场和态度产生影响；第二，我党的路线方针政策能够对人的政治思想变化产生影响；第三，依法治国的基本方略能够对人民树立正确法治观念产生影响；第四，社会主义制度能够对人们的社会主义理想信念产生影响，具体为能够促使人们的社会主义理想信念更加坚定；第五，我党建设采用的各种举措及最终取得的成就能够对人们对党的信任产生影响，具体为增强了人们对党的信任。由于我国的思想政治教育带有十分强烈的政治倾向性，所以思想政治教育对人民的政治生活所带来的影响主要表现在以下三个方面：第一，实现党的政治领导，贯彻党的路线方针政策；第二，发扬人民民主，坚持人民主体地位；第三，增强法治观念，建设社会主义法治国家。思想政治教育环境能够对人们进行引导和帮助，促使人们在生活中树立正确的价值观念。一般来说，不同的政治生活环境对思想政治教育效果产生的影响是不同的，如果政治生活环境风气不正，比如党风不正等必然会对整个社会安定且团结的局面产生破坏,从而对思想政治教育的作用发挥产生负面影响。如果是良好的政治生活环境,那么就能够促使思想政治教育的最终效果得到提升。从历史发展来看,比如在20世纪50年代,正是当时人们积极向上的精神风貌及我党一心为民的作风,使我党思想政治教育在社会层面发挥了重要作用。

自我国实行改革开放政策及进行社会主义现代化建设以来,我国社会主义民主政治建设取得了一定成就,促使我国社会政治环境发生较大变化。几十年以来,我国都保持了经济的高速增长,逐渐缩小了与发达国家的差距。目前我国已经开始迈向现代化建设的第三个战略目标。我国全面建成小康社会,人民生活水平和生活质量普遍提高,能够在更大程度上坚定人民的社会主义理想信念。同时,中国共产党不断强调全面从严治党,不断加强自身建设,这些也在无形中提升了人民对共产党的信任程度。

(三)文化生活环境建设

文化是人类精神层面的产物,并且在发展过程中形成了人类本身特有的文化生活。文化是人类在通过自身主观能力对世界进行认识的基础上,在各种社会实践过程中形成的。文化建设体现在个体生存及社会生活的各个方面。人的文化生活可以分为两种:第一种是自在的文化生活,也被称为日常生活,具有突出的自在性、习惯性及情感性特征;第二种是自觉的文化生活,属于非日常生活。在自觉的文化生活中,人对自己的文化有"自知之明",即明白它的来历、形成过程、特色和发展趋向,通过增强自身文化转型的能力,提升在新的时代条件下进行文化选择的能力和地位。任何一个群体都会形成属于自身的文化,而在这样的文化中必然会包含这一群体所有成员共同坚持的价值观念。无论是对于整个社会还是对于各个个体,价值观念在文化结构中都属于最深层次的存在。德国著名社会学家林登贝格曾经指出,文化是"行为规范体系",既能够规定人们的行为,又能够规定人们的义务、责任和权利。如果文化已经形成,那么必然会对人们产生深刻影响。在形成过程中,文化不仅会沉淀在这一文化创造者的心理结构中，也会通过各种传播媒介对其他人产生影响。另外，人类在发展过程中对文化的创造和继承都必然经过内化和外化相互作用这一过程，并且在成长过程中将文化传承内化于心，在社会实践活动中将文化外化于社会与自然之中。所以，文化能够充分体现人类发展的过程，同时文化也赋予了人类社会存在的意义，也为整个人类社会的发展提供支撑。

文化生活环境是人类在发展过程中形成的一种观念形态，其中主要包括世俗、理论及物质等方面。一方面，文化生活环境由经济环境决定，同时又为经济环境提供服务。另一方面，文化环境既受到政治环境的影响，又反作用于政治环境。所以，人在发展过程中形成的价值观念是社会文化历史积淀的结果。

文化生活环境对人的塑造主要表现在两个方面：一是文化生活环境能够促使人们在生产发展过程中不断进行价值观念的建构，也能够促使不同的人在生产发展过程中形成不同人格；二是人们往往会将文化规范作为自己思想和行为的重要准则。一般来说，文化环境对人产生的作用包括教化作用、塑造作用及整合作用，同时也包括评价作用、规范作用及创新作用等。任何一种文化环境都孕育着主体的思维习惯、情感表达及人生追求，能够促使主体的思想情感在潜移默化中逐渐向趋同方向发展，然后由趋同逐渐发展为最终协同。可以说，文化是一种内驱动力量。通常情况下，科学的文化环境能够促使处于其中的人产生积极上进、奋发图强的心理，也能够刺激其中的人追求真善美、追求高尚的人格。如果文化环境落后且腐朽，那么就会导致处于其中的人意志不断消沉，并且在生活中不断传播假、恶、丑，最终使人彻底走向腐朽堕落。

随着物质生活水平的不断提高，人们的精神文化生活水平也随之提高，促使各种文化产业快速发展，如娱乐业、影视业、新闻出版业等。同时，随着人们精神文化生活的活跃，人们的自我发展意识、自我权利保护意识及自我价值实现意识等方面在不断增强。但是，在人们的思想观念及价值取向整体呈现积极变化的过程中，也存在一些道德失范或诚信缺失的问题，这些问题导致人们的社会公平责任意识及荣誉感不断弱化。对于思想政治教育来说，其最终教育效果与文化环境紧密关联。一般来说，人们更倾向于改变那些与一般认知或概念不一样的信念和行为，因此在实际生活中，消极的价值观披着大众文化的外衣，通过各种形式渗透到人们的文化生活中时，就会对人的价值观念带来一定的负面影响，从而抵消思想政治教育的现有效果。在现代社会中，新媒体技术的快速发展及信息的数字化转变，促使各种文化产品在制作方面实现了普遍化和大众化，正是文化产品制作的大众化和普遍化，导致媒体在对一些负面现象进行报道的过程中容易出现消极的观点。同时，各种新技术的支撑为大众提供了更为开放的文化空间，大众在这样的文化空间中也拥有更多的话语权，有时还会使用解构的方式对某些事物进行恶搞或嘲讽。比如，我国思想政治教育长期以来努力树立的权威，也被大众通过解构的方式进行了消解。

目前，文化在全世界的传播速度及范围超越以往任何时代，并且有着极为强劲的发展势头。对于任何一个国家而言，文化都是国家的软实力，对经济的发展及社会的稳定有着十分重要的影响。目前，我国还处于社会主义初级阶段，文化环境方面主要表现出以下特征：第一，主流文化和其他文化和谐共存；第二，传统文化和现代文化碰撞交融；第三，本国文化和外来文化交锋碰撞；第四，现代化发展提出的要求与原有文化环境存在差距和矛盾。一般来说，如果一个社会形成了良好的文化环境，那往往是人们在长期坚持的过程中获得的结果。近年来，我党对文化建设提出了新要求，强调必须提升国家的文化软实力，并且提出建设社会主义文化强国，反映出我党对文化建设的重视，以及对文化建设的认识全面且深刻。所以，将马克思主义指导思想、中国特色社会主义共同理想等充分融入人们的生活，建设中华民族共有的精神家园，形成良好的文化环境，是当前我国需要实现的重要目标之一。

在思想政治教育中，必须充分体现出先进性，必须占领精神文化建设的主阵地。在文化环境中，必须自始至终坚持主流文化的主导地位，并且要"防微杜渐"地对亚文化进行净化，"因势利导"地对亚文化进行转化，抑制错误或负面的亚文化发展，还要在主流文化的基础上创造新文化，通过新的文化促使人们的思想道德品质得到提升。总体上来说，思想政治教育需要通过文化环境建设影响社会文化生活，向整个社会传播正确的价值观念，从而促使处于这种文化环境中的人能够实现内化，自觉投入新文化建设中，从而为推动社会主义发展提供更多动力。

第三节　思想政治教育环境建设的特征

思想政治教育环境建设是一个完整系统，由不同环境中的要素组成。思想政治教育环境建设特征主要指的是思想政治教育环境建设本身所拥有的能够进行建设的属性。对思想政治教育环境建设的特征进行研究，能够更好地了解和把握思想政治教育环境中的内部结构，促使人们合理利用思想政治教育环境建设，使思想政治教育活动效果得到提升。

一、思想政治教育环境建设的导向性

导向指的是事情发展过程中的引导方向。思想政治教育环境建设的导向性能够充分体现其阶级属性。这种思想在任何时代都代表了一定阶级及利益集团的政治要求，所以这种思想在性质和功能方面与统治阶级的地位紧密关联。统治阶级的思想在任何一个时代都是占据主导地位的思想。换句话说，在任何时代或任何社会中，如果一个阶级在整个社会中占据主导的物质力量，那么这一阶级的精神力量也会在这个社会中占据主导地位。对于任何一个统治阶级来说，不仅要有物质基础的支撑，也要有思想观念等方面的支撑，因为只有这些思想观念转化为整个社会都能够接受的文化或意识形态，才能够促使整个社会稳定，从而维护统治阶级的统治。与西方资产阶级执政党不同，马克思主义执政党明确自己的社会属性和人民性，强调在执政实践中履行好社会管理职能，代表人民利益，增进人民福祉。无论是宏观层面的国家思想、法律法规及社会意识，还是微观层面的个体思想及行为，都必然会有自己的阶级属性。而思想政治教育作为一种社会实践活动，是一种在一定阶级利益基础上为了实现一定政治目的，有目的地对人们施加意识形态影响，从而促使人们的思想发生转变，最终对人的行为进行指导的过程。正是由于思想政治教育本身具有阶级性，因此决定了思想政治教育环境建设必然具有导向性特征。在思想政治教育环境的建设中，所有包含的内容及要素必然与外界环境一致，决定了思想政治教育环境建设的基本内涵及价值倾向，同时也会影响思想政治教育环境建设过程中不同因素的发展及变化。如果外界环境中的一些要素发生变化，必然会在思想政治教育活动中得以体现。因此，在外界环境发生变化的基础上，思想政治教育必须对目标进行调整，并且要对教育内容、教育措施及其他方面进行重新选择或优化，这样才能够更好地强化人们的认知，对人们的行为进行指导。

虽然思想政治教育环境建设的影响因素丰富多样，并且各种因素的作用方式也存在较大差别。对我国来说，作为一个社会主义国家，实行的是公有制为主体、多种所有制经济共同发展的基本经济制度，这一体制决定了我国要坚持马克思主义在意识形态领域指导地位的根本制度。因此，我国的思想政治教育就是在马克思主义教育思想基础上对人民群众进行教育，从而维护以工人阶级为领导的、以工农联盟为基础的人民民主专政的国家政权，维护人民群众的利益。如果从思想政治教育特性来看，思想政治教育就是要保障思想政治教育环境能够更好地维护国家政权及人民群众的根本利益，如果对思想政治教育环境的阶级性不承认，就是一种虚伪的表现。在人们所处的环境中，思想政治教育信息建设是重要组成部分，因此思想政治教育环境具有导向性。

从目前来看，随着国际竞争的日趋激烈和我国综合国力的不断提升，西方敌对势力加大了对我国的分化和西化。所以我国与西方敌对势力在思想政治教育方面进行的建设与反建设斗争是长期而复杂的，甚至在一些时候是十分激烈的。在当前的国际形势下，我国应更加重视思想政治教育环境建设，在人们的日常生活中不断宣传各种思想政治教育信息，以促使人们对社会主义产生更高的信任度。一方面，环境建设的信息必须能够充分反映主流意识形态，要弘扬主旋律，向人民群众传播健康、先进的科学思想和价值观念，这样才能更好地推动人民群众进行的各种实践活动沿着正确的目标和方向不断前进；另一方面，环境建设信息还要充分适应当前背景下社会所呈现的特征，并且要保证内容的深度，要通过不同层次和不同要求促使环境建设信息的作用得到最大化发挥。因此，思想政治教育环境建设需要按照正确的目的和方向对主体进行引导，并且要保证这种引导具有明确的指向性和目的性，这就是思想政治教育环境建设的导向性。

二、思想政治教育环境建设的隐匿性

人的心理过程是由三个部分组成的，具体为认识、情感和意志。在人们处于清醒状态时，必然能够感受到所处的环境，还会根据自身的实际需求采用相对应的行动方式。在以往的思想政治教育中，突出的是思想政治教育的传承性，即倾向于向教育对象输出各种基于统一基础上的要求或评估标准，所以导致以往的思想政治教育在教育内容和教育进度方面具有单一性，在教育格局和方式方面具有模式化特征。目前来看，这种思想政治教育模式已经不能适应现代社会。在现代社会环境中，无论是信息流、物流还是人流都相较于以往更加活跃，并且在互联网等先进技术的支撑下，这些方面的流动已经打破了时空限制，使人和环境之间的互动相较于以往更加活跃。在这样的环境中，信息对人的思想道德产生的影响是一种自发性的存在，是在潜移默化中随时随地对人产生影响。同时，这种影响具有非定向性，并且不具有规则性，不具有恒定性，也没有必然性，而是在人的直觉和感性产生作用的基础上形成的。在信息时代，社会思想信息多元化发展，导致接受这些信息的主体逐渐形成多向性及跨时空性的特点。

环境中存在的各种信息对人产生的影响是一种泛化存在，具体来说，这种信息不仅存在于人的生活方式中，也存在于人的思想、情感及情绪等方面。所以，在现实生活中，一些人能够意识到这种信息对自己的影响，但也有一些人没有意识到这种影响，一些人是在被动中接受环境带来的影响，同时也有人是在和环境的互动过程中通过自身的主观能动性接受信息的影响。这种影响处于无形之中，并且可能是悄无声息的。

现如今，随着经济、文化及社会等方面的多元化发展，人们的独立性及自主性得到了大幅提升，导致人们的价值取向呈现多样化发展趋势，在思想表现方面更具层次性，这些都成为现代社会多样化发展的重要标志。另外，科学技术的快速发展促使以互联网为基础的各种工具实现了现代化的信息交流，这种信息交流促使人与人之间的交往空间不断扩大，将不受时空限制。在这样的环境下，人们的世界观、价值观及理想信念等方面互相产生的影响越来越明显，并且覆盖的空间越来越广泛。苏联教育家苏霍姆林斯基曾经指出："教育者的教育意图越隐蔽，就越能为教育对象所接受，就越能转化为教育对象的内心要求。"①

人的思想具有渐变性，其表现为思想变化的稳定、持续，是一种循序渐进的变化，是一种有序的变化，同时也是一种差异性的变化。思想政治教育环境建设从空间方面来看是一种开放性建设，具体来说，在思想政治教育环境中，任何思想政治教育信息都可以从各个端口融入，并且涵盖日常生活和非日常生活。无论是人的工作、生活还是学习，甚至人本身的言行都可以是思想政治教育环境建设的起始点。这些信息无时不在、无孔不入，所以思想政治教育接受主体在生活过程中会接受有形或无形的外界环境刺激，并在长期的积累中完成从量变到质变的过程，从而实现政治思想的升华。比如，一个人生活在积极进步且和谐统一的社会环境中，那么他必然会受到这种环境的强烈感染，从而促使其养成积极向上的思想品德，进而促使其身心长期保持健康发展的状态。一个人若处于不良的思想政治教育环境中，必然会导致其受到负面影响，这样就会导致思想政治教育的功效被削弱，人在这样的环境中就无法形成良好的思想品德。所以，思想政治教育环境建设对人产生的影响不能依靠强制手段进行，而是需要在隐性基础上，在潜移默化中对教育对象产生影响，只有这样才能够获得良好效果。

---

① 徐国政 . 隐蔽教育意图，教育美在无痕 [J] 教育实践与研究（小学版），2008(6):4-6.

三、思想政治教育环境建设的整合性

思想政治教育从诞生以来就是对人们的思想意识、价值观念等方面进行整合的工具。根据辩证唯物主义的观点，任何事物都是辩证统一的，思想政治教育环境建设也不例外，也是一个辩证统一的矛盾体。在思想政治教育环境建设中，不仅包含复杂的内部结构，还包含多种组成要素，从整体上来看，无论是复杂的结构还是各种组成要素，都表现为一种统一的氛围或情境，具有整合性特征。随着时代的发展，思想政治教育环境建设中的信息相较于以往更加丰富多样，从而促使人们在选择这些信息的过程中，在广度和深度方面都得到了拓展。思想政治教育环境建设必须进行整体性的统一协调，只有这样才能够促使思想政治教育环境建设长期保持良性的运行状态，从而保障思想政治教育目标得以实现。

思想政治教育环境建设的整合性还体现在整个系统内部各个要素，以及不同部分的相互制约和相互协调两个方面。第一，从相互制约方面来看。思想政治教育环境建设的系统内部各种要素及不同部分之间是相互联系的，并且这些要素和不同部分在相互联系的过程中组成了纵横交错的整体格局。这些要素或不同部分从理论或形式上来看，是以不同的属性或不同的作用范围为基础而存在的，可以被划分为不同的部分或不同类型的子系统。从整体上来看，这些子系统看似独立于其他系统，但实际上是由一些看不见的纽带连接在一起的，本质上是一个整体。比如政治生活环境、社会生活环境及生态生活环境等，都需要建立在经济生活环境基础上，如果失去了经济生活环境，那么其他环境将不复存在。同时，经济生活环境又会受到其他环境的制约。所以，思想政治教育环境建设中的各个因素并不是孤立存在的，而是时刻处于相互影响和相互作用的过程中。比如，人际交往环境会因为社会生产力的快速发展或物质条件的变化，促使人在实际社会交往过程中不断打破原有时空的限制。第二，从相互协调方面来看。思想政治教育环境建设系统中的各种要素围绕共同的目标相互配合、相互协调，所以在对思想政治教育系统产生影响的过程中会形成一种基于整体的合力，其中包含各种因素，如情感因素、权威因素及环境因素等。

这些因素融合在一起，使思想政治教育环境建设带来的影响被有效组合起来，也使环境中的各种因素相互关联、相互促进，最终形成共同的着力点，产生综合效应。无论是好的事物还是坏的事物，都有其本身存在的价值，将这些事物的价值结合在一起，就能够使原本无意义的事物变得有意义，让原来单一的事物产生更多的效果。比如，人的思想体系是由不同的思想组成的，主要包括主导思想、边缘思想和外来思想。对于我国的思想政治教育环境来说，尽管在其中存在多种多样的思想观念，但从整体上来看马克思主义始终占据主导地位，社会主义意识形态占据主流地位。

四、思想政治教育环境建设的强化性

强化指的是在外部刺激的情况下，人的主观认识巩固与深化的过程。思想政治教育环境建设的强化性体现在以下三方面：首先，体现在人思想的渐变和动变特征上。人思想的渐变性主要表现为思想变化方面的缓慢性、稳定性与持续性，是一种潜移默化的变化，也是一种有序性的变化。人思想的动变性是由于人这一客观存在需面对外来影响的多元性，因此人生活在永恒的变化中，人的周围环境如果发生变化，必然会导致人的思想产生变动。其次，人的需要与现实总是存在一定矛盾，从而促使人表现为一种逆顺状的存在，而矛盾总是处于不断变化中，所以人思想中的矛盾是不可避免的。最后，人总是处于实践认识和实践再认识的过程中，所以人的思想总是在实践过程中不断变化。一般来说，信息刺激是人的思想产生动态变化的直接因素之一，如思想政治教育对教育对象所进行的各种知识灌输，或思想政治教育环境对教育对象建设的各种积极因素，都能够扩大对教育对象的影响，从而提升思想政治教育的实效性。思想政治教育环境建设往往是通过三种途径对教育对象的思想道德起强化作用：第一种途径是反复强化。教育对象在接受各种思想政治教育信息的过程中，这些信息都可以建设在教育对象的日常生活以及非日常生活环境中，然后通过各种信息传播载体在教育对象的周围不断出现，这样能够使教育对象对这些信息的印象大幅提升。信息的反复出现能够对教育对象的感官进行反复刺激，从而促使教育对象对这些内容信息留下深刻的印象，最终强化思想政治教育的效果。第二种途径是综合强化。思想政治教育环境建设的信息对教育对象的思想及行为所产生的影响或作用，一方面能够通过各种文字、声音及图像等起到作用，另一方面能够通过内容以及功能的综合而发挥相应作用。一般来说，在一个主题形成之后，可以通过直接的方式或间接的方式对教育对象的思想和心理产生影响。这种信息既可以是日常生活中的信息，也可以是非日常生活中的信息；可以是一定的舆论导向、制度引导，也可以是一种道德示范等。整体上来看，综合强化必然会促使人的感官处于刺激信息的包围中，只是在表现方式和作用方式方面存在一定的差异。第三种途径是累积强化。信息的数字化发展促使信息传播有了更多的技术保障，同时数字化技术也促使信息的大量传输成为现实，人们可以通过互联网获得大量信息，导致思想政治教育环境建设的信息量快速增加。同时，信息的持久性也在不断提升，在大量信息的强化之下，人们的认知能力逐渐得到了提升。

第三章 我国高校思想政治教育环境的现状与影响

随着社会的不断发展和进步，高校的思想政治教育已经成为培养大学生综合素质的重要组成部分。青年学生在高校学习期间接受思想政治教育，有助于提升他们的思想觉悟、道德品质和社会责任感。随着时代的变迁和社会风气的不断演变，当前我国高校的思想政治教育环境存在一系列问题，影响了思想政治教育的效果及质量。因此，深入了解我国高校思想政治教育环境的现状和影响，对加强高校思想政治教育、推进高等教育改革具有重要意义。

第一节 高校思想政治教育的国际环境与经济环境

当前，高校的思想政治教育在国际环境和经济环境影响下，面临着新的挑战与机遇。随着中国走向全球化和现代化，高校思想政治教育需要适应新的国际形势，积极融入全球化的进程。同时，随着社会经济的发展，高校的思想政治教育也需要更加关注经济学原理和经济现象的最新研究，以更好地服务国家的经济建设和发展。本节旨在探讨高校思想政治教育在国际环境和经济环境背景下的发展与变革，分析外部环境对高校思想政治教育的影响，探讨如何通过创新教育模式和教学方法来适应新的环境要求，提高高校思想政治教育的质量和水平，为培养具有国际视野和创新精神的高素质人才作出积极贡献。

一、高校思想政治教育的国际环境

高校思想政治教育的国际环境主要指的是与思想政治教育相关联的所有国际环境因素的总和。自中华人民共和国成立以来，我国面临的国际环境发生了巨大变化。尤其是进入新世纪之后，我国在经济领域获得了巨大发展，在科技领域获得了巨大成就，在文化领域也向全世界充分展现了中华民族的自信，整体上我国正以全新的姿态在国际舞台发挥重要作用。但正是由于我国的快速崛起，部分西方国家开始通过各种方式来阻碍我国未来的发展。

（一）中国对世界的贡献

中华人民共和国成立70余年来，我国从一穷二白走向小康，进入新世纪后，我国更是创造出伟大成就，为世界发展作出了重要贡献。

1.经济方面的贡献

在经济方面，我国作出的贡献主要体现在以下两方面。

第一，我国经济近几十年的高速发展，成功解决了十几亿人口的生存与发展问题。党的十八大以来，我国开始大力进行体制改革，并且推动生产力的转型升级。在这一过程中，钢铁和煤炭等传统产业所占比重不断下降，新能源和高科技产业成为我国经济的重要增长点。根据相关统计，2014年，我国的国内生产总值（GDP）首次突破10万亿美元，是全世界第二个达到10万亿美元的国家。2017年，世界500强企业中，我国企业有115家，而这一数字在2001年仅为12家。截至2020年年底，我国高速铁路运营里程达到3.8万千米，形成了世界上最大的高速铁路网。同时，我国的人工智能、物联网、生物技术及材料科学等方面正在快速发展，在许多领域已经领先世界。在"一带一路"倡议下，当前国内正在进行产业结构的调整，国民经济正在以不同的方式增长，从原来的以出口为主逐渐转变为以国内消费为主，以及以高科技为主导的经济增长模式。近几年来，我国的经济增长速度有所放缓，进入新常态，但每年仍然以5%的增速不断发展，因此我国仍然是当前拉动全球经济发展的重要动力。

第二，我国的经济长期保持高速发展，对世界发展作出的贡献越来越大。1949年，中华人民共和国成立，彼时中国是一个有着大量人口但是贫穷落后的国家。我国实行改革开放以来，人们的思想逐渐得到解放，生产力得到了极大的提升，促使我国经济开始进入高速发展阶段，并且在2010年超越日本成为世界第二大经济体。在此之后，我国经济进入中高速发展阶段。根据国际货币基金组织的相关统计，如果从购买力方面来看，我国早在2014年就已经成为世界第一大经济体。随着我国经济的快速发展，国际贸易市场有了新的发展动力，比如2001—2017年，我国货物进口平均年增速达13.5%，是世界进口增长速度的2倍。同期，我国服务贸易进口平均年增速为16.7%，是世界平均水平的2.7倍。[1]从整体上来看，我国的发展对世界作出了巨大贡献。

2.政治层面的贡献

我国的快速崛起创造了大国发展奇迹。经过70余年的发展，我国在全世界经济发展过程中发挥了极大的拉动作用，在这一过程中，我国在国际政治舞台上也开始发挥越来越重要的作用。发展至今，我国的国际影响力以及国际地位不断提升，相较于建国初期，已经实现了飞跃式的发展。

首先，我国在发展过程中积极融入国际政治舞台。1971年，联合国恢复了我国的合法席位，自此之后，我国开始在国际舞台不断发挥积极作用，为国际政治的稳定作出了巨大贡献。比如，我国国际事务参与率不断提升，已经与除美国以外的其他常任理事国处于同等水平。同时，我国在国际政治交流及国家治理等方面也发挥了重要作用。

其次，我国在全球治理中有着积极作为。近年来，我国秉持共商共建共享的原则提出了"一带一路"倡议，并且倡议成立亚投行（即亚洲基础设施投资银行），举办了二十国集团（G20）峰会以及博鳌亚洲论坛等。我国在全球治理过程中扮演着重要角色。另外，我国近几十年来的快速发

---

① 中华人民共和国国务院新闻办公室.中国与世界贸易组织[M].北京：人民出版社，2018.

展也受到大量发展中国家的关注，这些发展中国家希望能够与我国携手合作从而实现共同发展。从整体上来看，我国在全球治理中发挥着越来越重要的作用。

最后，我国在维护世界和平与安全方面作出了重要贡献。我国是联合国安全理事会常任理事国之一，长期以来一直贯彻和平共处五项原则，充分维护自身发展与世界和平。我国是世界和平维护的重要力量之一，截至2022年年底，我国已经参与了几十次的联合国维和行动，派遣的维和人员已经高达5万人次，在全世界面前树立了维护和平与安全的大国形象。

3. 文化层面的贡献

文化是一个国家、一个民族的灵魂。[①]我国作为世界四大文明古国之一，在几千年的发展过程中创造出了举世瞩目的伟大成就，并且形成了博大精深的传统文化，成为激励整个中华民族不断向前发展的精神动力。自中华人民共和国成立以来，在党的领导下，我国文化事业繁荣发展，并且在丰富人民群众文化生活方面发挥了重要作用，在实践过程中，逐步形成了具有中国特色社会主义文化发展道路。

一方面，我国一直以来都十分重视对传统文化的保护和传承。自改革开放以来，随着我国经济的快速发展，人们的物质生活更为丰富，人们开始追求更高层次的精神文化生活。在这一过程中，对优秀传统文化的传承成为中国人的最高追求之一，并且这种追求对实现中华民族的伟大复兴有着重要意义。近年来，我国在国际经济以及政治事务中发挥的作用越来越大，在此过程中加强了与其他国家的交流与沟通，促使我国的优秀传统文化不断向世界输出。

另一方面，我国始终坚持"走出去"的发展战略，积极参与国际文化交流。中华优秀传统文化在当代的转化促使中国传统文化产生了更大的影响力，从而促使我国文化软实力得到提升。特别是进入新时期以来，我国与其他国家逐渐建立了自由贸易区，这种自由贸易区为我国传统文化的对

---

① 习近平：在中国文联第十次全国代表大会、中国作协第九次全国代表大会开幕式上的讲话 [E/OL].(2016-11-30)[2023-10-12].https://www.gov.cn/xinwen/2016-11/30/content_5140638.htm.

外输出创造了好的机会与条件。文化的国际传播不仅加强了不同国家之间的交流，也促使我国国内的文化市场实现了繁荣发展，提高了我国国内文化产品的质量。

（二）西方国家对我国的遏制

在我国高速发展的过程中，部分西方国家为了达到自己的目标，企图通过舆论宣传，遏制我国的发展，甚至一些西方国家开始公开指责我国正在搞经济侵略，是在破坏整个国际规则。西方国家的这些行为是为了阻止我国的发展，是为了让我国重新回到贫穷落后的境地中去。

首先，在经济建设方面，对于我国在经济建设方面所取得的巨大成就，美国曾经公开表示我国的崛起是对美国经济的严重威胁。因此，美国使用了各种隐蔽的方式打压我国，以维护自己在世界经济体系中的霸主地位。2001年，我国加入世界贸易组织。随着我国对世界贸易的贡献度不断提升，我国在世界贸易组织中的话语权不断增加。在这样的情况下，美国试图重新组建另外的组织来削弱世界贸易组织的作用，于是在2008年，美国加入跨太平洋伙伴关系协定，这一协定形成了亚太区域内的小型"世界贸易组织"，美国试图通过这一组织继续维护其在经济领域的霸主地位，遏制我国的发展。西方国家对我国经济的遏制也影响了高校思想政治教育的发展，进而影响到学生的学习。同时，由于市场准入受到限制，高校之间的国际交流和合作也受到了一定的冲击，更使高校的思想政治教育资源受到一定的限制。

其次，在国际政治方面，我国是联合国安全理事会常任理事国，同时也是世界第二大经济体，也是世界上负责任的大国。在我国成为世界第二大经济体之后，大国之间的复杂矛盾不断发酵，并且在战略博弈方面更加激烈。由于西方国家给予我国的政治压力不断加大，对高校的思想政治教育环境也造成了一定的影响。在一些国际交流和合作活动中，西方国家可能会质疑我国的一些政治立场，这也会使高校的思想政治教育面临一定的挑战。另外，由于西方国家对我国的经济发展持有一定的偏见，这也可能导致一些西方国家的学术界对我国的一些政治观点持批判态度，从而影响高校思想政治教学环境和学术氛围。

最后，在文化交流方面，中国特色社会主义最终创造出中国奇迹，因此国际社会对我国的发展过程有着浓厚的兴趣。第一，国际社会更加希望深入了解我国，从我国获得成功的秘诀。第二，国际社会由于对我国了解较少，存在诸多误解。长期以来，西方部分国家在全世界范围内鼓吹"普世价值"，并在此过程中对不听从他们指挥的国家进行打压。进入21世纪之后，互联网技术的快速发展，使得不同国家的联系更为紧密，思想文化之间的交流也不断加深，因此西方国家开始通过互联网将包含"普世价值"的文化产品等输入我国，进行文化渗透，试图通过这种新的工具来消解中华民族的发展根基。

（三）国际环境对高校思想政治教育的影响

历史和实践已经证明，一个政权被彻底瓦解，往往是从文化领域或思想领域开始的。如果思想领域被攻破，那么其他方面就很难守住。进入新时代之后，整个世界在百年未有之大变局下加速演进，世界大调整和大变革不断加深，国际环境更加复杂。这样的国际环境不仅对我国的经济发展产生重要影响，也对我国民众的精神领域产生重要影响。对于高校而言，思想政治教育工作者需要应对国际环境的不确定性，需要以更加先进的思维与手段来保障思想政治教育效果。

1.国际环境已经介入高校大学生的思想空间

近代以来，西方国家就十分重视通过各种方式进行文化输出，宣传其殖民主义思想，从而为文化演变我国创造条件。发展至今，仍然有很多西方国家习惯通过这些伎俩进行文化渗透。进入21世纪之后，随着互联网技术的快速发展以及移动设备的普及，高校大学生作为最容易接受新鲜事物的群体，通过互联网可以接触到各种各样的外来信息。而以美国为首的西方国家依靠其在互联网技术方面的优势，通过各种社交平台开展意识形态渗透活动，并且深入高校大学生的学习生活。例如，西方国家会通过创办一些刊物或制作一些多媒体产品来宣传西方的政治制度及思想观念，从而在潜移默化中对高校大学生的价值观念产生影响。又如，西方国家在举办一些学术研究讨论会时，往往会通过所谓的权威对我国现有的制度进行弱化，贬低社会主义制度的价值。这些都给我国高校大学生造成错误的解读及认知上的误区。

2. 意识形态上的入侵

西方意识形态对我国高校大学生思想价值观念的入侵，已经从原来的显性入侵和直接入侵逐渐转变为隐性入侵和间接入侵。西方国家试图通过不同的言论来颠倒黑白，试图通过这些言论来扰乱我国的思想领域，从而对我国的舆论走向进行干预。比如，以美国为首的西方国家不断抛出普世价值观，企图通过这些价值观来影响我国的民众及高校大学生的家国情怀，从而破坏我国的和谐稳定，最终颠覆社会主义制度。随着我国综合国力的不断提升，西方所鼓吹的"中国威胁论"不断加剧，并且在这一过程中西方国家开始转变入侵形式，开始将文化作为遏制我国发展的手段。直至今日，西方国家在意识形态上对我国的入侵仍没有停止，妄图通过各种形式对我国高校大学生的价值观产生影响。这些都不利于我国高校思想政治教育工作的开展。

3. 多元文化对主流价值观的侵蚀

随着信息流通的速度越来越快，文化更新更加快速，人类社会也更加复杂，各种文化存在于人类社会中，从而引发不同的价值观念不断碰撞与交融，最终诞生了多元文化。由于现代社会本身的复杂性，社会发展的文化需求各不相同，并且这些不同的文化需求在发展过程中促进了多元文化的产生与发展。多元文化的传播导致高校大学生在价值选择方面产生了一定的困惑，从而削弱了我国主流价值观教育对学生的影响。文化的发展需要以不同文化的交流与碰撞作为支撑，因此在多元文化背景下，不仅有文化的相互融合，也存在不同文化的冲突与矛盾。另外，在多元文化下，不仅包含文化的积极因素，同时也包含各种消极因素。无论是冲突与融合，还是积极因素和消极因素，对于高校大学生来说，如何进行取舍就成为一个选择难题。造成这一状况的原因在于大学生的价值观念尚未完全定型，并且对社会的了解程度不深，对整个民族及国家没有系统性认识，所以高校大学生难以分辨正确与错误的价值观念，从而导致部分大学生迷失，甚至可能走上违法犯罪的道路。

4.淡化了家国情怀和民族意识

家国情怀是中华民族传统文化的重要内容之一，是中华民族几千年来形成的一种民族认同感，在增强民族凝聚力、建设幸福家庭及提升公民意识等方面发挥着重要作用。民族意识对于一个民族来说是一种民族共同的心理素质，是指一个民族在形成和发展过程中所凝结起来的一种共同的心理状态。一般来说，极端且狭隘的民族意识会对整个民族稳定团结造成严重影响，如果一个民族的民族意识较为淡薄，则会导致该民族难以凝聚民心，不利于民族的发展。随着经济全球化进程的加快，不同国家之间的依赖性不断增强，而这种依赖性的增强促使不同国家的交流更加频繁。对于我国高校大学生来说，当前面对的是一种相对于以往从未有过的开放状态，这使得我国高校大学生的家国情怀及民族意识在一定程度上被淡化。西方国家正是利用我国高校大学生思想方面的片面性及认识方面的肤浅性，不断通过宣扬错误的价值观来弱化我国大学生的爱国之情，从而给高校的思想政治教育工作带来各种负面效应。

5.对高校大学生行为习惯养成的误导

行为习惯是人在不断重复的思维方式及处事态度下所形成的，具有极强的惯性。对于个体来说，无论是良好的习惯还是坏的习惯，在日常生活中都会在不自觉中出现。对于我国高校大学生来说，养成良好的行为习惯会对其未来发展产生积极影响。我国实行改革开放以来，西方国家就通过各种载体输出资本主义的生活方式。高校大学生正处在价值观念及行为习惯形成的关键时期，对各种新鲜事物能够更快接受，并且十分善于模仿，喜欢突出自己的个性。所以西方世界输出的文化产品被一些学生吸收后，就会导致这些学生形成错误的生活观念及行为习惯，同时也会在某种程度上冲击我国主流的价值观念。

二、高校思想政治教育的经济环境

（一）经济全球化持续发展

纵观全世界的经济发展，经济全球化大致经历了三个阶段：一是殖民扩张和世界市场形成阶段，西方国家靠巧取豪夺、强权占领、殖民扩张，到第一次世界大战前基本完成了对世界的瓜分，世界各地区各民族都被卷入资本主义世界体系之中。二是两个平行世界市场阶段，第二次世界大战结束后，一批社会主义国家诞生，殖民地半殖民地国家纷纷独立，世界形成社会主义和资本主义两大阵营，在经济上则形成了两个平行的市场。三是经济全球化阶段，随着冷战结束，两大阵营对立局面不复存在，两个平行的市场随之不复存在，各国相互依存大幅加强，经济全球化快速发展演化。

改革开放之后，我国开始融入国际经济体系。2001年，我国加入了世界贸易组织，促使我国融入全球化发展进程全面提速。进入21世纪之后，经济全球化发展加快，我国在这一过程中以中国特色社会主义经济发展为基础全面融入全球经济，不仅成为经济全球化的重要践行者，同时也推动了经济全球化的飞速发展。

第一，我国在发展过程中积极吸引外资，并且积极利用外资。在我国发展过程中，外资流入一直保持较高水平。根据国家统计局的统计，在我国改革开放初期，外国对我国的直接投资已经达到11.7亿美元。到20世纪90年代，外国对我国的直接投资快速增加，截至2002年年底，已经达到了4500亿美元。从20世纪90年代至今，外国对我国的直接投资总额居全世界发展中国家的第一位，在世界处于第二位。2018年，我国吸收外资创历史新高，达到1349.7亿美元，占全球外资吸收总量的1/10以上。①之所以能够吸收如此巨量的外资，主要是因为我国拥有稳定的政治环境和庞大的市场，这些对全球资本具有巨大的吸引力。第二，我国深度参与国际合作与分工。经济全球化发展促使我国企业的视野更加开阔，并且为我国企业参与国际市场的竞争提供了更多机会。进入21世纪，我国企业不仅能够发挥

---

① 数据来源：《2019年世界投资报告》。苏格.全球化与中国的改革开放 [J].当代世界，2018 (6): 18-21.

地缘优势，还能够走出国门进入国际化产业分工的上游。比如，科技公司华为有着大量的自有知识产权产品出口，联想收购了IBM的个人电脑业务等，这些中国企业都通过各种方式获得了更加先进的技术及市场，巩固了自己在国际竞争中的地位。更为重要的是，这些企业实现了技术上的国际化，在这一过程中产生了更加先进的思想与发展战略。第三，我国以科学技术作为国际化的核心。进入新时代，我国抓住机遇主动出击，积极融入全球科技发展中，在多个领域取得了突破性进展，使我国在很多行业处于领先地位。经济全球化发展，不仅促使国家之间的科技交流与合作更加频繁，同时也使高新技术产业实现了更好的发展，这些都能够帮助我国充分展现后发优势，促使我国实现经济的跨越式发展。第四，我国对产业结构进行优化调整。在我国融入世界经济体系之后，随着我国对外开放程度的不断提升，出于国际竞争需要，我国必须对国内经济体制进行改革，并对产业结构进行调整。这样的结构调整还会促使我国部分技术相对落后的劳动密集型产业被转移。从整体上来看，我国的产业结构调整更是在国际和国内的相互作用过程中进行优化调整，同时也在优化调整中不断增强自身的综合竞争能力。

（二）中国经济由高速发展转向高质量发展

在经济全球化发展背景下，世界经济呈现出一体化发展趋势，并且在经济发展过程中呈现出你中有我、我中有你的发展趋势。从整体上来看，这种发展状态和趋势对世界各国的经济发展而言都有积极影响，但是这种发展存在一定差异。主要原因在于国际利益分配天平不可能完全保障利益分配的公平，因此在经济一体化发展过程中，处于核心位置的国家总会获得更多的利益，而那些处于边缘的国家获得的利益则较少，甚至一些国家为了能够融入全球经济发展，还要牺牲一部分的短期利益。首先，在全球化发展过程中，发展中国家主要是通过为跨国企业提供更为廉价的劳动力，从而促使经济得到发展。但是这种廉价劳动力在国际分工中往往附加值较低，并且劳动生产加工过程中的能耗较高，从表面上来看，跨国企业为发展中国家带来了更多就业机会，但这并不意味着能够从根本上提高发展中国家人民的生活品质，甚至一些国家的人民生活品质不升反降。其次，对于发达国家来说，也同样存在一些问题。在经济全球化发展过程中，劳工市场实现了一体化，导致发达国家的低端工序开始外移，而这些低端工序通常能够解决受教育程度较低人群的就业问题，因此低端工序的外移会导致发达国家的这一群体在一定程度上出现失业问题，从而成为社会的不安定因素。再次，对于发达国家的跨国企业来说，为了避免本国完善的环保法令带来的限制，往往会在国际分工的过程中将一些高污染的生产环节迁移到发展中国家，然后利用当地并不成熟的环保法律来躲避其应该承担的环境保护责任。这样的高污染生产环节往往会对发展中国家的生态地貌造成极大伤害，从而导致这些国家的生态平衡被打破，不利于这些国家的可持续发展。最后，在经济全球化发展背景下，世界上的各个经济体相互影响并且相互依赖，也正是这种依赖，导致在一个经济体出现问题时很容易通过金融体系影响到其他经济体，从而引发全球性的经济危机。

在经济全球化发展过程中，我国是经济全球化的受益者，更是经济全球化的贡献者。近年来，以美国为代表的发达国家联合掀起了一阵"逆全球化"之风。但从整体上来看，这种"逆全球化"的发展空间并不大，还会导致发达国家之间产生各种矛盾。在新时代，我国社会主要矛盾的转变为我国经济的未来发展指明了道路，即要从高速度发展转变为高质量发展。要想实现高质量发展，就意味着我国的经济必须从粗放型增长方式转变为集约型增长方式，并且在经济发展好坏的衡量方面，不能仅按照GDP的增速，而是需要进行综合考量，比如还应通过经济、社会以及自然之间的和谐发展为标准进行评价。

（三）经济环境对高校思想政治教育的影响

在经济全球化发展的今天，我国正处于深化改革的发展过程中，因此经济全球化在给我国带来发展机遇的同时，也带来了各种挑战。尤其是经济环境的复杂性、多元性导致我国思想政治教育效果被削弱。

1.经济全球化发展与西方意识形态入侵同时存在

经济全球化指的是全世界各个国家在经济领域的相互影响和相互制约，共同发展的一种发展状态。但随着经济全球化的发展，各个国家在经济领域发展的基础上，开始促进其他方面的合作与发展，如政治、文化等方面，因此不同国家之间的利益共存关联性更强。同时随着互联网技术的快速发展，各个国家之间的交往在时间上实现了基本同步。在这一过程中，各个国家之间意识形态上的相互影响已经产生，并且不可避免，从而引发了全球政治格局的变动。

我国实行的是社会主义市场经济体制，强调的是以为人民服务为核心、以集体主义为原则的社会主义思想道德。相较于我国的社会主义，西方资本主义则是以私有制为根本的经济制度，因此西方经济制度在资源分配方面遵循的是个人主义原则。由此能够看出，不同的生产方式对人的思想道德要求存在不同，所以我国与西方资本主义国家在人的思想道德方面的要求不同。从经济方面来看，由于经济全球化和意识形态入侵同时存在，所以社会经济环境会对人们的思想道德产生影响。西方资本主义国家在经济全球化的发展过程中，从来没有停止向其他国家宣传资本主义的价值体系。对于我国来说，西方资本主义国家在意识形态上不断对我国进行入侵，试图通过人权、宗教等方面的问题来干涉我国内政，妄图实现全世界的西化。西方资本主义在对我国进行意识形态入侵的过程中，主要的针对对象是我国的青年，因为他们尚处于价值观没有完全形成的关键时期，同时又是我国未来发展的主力军，所以成了西方资本主义意识形态入侵的主要对象。

经济全球化在为我国经济发展带来机遇的同时，也给我国的文化、政治及生态等方面带来了挑战。对于高校思想政治教育而言，西方资本主义国家意识形态的入侵，给高校的思想政治教育带来了更多阻碍。

2.市场经济所形成的价值导向

自我国改革开放以来，市场经济快速发展，我国民众的物质文化生活得到了极大丰富，但是在这一过程中，人们的传统价值观念受到极大冲击。在市场经济条件下，内驱动机制及竞争意识促使人们的工作重心不断转移到经济层面，重视经济收入及经济回报成为人们工作价值的重要衡量标准，却忽视了工作对家庭、社会等方面的价值，最终导致了一些错误价值论滋生。比如我国一部分人存在拜金主义思想，完全以自我为中心，摒弃了我国优秀的传统道德观念，甚至被西方资本主义国家蛊惑，走上违法犯罪道路。

市场经济中存在的这些弊端不可避免地会对高校的思想政治教育工作产生负面影响，从而导致高校思想政治教育工作的难度增加。第一，从高校思想政治教育工作人员角度来看。高校思想政治教育工作人员作为高校教书育人的主体人群，在实际工作过程中需要投入较多的时间与精力，但是收入较低，能否始终坚持正确的价值取向对这些工作人员而言十分重要，特别是在受到一些诱惑时能否依然做好教书育人的工作，直接影响高校思想政治教育的最终效果。第二，从大学生方面来看。一些大学生在面对"读书无用论"时，是否能够正确认识人生的价值及学习的价值，始终坚持正确的价值取向对大学生的未来发展来说十分重要，这也是当前高校思想政治教育工作需要重视的内容之一。

3.经济活动中的国际化思想对传统价值观念的冲击

全球化背景下，经济活动的发展呈现出国际化趋势。在这样的环境中，不同民族与国家形成的特有行为习惯、思维方式等在国际交流中不断碰撞与交融，在交流过程中将会被一种国际化标准模式取代。从本质上来看，这样的国际化标准模式往往是由经济活动中占有主导地位的发达国家决定的，发展中国家在这一过程中没有足够的话语权，所以抛弃了自己原来的思维方式或价值观念。随着经济全球化的发展，在经济交流的过程中，文化交流更为频繁。在文化交流过程中，强势文化往往会对弱势文化产生强烈冲击，导致一些发展中国家受到强势文化的倾轧，从而使强势文化在发展中国家流行。对于我国来说，当前西方的强势文化已经在一定程度上影响了我国高校大学生的价值观念，我国高校大学生对传统文化产生了一定的排斥感，同时强势文化还导致我国大学生在思维方式等方面产生变化，进一步改变了我国普通民众的生活与工作方式。

4.教育市场化对思想政治教育理念提出挑战

经济的发展为教育的发展提供了强有力的物质支撑，而教育的发展又为经济的发展提供了更多的智力支持。从短期来看，教育是被动适应经济结构变化所产生的需求，但从长远来看，经济结构的改变会受到教育的影响。因此，教育对经济有反作用，而经济会在教育的促进下反作用于教育，促进教育的变革和创新，最终形成一种良性循环。中华人民共和国成立以来，我国的思想政治教育工作始终以党和国家为中心，为中国特色社会主义市场经济提供服务，所以在思想政治教育的内容及实践等方面发挥着服务社会发展的功能。

在市场经济条件下，市场在资源配置中发挥着决定性作用，在教育行业中也是如此。进入新时代，在经济发展的过程中，我国的教育事业也在改革开放的推动下实现了新的发展。今天来看，我国的教育事业已经走上了市场化的道路，这促使我国教育的办学主体呈现出多元化发展趋势，出现了一些股份制的办学主体。而随着外资的介入，我国教育市场的办学主体更是会向多元化方向发展，从而对我国的高校思想政治教育产生一定影响，具体表现为：第一，多元化的办学主体有利于促使我国高校吸收更多先进的教育思想以及教育方法，从而弥补我国教育资源的不足，并且形成新的教育观念。第二，随着市场经济的发展，我国高校大学生的民主诉求及平等意识更加强烈。

第二节　高校思想政治教育的文化环境与社会环境

一、高校思想政治教育的文化环境

（一）高校思想政治教育文化环境的功能

首先，高校思想政治教育的文化环境具有场景功能。从社会学方面来看，场景指的是特定的地方，并且包括特定的时间、活动及人物。场景能够为教育活动提供客观存在的时空环境。如果说场景是高校进行思想政治教育的重要物质基础，那么思想政治教育文化环境主要是将文化转变为思想政治教育场景中可以运用的信息，同时帮助思想政治教育构建出相关的信息空间。第一，高校思想政治教育文化环境能够为大学生的学习生活提供更加丰富的价值语境，且营造的良好文化环境也有利于大学生建立和谐的人际关系。同时，无论大学生是否意识到高校思想政治教育文化环境的这种功能，只要大学生处在这样的环境中，大学生在进行信息交换及传播的过程中就可以从这样的文化环境中获得有价值的信息，从而实现交流双方的理解与互动，而这种理解与互动正是高校思想政治教育进行实践的重要基础之一。第二，高校的思想政治教育文化环境是一种具有特殊性的信息传播媒介，其中蕴含了特有的信息获取模式。比如，在信息技术不发达的时代，不同主体进行信息交流主要是依靠语言、肢体动作等，但是随着信息技术的快速发展，文化环境在不同个体之间形成了一种中间区域，个体在这样的区域中交流，此时文化环境就成为不同个体交流的平台。个体在进入这一区域时，其交流的基本方式也会被规定。

其次，高校思想政治教育的文化环境具有社会化功能。社会化指的是社会文化被人接受的过程。在文化环境的结构模式中，高校思想政治教育的文化环境能够对处于这一环境中的所有个体提供相应的规范或经验，从而使其中的个体可以掌握相应的技能。在文化环境中，个体能够获得在现实世界中生存与发展的风俗习惯及思维方式等，这就使社会的习惯成为个体的习惯，社会的信仰成为个体的信仰。随着个体在文化环境中的不断发展，最终该文化环境中的各种规则或规范形成了一种特有的社会价值观念及行为模式。正是这一过程，促使个体在与他人交流互动的过程中进行自我建构，并且自觉参与文化的创建。

最后，高校思想政治教育的文化环境具有教育功能。文化环境的教育功能主要体现在两方面：第一，高校思想政治教育文化环境的教育功能体现在对学生进行特定社会内容的教育，比如存在于这一社会中的礼仪、道德等，从而促使处于其中的学生成为适应这一特定社会内容的成员。我国古代十分重视文化环境本身具备的教育功能，比如荀子强调文化环境能够促使人养成良好的学习习惯。从本质上来看，文化环境教育就是文化所产生的影响与个体社会化过程的统一。对于高校的思想政治教育而言，文化环境具备的教育功能体现在开展思想政治教育活动的全过程。第二，文化环境与思想政治教育在方法上具有一定的相似性。对于个体来说，其本身的道德观念是在一定的情境中与他人进行交流或学习的过程中形成的。比如，示范教育作为思想政治教育的重要方法之一，能够使受教育者和教育者结合起来。而思想政治教育的文化环境也有着这样的作用，其中蕴含着示范教育的基本方法。

（二）文化环境对高校思想政治教育的影响

进入新时代，高校大学生面对的不仅是政治环境与经济环境产生的变化，同时也需要面对新形成的文化环境。

1.中国特色社会主义文化和外来文化并存

中国特色社会主义文化源自于中华民族五千多年文明历史所孕育的中华优秀传统文化，熔铸于党领导人民在革命、建设、改革中创造的革命文化和社会主义先进文化，植根于中国特色社会主义伟大实践。中国特色社会主义文化充分反映了我国历史发展、社会发展及经济发展等方面的特征，是激励全国各族人民团结一心的重要力量之一，同时也是我国综合国力的重要标志。中华民族内部存在不同的民族和不同的语言，这些都是我国的本土文化。在全球化发展过程中，人口流动加剧，来自不同地区和国家的不同文化习俗相互交融与碰撞，并且流入我国，与我国的本土文化产生碰撞与融合，这就是当前所称的外来文化。比如来自西方的万圣节、情人节以及圣诞节等节日，这些都属于外来文化的表现形式。

在我国高校的思想政治教育文化环境中，不仅包含具有中国特色的社会主义文化，也包含各种外来文化。文化环境会对我国高校的思想政治教育产生影响，并且关系着为谁培养人才及培养怎样的人才等核心问题。随着我国高等教育的国际化发展，各种外来文化开始进入高校内部，与中国特色社会主义文化相互碰撞，虽然有助于促进中国特色社会主义文化的发展，但是在外来文化中存在各种负面文化，对中国特色社会主义文化的传播产生了阻碍。尤其是一些不怀好意的西方国家，向我国输入了一些试图遏制我国发展的文化因素，这些文化因素对我国高校大学生的价值观念产生了负面影响。面对外来文化和中国特色社会主义文化并存的局面，对于我国高校的思想政治教育而言，如何充分把握中国特色社会主义文化，以及如何对外来文化进行合理利用，是当前高校思想政治教育文化环境建设需要解决的重要问题。

2.历史文化继承和时代文化创新并存

历史文化是在历史发展过程中由历史文化主体所创造的文化的积淀，代表的是文化本身的历史阶段性。时代文化指的是文化主体在某个时代所创造的文化成果，能够体现这一时代的时代性。由于历史文化和时代文化有着不同的历史背景及创造主体，二者形成了具有一定差异的价值意识体系，必然会产生价值方面的冲突和碰撞。但需要注意的是，二者之间是辩证统一的，它们都能够推动文化环境的丰富和发展。因此，需要明确时代文化并不是对历史文化全部否定，而是一种在历史文化基础上所进行的新创造。

无论是历史文化还是时代文化，都是高校思想政治教育文化环境的重要组成部分，高校大学生在文化环境中必须面对历史文化和时代文化的选择问题。因此，对高校的思想政治教育工作而言，如何引导高校大学生产生正确的认识和科学的选择是当前的重点工作之一。传统文化是中华民族五千年的文明历史发展形成的先进文化，同时也是党领导人民在革命建设过程中的重要营养来源，深深根植于社会主义的伟大实践中。如果抛弃了传统文化，就是丢掉了民族根本，割断了整体发展的命脉，所以在当前不仅需要传承中华优秀传统文化，还要努力实现传统文化的创新性发展。对高校的思想政治教育来说，在文化环境建设过程中需要对历史文化进行合理运用，使历史文化与时代文化充分融合，从而构建出具有民族特色及中国特色的文化环境，提升思想政治教育的实效。

3.精英文化和大众文化并存

精英文化是指由社会少数出类拔萃的成员所创造、掌握和传播的，旨在体现其价值判断、审美趣味和社会责任的文化形态。大众文化是指以大规模的生产和消费为特征，民众广泛参与的一种文化形态。大众文化是伴随现代工业社会的兴起与发展，与市场经济的生产方式和发展相适应，为普通民众所拥有、喜爱和享受的市民文化。相较于精英文化，大众文化拥有更强的通俗性，能够充分反映大众在日常生活中的文化情况。

在我国当前的社会文化体系中，精英文化和大众文化并存，共同形成了我国的文化环境。随着我国的不断开放，各种文化进入我国，并且被广大人民群众知晓和接受。对于高校来说，一方面，高校是培养精英人才的主要场所。在当前的教育系统中，高等教育是我国培养高层次人才的主要渠道，培养的优秀学生进入社会之后往往会成为社会中的中高端人才，比如企业的管理人员、行业专家、行业精英等。另一方面，高等院校是大众文化和精英文化相连接的重要枢纽。其主要原因在于高等院校本身具有文化育人的属性，在教导大学生的过程中，能够在无形中促使原本处于大众文化中的学生逐渐过渡到精英文化中，为成为精英人才做好思想和文化等方面的准备。

4.落后文化和先进文化并存

先进文化和落后文化充分体现了文化要素本身具备的不同性质，两者在对立统一中为高校思想政治教育文化环境的建设与发展提供动力。文化是以人为基础产生的，文化本身的价值只有在对象是人时才具有真正的意义。判断文化先进与否的标准，就是看它是否适应并有利于生产力的解放和发展，是否有利于社会进步，是否有利于人的全面发展。这里的"人"包含两方面内涵：第一方面指的是个体，是一种与"物"相对应的概念；第二方面指的是集体，具体为群众。所以，是否维护最广大人民的根本利益应成为衡量文化是否先进的根本标准。

先进文化是指以马克思主义为指导，以培养有理想、有道德、有文化、有纪律的四有公民为目标的面向现代化、面向世界、面向未来的民族的、科学的、大众的且积极向上的、具有中国特色社会主义的文化。先进文化指的是有利于人民发展的文化，而与这一标准相悖的为落后文化。对高校的思想政治教育文化环境来说，是在先进文化和落后文化不断交融碰撞的过程中得以发展的。

二、高校思想政治教育的社会环境

高校思想政治教育工作的开展并不仅存在于高校内部，社会环境也会对高校的思想政治教育产生影响，因此，社会环境是高校思想政治教育环境的重要组成部分。一方面，高校大学生在接受思想政治教育的过程中，需要在社会中进行实践，这离不开社会环境的支撑。另一方面，高校大学生在接受思想政治教育的过程中，需要从社会环境中吸收一些教育资源。所以，社会环境是高校思想政治教育环境建设与发展的重要内容。

（一）高校思想政治教育的社会环境

高校的思想政治教育活动并不是在没有任何支撑的情况下进行的，而是有其现实的支撑。一方面，高校的思想政治教育工作包含所有在校园内部开展的与思想政治教育相关的活动。另一方面，高校的思想政治教育活动不仅存在于校园内部，也存在于校园外部。对于高校的思想政治教育工作来说，需要走出校园进入社会。而思想政治教育环境同样需要有这样的外延，因此产生了高校思想政治教育社会环境这一概念。当前，通常意义上认为的高校思想政治教育社会环境指的是所有与高校思想政治教育活动相关的社会环境因素的总和。

（二）社会环境对高校思想政治教育的影响

社会环境包含多种因素，比如政治、法治、家庭、校园、社会风气以及就业环境等，这些方面都会对高校思想政治教育产生一定程度的影响。

1.政治因素的影响

政治环境存在于世界上的每一个国家中，并且会对人的政治观念及民主意识等方面产生重要影响，是促使人形成政治观的重要因素之一。自党的十八大以来，我党加强了党风建设，严厉打击贪污腐败，净化了党内的政治生态。这些举措不仅促使党的领导地位得到巩固，同时提升了党的威望。高校的思想政治教育环境与社会政治环境紧密关联，因此社会政治环境因素也是高校思想政治教育环境的重要组成部分，会对高校大学生的思想观念产生影响。与此同时，高校的思想政治教育环境又会对社会政治环境产生影响，从而影响党和国家的政策制定，进一步影响人民权利的实现。从总体上来看，政治因素对高校的思想政治教育产生的影响主要体现在以下三个方面。

首先，影响高校大学生的政治价值观。马克思主义指出，社会存在决定社会意识；社会意识是人们对周围环境及社会关系的一种认识，是对社会存在的重要反映；社会意识不仅依赖于社会存在，同时又会反作用于社会存在。在互联网时代，国内和国外形势的不断变化或一些重大事件都有可能在互联网的加持下被歪曲或被放大，这种歪曲或放大的背后往往隐藏着多种政治阴谋。在我国内部传递与我国国情不符合的价值观念，这些十分容易导致高校大学生的思想产生变化，从而影响高校大学生形成正确的政治价值观念。

其次，影响人民民主专政的真实性。我国是社会主义国家，人民当家作主，这就决定了人民有着最高的政治权利和地位。与此同时，各种政治理论及纲领等对人民的政治意识和行为起着规范作用。当前，随着我国民主法治环境的不断完善，当代高校大学生的法治意识不断增强，在维护自身合法权利时有着更为强烈的意愿。因此，营造良好的政治环境会对高校大学生的政治行为及态度等产生直接影响，高校思想政治教育环境的建设必须将政治教育作为重要内容之一，这不仅能够充分满足政治环境建设的实际需要，也能够保障人民权利的实现。

最后，政治环境关系国家政策落实的实效性。在政治环境的各种要素中，党和国家制定的政策和路线是促使人们的政治思想产生变化的重要因素。对于高校学生来说，其本身的思想政治意识在对党与国家制定的路线方针及政策进行正确认识的过程中实现转化。党和国家的路线方针等要对民众的思想产生影响，这是思想政治教育的基本任务之一。所以，高校的思想政治教育必须将视线投向政治环境，充分把握政治环境与大学生思想状态之间的联系，这样才能够促使高校思想政治教育的实效性得到提升。

2.法治因素的影响

依法治国是党领导人民治理国家的基本方略。法治环境主要指的是以法律为基础，依法而治的社会环境。一个好的法治环境能够促进生产力的发展，也能够保障和维护生产力，在社会文明进步方面有着积极作用。对于高校的思想政治教育环境来说，法治环境在培养大学生思想道德意识及法治意识方面具有积极作用，主要体现在以下三个方面。

首先，法治因素能够促使大学生的法治意识不断增强。在任何一个社会中，成员法治意识的增强通常体现在成员日常生活和政治生活的各个方面。在日常生活方面，法治意识的增强主要体现为成员自身的权利意识及维权意识不断增强，在生活中自觉遵守相关的法律法规。就高校大学生来看，主要体现在大学生在法治环境中逐渐增强自身的法治意识，或是在接受教育的过程中掌握更多的法律常识。因此，法治因素能够为高校大学生法治意识的提升提供客观条件。对高校的思想政治教育环境来说，需要依靠立法与执法，保障人民民主的普遍性和真实性的法治因素，为高校的思想政治教育环境提供有力支撑。

其次，社会成员法治意识的提升能够促进社会成员良好道德的养成。法律和道德都能对社会行为进行规范，从而发挥维护社会秩序的作用。对于大学生来说，其自身法治意识的增强能够促进大学生更好地理解法律法规，了解社会的准则和道德方面的准则，从而以此为基础实施在这些准则约束下的行为，表现为对道德和法律的遵守。因此，法治意识的增强可以促使高校大学生养成良好道德。

最后，社会成员道德水平的提升可以促进法治国家的建设。道德具有教化作用，如果整个社会道德水平得到提高，那么就能够促进整个社会形成更加和谐有序的环境。道德与法律一样，能够对个体的行为进行规范，进而形成良好的公共秩序，所以道德水平的提升可以促使法律实施成本不断降低，从而为构建和谐的法治社会环境提供更多支撑。

3.家庭因素的影响

家庭是由婚姻、血缘或收养而产生的亲属间的共同生活组织，是整个社会的基本组成单位。人一生中至少有1/3的时间在家庭环境中度过，家庭是对人产生影响的重要场所。对于任何个体来说，其价值观的形成及行为方式的发展，都会受到家庭环境的影响，并且这种影响是人一生中最为重要的影响。其主要原因在于，家庭环境对人产生的影响具有一定的特殊性，即家庭环境对人的影响是在血缘关系和相互依赖的关系上产生的，这种影响具有极强的亲和力及感染力。家庭环境对成员的思想道德品质有着无形的影响，并且这样的影响具有一定的普遍性，还具有极强的权威性。对于思想政治教育来说，必须充分利用家庭环境，发挥家庭环境产生的影响，这样能够促使思想政治教育效果得到有效提升。家庭环境存在多种组成要素，比如家庭的经济情况、家庭的社会地位、父母的文化水平、父母的受教育程度、父母的思想道德水平等，这些因素会对家庭成员的行为习惯及思维方式产生影响，从而促使家庭成员形成特定的性格和行为模式。

家庭文化是家庭环境的基础因素之一，可以分为两种类型：一种是有形的家庭文化，另一种是无形的家庭文化。有形的家庭文化是指一个家庭基础房屋的设计、院落的布局、房屋内部家具的摆放等方面所组成的物质环境。无形的家庭文化主要指的是所有家庭成员秉持的价值观念、思维方式及生活习惯等。有形的家庭文化是无形家庭文化的外在表现，通常情况下，整体的家庭文化是由无形的家庭文化决定的。所以，在家庭环境中，无形的家庭文化发挥着决定性作用，决定了整个家庭的生活方式，从而影响家庭成员的文化素质水平。从整体上来看，如果一个家庭有着较高的文化水平，那么在日常生活中，往往会有更多的读书学习、艺术欣赏等活动，这些活动能够更好地丰富家庭成员的精神世界，提升家庭成员的审美水平。同时，也会营造出和谐友好的家庭氛围。如果一个家庭的整体文化水平较低，那么在通常情况下这一家庭所努力的最终目标是满足家庭成员物质方面的需求。在这样的家庭中，所开展的各种家庭活动在文化内涵方面的程度往往较低，因此，对于家庭成员良好道德行为习惯的养成所产生的促进作用也较低。另外，文化素质不同也会对家庭成员产生不同的影响。通常情况下，如果一个家庭有着较高的文化素养，那么该家庭往往会鼓励家庭成员积极学习和创造。如果一个家庭的文化素质较低，就倾向于鼓励家庭成员赚钱和享受，长此以往必然会培养出不同价值观念的人。由此可以看出，家庭文化素质会对家庭成员产生重要影响。在家庭发展过程中，如果家庭文化已经形成，便会在日常生活中对家庭成员产生持续性影响，从而塑造出与这一家庭环境紧密关联的人。

除了家庭文化以外，家风也是家庭环境的重要组成部分。家风主要指的是一个家庭在发展过程中形成的一种具有稳定性的行为习惯、作风或处事原则。对于任何一个家庭来说，如果家风已经形成，那么这种家风必然会对家庭成员起到引导及规范作用，并且会在该家庭发展的过程中形成继承性和延续性，从而对这一家庭的一代又一代成员产生影响。大量事例已经证明，良好的家风对处于青少年时期的家庭成员会产生重要影响，比如著名的历史故事"岳母刺字"就是很好的例证。

4.校园因素的影响

学校建立在社会关系的基础上，是一种进行人才培养的组织机构。学校的校园环境是社会环境的重要组成部分，包括学校的教师、学生及其他工作人员等主体，物质载体主要指校园内部的各种基础设施和自然环境，精神载体主要指校园文化、校风以及管理制度等。对于高校的思想政治教育环境而言，高校的校园环境建设十分重要，能够对高校的思想政治教育产生重要的促进作用，校园环境中存在很多能对高校大学生思想政治教育产生影响的因素，具体可以分为三种类型：第一种是物质因素，第二种是文化因素，第三种是人际因素。

校园环境中的物质因素，指的是校园内部和外部所有能够对大学生的学习生活产生影响的物质条件的综合，其中主要包括各种教学场所、学生学习场所以及学生休闲场所，另外还有校园内的自然环境等。校园环境中的物质因素不仅是高校健康发展的重要物质保障，也是高校校园精神文化建设的重要物质载体，高校的思想政治教育工作只有在这样的校园环境支撑下才能够顺利开展。校园环境中的物质因素包含广泛，如学校的教室、实验室、宿舍及其他自然环境等，这些都是物质因素的重要组成部分。除此之外，校园内的各种装饰，如学校长廊中的字画、名人名言等也是物质因素的重要组成部分。因此，对于物质环境方面的设计与优化，学校可以通过装饰以及布局等，使大学生得到艺术享受，从而通过特定的文化意蕴对学生产生积极影响。目前来看，校园物质环境的建设不仅是高校思想政治教育的内在要求，也是学生进步与发展的实际需求，因此必须依靠学校内所有成员的共同努力。学校内的所有成员不仅是校园内部物质环境的创造者，也是校园内部物质环境的享受者。一般来说，良好的校园环境能够对学生产生持久的积极影响，还能够对学生的审美能力发展等产生推动作用。

校园环境中的文化因素也属于校园环境建设的重要组成部分，包括校风、教风、学风、管理制度及文化活动等。其中，校风是校园环境的重要内容，教风是校园环境的重要基础；学风是校园环境的中心内容，管理制度是校园环境的重要保障，文化活动是校园环境的重要载体。第一，校风是校园文化的体现，是由校园内部所有成员共同作用所形成的，是具有学校特色的一种稳定的行为作风和精神力量，同时也是高校整体能力的集中表现。在高校文化环境中，校风这一无形的影响因素会对大学生的思想道德品质产生影响。校风主要通过校园内部所有成员的工作作风、教学态度等方面体现出来。第二，教风指的是教师在组织教学及开展科学研究过程中所形成的精神面貌及精神状态。在高校，教师是进行教学的一线工作人员，会对大学生的思想道德品质产生直接影响，同时会影响大学生日常学习生活中学风的养成，从而影响高校办学质量。通常情况下，良好的教风往往蕴含着正确的教育思想以及严谨的治学精神，除此之外，还有科学的教学方法以及为学生树立的良好榜样。第三，学风是高校中学生所呈现的精神面貌、学习态度及人格养成的综合体现。一所高校的学风能够对学生产生积极的影响，在潜移默化中促使学生拥有良好的思想道德品质。第四，管理制度是高校重要的教育手段之一。管理制度是以国家的法律法规及相关规章制度为依据，促使学校管理得到加强，保障学校日常运行秩序及引导学校发展方向的准则。管理制度在高校中往往能够促进良好学风的形成，从而对大学生的思想道德品质产生引导作用。第五，文化活动指的是以学生为基础所展开的第二课堂或其他方面的社会实践活动等。文化活动相较于课堂教学而言，一般情况下被称为实践教学，如科技竞赛、文体演出、学术讲座、社会调查及参观访问等都属于文化活动。文化活动能够充分满足学生的精神需要，以提升学生的综合能力，促使学生的思想道德品质得到进一步提升。

人际因素也是校园环境中的重要组成部分，是由校园中所有成员共同营造形成的。社会学指出，人是社会关系的总和，所有的社会成员都在日常生活中处于各种人际关系之中，并且在不同的人际关系中扮演着不同的角色，这样就形成了不同的社会关系。通常情况下，由校园人际关系所构成的人际氛围被称为校园人际环境，其中最为核心的部分就是师生之间的关系。从影响方面来看，这种环境对学生产生的影响主要体现在三个方面：教书育人、管理育人及服务育人。首先，从教书育人方面来看。教书育人的立足点是具体的教学过程，其中包含教书和育人两个过程。在教师向大学生传递知识的过程中，教师需要通过自己专精的专业知识、广阔的视野，以及严谨的逻辑思维在学生心中留下良好的印象。与此同时，教师还需要在教学过程中向学生传递自己的人格魅力，注意自己的言谈举止，以身作则，给学生树立良好的榜样，从而促进学生形成良好的思想道德品质。其次，从管理育人方面来看。在高校，管理育人是将育人这一过程融入管理的过程中，从而促使各种管理活动发挥出育人功能。因此，在学校管理中不仅要充分体现管理的力度，还要凸显管理的温度，这样才能够最终实现管理育人的目标。最后，从服务育人来看。高校的教学、管理及后勤等方面的工作都具有一定程度的育人效果，服务育人的重点在于需要体现出育人功能。高校后勤服务工作的开展必须充分围绕满足学生思想健康发展的需要进行，这样能够更好地帮助大学生形成良好的思想道德品质，以及树立正确的价值观念。

5.社会风气因素的影响

社会风气指的是社会中形成的一种风气或习气，对于大学生而言，社会风气是一种潜移默化的教育资源。社会风气是社会经济与政治文化等方面的综合表现，是所有社会成员在生活中形成精神风貌的整体表现。同时需要注意的是，社会风气是对社会经济状况的重要反映，也是社会意识形态的重要表现之一。但是社会风气并不能直接反映出经济状态，而是需要通过其他的载体实现间接性反映，比如社会文化与社会制度等。通常情况下，一个国家的社会经济情况以及社会文化、社会道德情况会影响社会风气的好坏。一旦形成了一定的社会风气，那么就会在长时间内处于稳定状态，并且会对这一社会产生极强的能动作用。社会风气往往有着强大的社会舆论功能，并且会促使整个社会形成一定的社会习惯，从而融入社会生活的各个领域，对所有社会成员的行动以及言论产生约束或限制，最终推动社会发展或对社会发展形成阻碍。如果一个社会形成了良好的社会风气，那么就会对社会成员产生积极的影响，促使社会成员的思想与行为向着好的方向不断发展。与之对应的是，如果一个社会形成的社会风气不正，那么在这样的社会中，正确的思想价值观念就不会被提倡和弘扬，社会成员出现的各种错误思想行为也不会得到批判与纠正，并且在这样的社会环境中还会出现思想混乱等严重问题，甚至会导致原来有着正确价值观的人产生错误的价值观念。对于高校大学生来说，社会风气会在潜移默化中对大学生的思想行为产生影响，这种影响有时是正面影响，有时是负面影响。总体上来看，良好的社会风气会带来正面影响，从而帮助大学生养成乐观进取、精神振奋及勤劳朴实的精神风貌。而不好的社会风气会给大学生带来各种消极影响，导致大学生萎靡不振、道德败坏等，既不利于大学生的健康成长，也不利于高校思想政治教育工作的开展。因此，高校必须对各种不良的社会风气进行抵制，营造出良好的社会风气。

人际关系是社会风气的重要组成部分，也是对社会风气产生影响的重要因素之一。大学生作为社会中的重要群体，必然会参与社会环境的人际关系构建，比如大学生在中学阶段形成的同学关系、大学生与亲人间形成的亲情关系、大学生与社会中的人形成的朋友关系等，这些都是大学生群体在学习与生活中必须面对的人际关系。这些关系可以是阶段性的关系，也可以是长期性的关系，但是都会在大学生的发展过程中对大学生产生影响。而大学时期所形成的人际关系对大学生的影响更深远，即使在大学生毕业之后，也会对学生的思想道德品质等方面产生影响。从整体上来看，如果社会环境中形成了良好的人际关系，不仅能够促使大学生的学习效率或工作效率得到有效提升，还可以促使大学生在日常生活中始终保持较好的心情，从而促进大学生身心发展。如果大学生的人际关系不好，就会导致大学生的学习效率降低，并且容易陷入人际纠纷中，这些都不利于大学生的健康发展。所以，为大学生营造良好的人际关系，是大学生健康快乐生活与学习的重要保障和基础。

6.就业环境因素的影响

就业环境也会对大学生的思想行为产生重要影响。根据相关调查，目前很多大学生的学习动机是为了在毕业后有更好的就业，并且这一学习动机正呈现逐年上升的趋势。学生在高考结束后填报高考志愿时，最为关心的就是自己未来就读的专业在毕业后是否有良好的就业前景，自己能否在就业后有良好发展，所以就业环境会直接影响大学生的选择。下面主要从就业环境中的政策环境、经济环境及文化环境三个方面来分析就业环境因素产生的影响。

首先，从就业的政策环境因素来看。当前，我国面临的国际局势和国内局势都呈现出良好的发展态势，整个社会十分稳定，有利于推动大学生就业。与此同时，我国教育部门及人力资源和社会保障部门也采取了各种措施解决大学生的就业问题，减轻大学生的就业压力。比如，教育部专门为大学生的就业问题设置了就业管理部门，每年都会发布关于大学生就业的调查情况；我国的人力资源和社会保障部门每年都会定期举办全国性的高校毕业生就业服务行动，通过各种服务手段帮助大学生实现就业等。

其次，从就业的经济环境因素来看。就业经济环境因素是由国家的整体经济形势决定的，关系到整个国家就业方面的供求关系，同时也影响就业难易程度以及学生就业之后的工资待遇问题。从目前的实际情况来看，公务员以及事业单位的工作是很多高校毕业生在就业时的首选，被大部分高校毕业生认为是"金饭碗"。即使在今天市场经济快速发展的情况下，依然有很多大学生认为公务员和事业单位的工作是首选工作。

最后，从就业的文化环境因素来看。市场环境的变化促使人们的观念产生了变化。从目前的实际情况来看，传统的官本位思想在人们心中已经逐渐被淡化，而满足个人兴趣以及对企业的认可等诉求开始在就业市场发展，特别是在"90后""00后"大学生群体中，他们中的多数人认为工作岗位本身并不存在好坏之分，而是自己能否在这一工作岗位上舒心顺利地工作，是否能够促使自己保持长久的心情愉悦，成为衡量这一工作岗位是否与自己契合的重要标准之一。相关统计显示，当前各个企业员工跳槽情况与员工的年龄成反比，即越是年轻的员工越容易跳槽，而在这些员工中，工作不舒心成为跳槽的重要原因之一。从整体上来看，工作并不是为了单位的发展，而是为了自身的发展，已成为年轻一代大学生主要的价值取向。

当前，我国高校毕业生的人数不断上升，从而给高校大学生的就业带来巨大压力，特别是在经济发展进入新常态的情况下，就业环境所产生的变化对高校大学生的思想以及具体生活都产生了一定程度的影响，从而对高校思想政治教育效果也产生了一定程度的影响。

第三节　高校思想政治教育的自然环境与网络环境

高校思想政治教育的重要性不断凸显。作为大学教育中不可或缺的一部分，思想政治教育的实施方式和效果也受到人们的广泛关注。自然环境与网络环境是影响高校思想政治教育的两个重要方面。自然环境包含校园文化、学风师德等因素，而网络环境则涉及数字化影响力、社交平台等方面。本节将探讨如何在这两种环境下，更好地促进高校思想政治教育的实施和效果，进一步提高学生思想道德素质和社会责任感。

一、高校思想政治教育自然环境

（一）高校思想政治教育自然环境的概念

对高校思想政治教育自然环境概念的界定，可以充分借鉴高校思想政治教育其他环境的概念。笔者认为，所有与高校思想政治教育活动相关的自然生态环境，都是高校思想政治教育的自然环境。

对这一界定可以通过两个方面进行理解：第一，必须紧紧围绕思想政治教育活动这一中心。尽管思想政治教育活动是在人的基础上所进行的社会实践活动，但是在人的身边自然环境有很多，所以有部分人认为在思想政治教育活动进行过程中，没有对这一活动产生影响的自然环境部分不属于高校思想政治教育应关注的地方。第二，必须紧紧围绕社会化的自然环境这一中心。自然环境不仅包含当前已经被人们认知的自然环境，还包含人类还没有进行开发的自然环境。现有的对思想政治教育自然环境进行的研究主要指的是能够对人类思想产生一定程度的影响，并且已经被人类认识的自然环境，即社会化的自然环境。

（二）自然生态环境和思想政治教育之间的必然联系

第一，人的生存发展需要有自然环境的支撑，比如自然资源、地理位置等。自然环境为人类的发展提供了必要的生活资料和生产资料，同时也为人类的生存与发展提供了实践活动的场所，所以自然环境是人类生存和发展的物质基础，同时也是人类思想形成的重要支撑，会对人类的生活产生重要影响。所以在研究高校思想政治教育环境的过程中，必须将自然环境纳入其中。第二，自然环境对人的思想道德会产生一定程度的影响。自然环境产生的影响主要是通过人类和自然之间的关系来表现的，具体来说就是不同的自然环境会给人类带来不同的影响。比如，生活在深山老林中，交通不便，信息沟通不通畅，往往导致居住在这种自然环境中的人的思想较为保守并且封闭；而生活在有着良好的交通环境，并且信息十分通畅的地区的人，往往在思想方面更加开放与活跃，所以自然环境是高校思想政治教育环境建设的重要内容。

（三）自然环境对高校思想政治教育的影响

人与自然之间有着紧密关联，这就决定了自然环境必然会对人的思想产生影响。但是自然环境相较于社会环境，对人产生影响的要素有一定的不同，这就导致自然环境和社会环境对人产生的影响也存在不同，从而对高校思想政治教育产生不同影响。

1.人文景观和地理景观的影响

自然环境中的人文景观和地理景观对高校思想政治教育的影响是多方面的，涉及学生的情感、态度、价值观等方面。在高校校园里，人文景观包括建筑、雕塑、园林等，地理景观包括山川湖泊、森林草原等自然风光。这些景观不仅是对校园的美化装点，更是思想政治教育的重要载体，会让学生产生情感共鸣，激发他们的爱国情感和社会责任感，从而对思想政治教育产生积极影响。人文景观对高校思想政治教育的影响主要体现在以下几个方面。第一，激发学生的爱国情感。校园内的纪念馆、纪念碑、革命烈士纪念馆等人文景观可以唤起学生对祖国历史的热爱和对烈士的敬重之情，激发他们的爱国情感。借助参观人文景观缅怀革命先烈，赓续英烈精神，使学生深刻领会当前的幸福生活来之不易，树立维护国家利益意识，为国家的发展和繁荣贡献自己的力量。第二，塑造正确的社会价值观。校园中的雕塑、壁画、标语等人文景观往往承载着丰富的文化内涵和道德意蕴，能够引导学生树立正确的社会价值观，敦促学生树立崇高的道德观念和行为准则，使他们成为具有社会责任感和奉献精神的新时代青年。第三，传承中华优秀传统文化。校园中的传统建筑、园林等景观承载着丰富的历史文化底蕴，可以帮助学生了解和传承中华优秀传统文化。拥有深厚历史文化底蕴和独特魅力的自然景观可以让学生感受中华传统文化的博大精深，激发他们对中华文化的自豪感和认同感，使其更加珍视和传承中华优秀传统文化。

地理景观对高校思想政治教育的影响主要表现在以下几个方面。第一，自然景观的启迪作用。校园周围的自然景观，如山川湖泊、森林草原等，为学生提供了与大自然亲密接触的机会。在这样的自然环境中，学生能够领略大自然的奇妙之处，体味宇宙、生命、人类的伟大，从而对生命、自然、社会产生更加深刻的思考，使其更加珍惜生命、热爱自然，同时也更加理解人和自然之间的关系，从而为高校的思想政治教育提供丰富的素材。第二，激发环保意识。自然环境的美好往往会唤起人们对环境的关注和珍爱，校园周围的自然景观也可以激发学生的环保意识。当学生在校园内看到清澈的湖水、葱郁的树林时，他们可能更加关注环境污染和自然资源保护等问题，形成珍爱环境、节约资源的良好习惯，进而培养出持续关注环境问题的环保意识。第三，培养探索精神。具有独特地理环境的校园周围，如临近的山区、海边或河畔会为学生提供更多的探索机会。在这样的环境中，学生可以通过登山、探险、观测动植物等活动，增加对自然的认识和理解，培养勇于探索和创新的精神，这种探索精神也会渗透到对思想政治教育内容的学习中，使学生更加积极主动地投入对思想政治教育的学习。总之，自然环境中的人文景观和地理景观对高校思想政治教育的影响是多方面的，不仅可以增强学生的爱国情感、提升社会责任感，还可以激发其对传统文化的认同和对自然环境的珍惜，培养其积极探索精神和环保意识。因此，高校应当充分利用自然环境优势资源，加强对人文景观和地理景观的建设和利用，以提升思想政治教育的实效性和吸引力，为学生成长成才提供更加丰富的资源和更加广阔的舞台。

2.自然环境的影响

自然环境对高校学生的身心健康具有重要的影响，而身心健康对学生接受思想政治教育的态度和效果至关重要。自然环境的宜人性和舒适度可以促进学生的积极心态，有利于大学生对思想政治教育内容的理解和吸收。首先，自然环境对学生的身心健康具有直接影响。学生在自然环境中接触新鲜空气、感受阳光、进行户外活动，这些都对身体健康有益。与此同时，舒适的自然环境也有利于学生的心理健康。繁忙的学习生活往往会给学生带来压力，自然环境中的宁静有助于缓解学生压力，促进学生心理平衡。研究表明，亲近自然环境可以减轻学生的焦虑和疲劳感，有助于提升学生的情绪状态。因此，学校应当重视自然环境，提供良好的校园绿化环境和舒适的学习场所，以保障学生的身心健康。

其次，自然环境可以促进学生的积极心态。在自然环境中，学生可以感受到大自然的壮美和生命力，这有助于激发学生的积极心态和乐观态度。研究表明，接触自然环境可以提升学生的幸福感和满足感，缓解压力和焦虑，增强学生的自信心。自然环境中的阳光、清新空气和美丽景色能激发学生内心的愉悦感，有助于学生更加积极地对待学习和生活，从而更容易接受思想政治教育。

最后，自然环境会对学生的学习行为产生影响。良好的自然环境有助于提升学生的学习效率和学习积极性。研究表明，自然环境对学生的学习行为有一定的调节作用，可以提高学生的专注力和学习动力。相比于单调的教室环境，自然环境中的景色和气氛更容易唤起学生的学习兴趣，激发他们对知识的探索欲望。在自然环境中学习，学生更容易陶冶情操，培养细致耐心和勤奋学习的品质，提高学习的主动性和创造性。另外，自然环境作为人类生存的基本条件，其自然资源和气候条件对高校思想政治教育的开展效果会产生影响。例如，自然环境资源的丰富与匮乏、气候的温和与恶劣等因素会对学生的心态产生影响，进而影响其接受思想政治教育的效果。丰富的资源可能使学生形成一种依赖心理，认为生活中的一切都是理所当然的，缺乏对资源的珍惜和节约意识。这种心理会渐渐蔓延到对思想政治教育的态度上，让学生缺乏对理论学习和思想政治教育的认真态度。相反，资源匮乏可能会培养出学生珍惜资源、勤俭节约的品质，这种品质也会渗透到对思想政治教育的学习态度中，使学生更有可能主动接受和参与思想政治教育。气候条件的温和与恶劣也对思想政治教育效果产生影响。不论是气候的温和还是恶劣，毋庸置疑，整洁幽雅的自然环境会使人更加心情舒畅、精神振奋、注意力集中、思维敏捷，对大学生开朗性格的养成、高雅气质的形成以及情感的熏陶、意志的锻炼起着潜移默化的作用。可见，日常接触的自然环境对学生具有潜在、无形而巨大的影响力。

因此，学校应当重视自然环境对学生身心健康的影响，积极营造宜人的校园环境。学校可以通过增加校园绿化面积、建设露天学习场所、举办户外教学和实践活动等方式，为大学生提供更多的自然环境体验机会。通过这些举措，可以更好地促进大学生的身心健康，并且有利于大学生更好地接受思想政治教育，培养德智体美全面发展的社会主义建设者和接班人。

二、高校思想政治教育的网络环境

随着互联网的快速发展，网络已经成为高校大学生获得各种信息或与他人进行交流沟通的重要渠道。当前，越来越多的大学生的生活已经被互联网改变，甚至一些大学生已经形成了基于互联网的语言行为习惯，因此网络环境对高校大学生产生的影响十分突出。

（一）高校思想政治教育网络环境的特征

1.开放性

开放性是互联网的基本特征之一。在网络环境中，所有的网络主体都可以通过互联网发布各种信息，并且世界上所有的网络主体都可以通过网络接收各种信息。从网络基本运行机制来看，网络环境是一个绝对开放的环境，任何信息都可以在网络环境中传播。这就促使世界不同地区的不同文化可以通过网络向其他地区进行传播和展示，就形成了不同文化碰撞的网络文化。网络的开放性为各种信息的传播提供了平台支撑，这一点促使高校的思想政治教育也拥有更加开放的教学空间。以往，大学生在接受思想政治教育的过程中，获取各种思想政治教育信息的渠道较少，主要是通过教师的教授来获得各种信息。但是在互联网迅猛发展的今天，教师与学生的关系趋于平等，导致传统的灌输式教育难以具有好的教学效果，甚至已经引起了很多大学生的反感，因此当前需要进行思想政治教育教学方式的变革。

2. 交互性

网络环境中的人际交往，不仅十分迅速，而且在实现同步交互的同时能够实现异步交互。同步交互指的是网络环境中的互动主体在同一时间进行交互，比如两个或多个网络主体在同一时间内通过某平台进行实时交流沟通，这些便是同步交互模式。异步交互指的是在不同时间内所进行的交互活动，比如在微博上，人们对某用户发布的微博内容可以在任何时间进行评论；比如人们可以在任何时间阅读邮箱中的邮件等，这些就是异步交互。相较于同步交互，异步交互在操作方面更加容易，但不管是同步交互还是异步交互，在交互的过程中都是对相关信息的加工及传播，所以在网络环境中的交互受众不再是信息的被动接收者，而是信息的传播者和参与者。对于高校的思想政治教育来说，如果从交互方面来看，可以认为行为主体是网络行为的参与者，同时也是思想政治教育的受教育者，因此网络环境下的思想政治教育实现了网络主体和受教育者的统一。

3. 虚拟性

网络环境是基于互联网形成的，并且是与现实生活紧密相关的虚拟空间，所以网络空间具有虚拟性。网络环境有着区别于现实环境的内容形式与表达方式，促使人们的社会实践活动进一步丰富，同时也帮助人们打破了以往的时空限制，使人类的生存发展空间得以拓展。网络空间并不是人类真实生活的空间，而是一种存在于现实生活之外的空间，是一种能够与现实生活空间进行交互的虚拟空间。对于网络环境的虚拟性，可以从三个方面进行了解：第一，网络空间的信息具有虚拟化特征。在网络空间，所有的网络主体都可以通过各种软件对不同类型的素材进行加工和编辑，在这一过程中，原来的素材发生改变，以各种人们所希望的形式展现在人们眼前并且实现传播。第二，网络空间的信息传播具有虚拟化特征。在以往的传播环境中，信息的传播者和接收者的角色是特定的。比如在电话传播中，信息的接收者可以通过语音来确定信息传播者的身份信息。再比如在商品买卖的过程中，我们可以通过商品本身来了解商品的生产厂家或制造者。但是在网络环境中所进行的信息传播，能够隐藏信息传播者的身份信息，信息的接收者无法得知信息发布者的真实身份，这样就带来了传播关系的虚拟化。第三，网络空间的虚拟化。网络环境是一个基于互联网所形成的虚拟空间，其中的网络主体可以在这个空间进行各种活动，比如交流沟通、购物或寻找学习资料等，这些都超越了现实。因此，网络空间的出现从某种角度上来看，是一种对现实空间的拓展——人们不仅能够在现实世界中生存发展，同时也能够享受虚拟空间带来的各种便利。

4.隐蔽性

网络环境具有隐蔽性特征，可以从四个方面进行理解。第一，在网络环境中，信息具有数字化特征。对于任何网络平台中的信息都可以归结为数字信息，都是使用0和1两个二进制数字来表示的。同时，信息的展示有多种形式，如果探究不同形式背后的密码，可以发现都是数字化信息。由此可以发现，在网络环境中，信息的外在形象体现为各种数字组合，如果网络信息失去了外在的表现形式，那么非专业人士就无法解读其中的内容。第二，网络环境中的信息发布及接收等具有匿名性，即网络环境中的信息发布者或信息传播主体，并不能与现实生活中的主体进行对应，这就使普通的网络主体无法判断信息传播的来源，同时也无法识别一条信息在传播过程中所对应的主体，从而使这些信息的最初传播者可以隐藏在网络环境中的任意一个角落。第三，网络信息随时都在传播。在网络环境中，信息随时随地都在传播，并且网络信息本身的数据性使网络信息可以通过网络不断传递，从而消除了在传统传播媒体中存在的介质运输问题，实现了实时传播。第四，网络信息无处不在。在网络环境中，信息传播十分迅速，并且信息传播的条件十分简单，这就促使网络信息成为现代社会大众最喜欢的信息传播方式之一。随着移动互联网的发展，更是将人和网络完全绑定在一起，实现了每个人都是一个网络传播节点，人完全置身于网络信息所交织的空间中。

5.海量性

计算机技术的发展使信息革命有了技术支撑，从而引发了数据信息的快速增长。主要体现在以下两方面。第一，计算机技术的快速发展，促使原来的信息制式被改变。所有经过计算机技术处理之后的信息与原本经过印刷装订之后基于传统纸质媒介的数据信息存在极大的不同，主要表现在这些信息产品一旦形成便可以及时进行发布，比如网络中的各种信息可以在极短的时间内进行大范围传播，如微博、抖音短视频等网络平台中的信息都能够实现信息产生和受众信息接收时间的同步。在这样的环境中，信息传播的滞后性几乎被消除，并且信息的传播呈现出一种非线性的传播状态，能够在短时间内进行快速且大范围的传播。第二，互联网改变了原来的信息传播模式。以往信息通过传统媒体进行传播，往往需要有一定的载体，比如书本、磁带、胶片等，这些都需要经过一系列过程，才能够将信息最终传递给受众，并且这些载体需要进行运输，容易受到交通情况以及运输能力的影响。但是经过计算机处理之后的信息，体量极小，承载的信息量巨大，使得这些信息可以通过各种无线网络或是有线网络进行传播，不仅传播快速而且传播范围极广。

（二）网络环境对高校思想政治教育的影响

1.大量信息传播导致思想政治教育时间减少

随着互联网技术、计算机技术、移动网络技术的快速发展及在全世界范围内的普及，最终创造出网络环境，宣告了信息时代的到来。现如今，人们每天都会接收到难以计量的信息，主要原因是：首先，当前发布信息的主体数量众多，所有人都可以通过自己的移动设备进行信息发布。每天都有数以亿计的互联网用户活跃在各个网络平台，比如抖音短视频，每天都有几千万条甚至几亿条短视频内容在该平台中传播。其次，信息制作更为简单，门槛降低。当前很多网络平台为了获得更多的用户，在软件的设计方面投入了大量精力，使网络平台的操作界面更加简单易懂，使更多没有任何信息制作基础的人也可以轻松进行信息制作，任何拥有手机的人都可以成为短视频或其他信息形式的编辑者，这样就促使信息数量呈现爆炸式增长。

因此可以说，在当前的信息时代，所有人不仅生活在各种社会关系中，同时也生活在各种数据信息的包围之中，即生活在网络环境中。当前，网络生活已经成为人们生活的重要组成部分，并且网络空间已经成为人们展示自己的新舞台，使得人类对网络的依赖性不断增强。在网络环境中所进行的人际交流，打破了时间和空间方面的限制，使得整个地球连接在一起，不同地区的人可以没有任何距离地进行交流，这样就导致人际关系更加扁平化。从理论方面来看，任何人都可以通过网络和地球上其他人进行交流，从而产生信息交换。比如，在我国，任何一个人都可以通过手机设备或互联网与其他人进行互动，并且这种互动不需要任何中间组织或个体作为中介，而是互动双方直接进行交流。网络的诞生，使得拥有不同地位和具有不同文化背景、身份与性别的人被平等地联系在一起，因此，在网络中进行的交流是一种平等的交流，这种交流有效地拉近了不同人之间的距离，增强了人和人之间的联系。与此同时，网络的出现还促使整个世界发生了很多潜在变化。比如，原本对青少年思想道德品质产生影响的因素其重要性顺序发生了变化，已经由原来的家庭因素、学校因素、朋友因素及网络因素，逐渐转变为网络因素、朋友因素、学校因素及家庭因素。从这里能够看出，网络具有极其强大的开放性和互动性，使人类对网络环境产生极强的依赖性，从而对青少年的思想道德品质教育以及行为方式养成产生重要影响。对于高校的思想政治教育而言，网络环境中信息的同步与公开，一方面使高校思想政治教育的教育者和受教育者能够同步获得信息，另一方面使教育者剔除不良信息的难度增加。尤其是对于高校大学生来说，目前已经处于一种前所未有的网络生活中。在这样的生活中，大学生被各种网络信息、网络购物等包围，从而挤占了大学生的学习与生活时间。而高校的思想政治教育同样需要占用大学生的一部分时间，因此网络环境使高校思想政治教育的时间被挤占，这是当前高校思想政治教育需要解决的重要问题之一。同时，网络环境也促使人们的阅读习惯、思维方式发生变化，从目前来看，碎片化阅读方式已经成为人们的主要阅读方式，这些因素导致高校的思想政治教育需要面对新的教育态势。

2.信息的开放性弱化了思想政治教育的权威性

相较于传统媒介，存在于网络环境中的信息传播方式更加开放，因为网络环境是一个开放的空间，其中的信息由广大网络主体进行发布，所以这些信息在价值观念方面更加多元化，但是权威性不足。比如在抖音短视频平台上的各种短视频，基本是由普通的短视频用户发布的，而这些短视频无一例外是发布者根据自己的喜好或认知表达的看法或观点，具有十分浓烈的主观判断色彩。此外，网络环境的开放性使信息的质量难以得到保障，因此在网络环境中存在各种负面信息和错误信息，这些信息对传统的思想政治教育工作造成极大冲击。比如一些信息是伪科学信息或不健康的信息，这些都会对高校的思想政治教育工作产生一定程度的影响。

信息的开放性使高校思想政治教育工作的权威性受到挑战。在传统的思想政治教育工作中，信息的发布人员基本是与信息相关的从业人员或专业人员，这些人员发布的信息会受到其自身价值观的影响。同时，在传统的信息发布过程中，需要经过层层审核，只有通过审核后才能够进行发布，所以这些信息具有极强的权威性，当传递给受众时，往往会被受众信服，但是这种信息发布方式导致信息的发布者和信息的接收者之间存在信息不对等的问题。对于高校的思想政治教育活动来说，这样的信息发布方式对于教育者本身的权威性具有积极影响。现如今，互联网的发展使大学生能够通过网络获得自己需要的各种信息，使大学生不仅是思想政治教育工作的受教育者，同时也是信息的拥有者，而教育者在对大学生进行教育的过程中使用的各种信息很可能已经被学生掌握或了解，甚至学生比教师掌握的信息更加全面和深入。这就导致思想政治教育工作者对信息的掌握权被打破，从而使思想政治教育工作者的权威性被削弱，这对思想政治教育工作者提出了新的要求。

3.虚假与错误信息削弱了思想政治教育的实效性

在网络空间中，信息较为混乱，不仅有虚假信息，也有错误信息。第一，网络环境为人们提供了一个虚拟空间，使人在网络空间中的活动内容更为丰富，同时活动范围也更加广泛。在虚拟的网络社区中，人际交往关系逐渐呈现出从公域转向私域的发展趋势。同时网络具有的匿名性也促进了隐蔽人际交往的发展，这样的隐蔽性人际交往容易诱发现实生活中相应道德规范制约的失效，进而使网络空间中的交流失去了相应的制约。这样的隐蔽性也会导致人的自然本性暴露，从而引发各种问题。对于大学生来说，网络具有的虚拟性和开放性使大学生的人际沟通渠道被极大拓展，娱乐方式得到改变。与此同时，这种开放性和虚拟性也对大学生提出了更高要求。网络环境的虚拟性，为人们在网络空间中放纵自我提供了条件。比如很多大学生沉迷于网络游戏，不仅荒废了学业，还阻碍了自我人格的完善。但是人生活在现实世界中，不可能脱离现实生活而存在，必然会受到现实中社会规则的约束。当在虚拟环境中所形成的人格特征与现实环境产生一定矛盾时，高校大学生就极容易产生逃避现实或错误地认为虚拟环境中的思想行为是正确的。

第二，网络具有隐匿性。在网络环境中，人的姓名、性别及身份地位等都可以被隐藏，这样能够使人产生更强的安全感，从而减少较多的麻烦，也使得有些人在传播信息时更加肆无忌惮。在网络空间中，没有所谓的权威和平民，也没有领导者和被领导者，只有信息的交换者。在网络环境中，现实生活中的各种情绪都可能被无限释放，导致网络环境中充斥着各种信息，其中有很多信息带有强烈的个人色彩，甚至有一些人出于自己的利益而发布一些虚假信息，还有一些人会刻意制造虚假信息来扰乱整个网络环境秩序。这些信息不仅对网络中的个人产生危害，同时也会影响整个社会的和谐与稳定。

第三，大学生群体是网络的主要使用群体之一，存在于网络环境中的各种信息十分容易被大学生接触并且接受，这样就会对大学生的思想观念产生影响。如果大学生接收到的信息是负面信息或者错误信息，就会对大学生的思想观念产生负面影响。从整体上来看，如果大学生从网络环境中获得的信息与思想政治教育的内容相统一或有一定互补时，就能够促使高校思想政治教育的效果得到强化。如果其中的信息与思想政治教育内容相悖，那么就有可能导致思想政治教育的效果被削弱。当前高校必须主动出击，在思想政治教育过程中抢占网络平台，促使网络环境成为思想政治教育的新平台和新渠道。

第四章　高校思想政治教育环境建设的原则与实现路径

在当前国内高校思想政治教育的背景下，不仅是教师和管理者需要深入了解思想政治教育环境的建设原则和实现路径，学生也需要更深刻地认识到思想政治教育环境建设的重要性。高校思想政治教育的环境建设是非常必要的，因为它能够增强学生的思想觉悟、提高学生的道德水平，并且有利于增强学生的民族自信心，从而自觉维护社会稳定。本章将围绕高校思想政治教育环境建设的原则及实现路径展开探讨，以期为广大教育工作者提供一些有意义的参考。

第一节　高校思想政治教育环境建设的主要原则

原则是观察问题、处理问题的准则。原则不是出发点，而是最终结果。在实际工作过程中，原则标志着人们对客观事物的把握程度。对于思想政治教育环境建设来说，原则贯穿于思想政治教育环境建设活动的始终，是思想政治教育环境建设过程中必须遵循的要求，所以原则对思想政治教育环境建设有着指导作用。

一、循序渐进原则

循序渐进指的是按照一定顺序或一定步骤逐步进行。在现实生活中，任何一种事物都有其发展规律，并且具有渐进性，这一特征决定了人们在对客观事物进行认识的过程中，往往是一个从简单认识到复杂认识，或是从直观认识到抽象认识的过程。在长期发展过程中，循序渐进成为人们认识事物以及解决相应问题的重要原则之一。对于人的思想道德品质养成来说，形成与发展的过程是一个循序渐进的过程，通常情况下具有渐进性和长期性，这样的特点决定了思想政治教育必须遵循渐进性及长期性的客观规律，始终遵循循序渐进的原则。思想政治教育环境建设过程是一个信息量不断积累的过程，要想在这一过程中获得良好效果，就必须通过各种方式进行信息的积累，并且做好相应准备，重视从量变到质变的积累，从而促使身处其中的人通过不同方面的建设对自身的行为以及思想进行规范，并且形成良性循环。

二、潜移默化原则

潜移默化主要指的是人本身的思想以及习惯受到外部因素的影响所产生的变化。我国古代学者提出的"近朱者赤，近墨者黑"等一系列观点都深刻揭示了环境能够对人产生潜移默化的影响，人对环境的改造以及环境塑造人之间是一个长期交互的过程。环境对人产生的影响不仅复杂，也十分广泛，主要原因在于环境中存在各种各样的信息，不仅有自然信息、社会信息、精神信息、物质信息、现实信息及历史信息，还有国内信息和国际信息等，这些信息混杂在一起。人处于某一环境中，其本身的思想行为必然会受到所处环境的影响。环境对人产生的影响或是良性的影响，或是恶性的影响，或是直接的影响，或是间接的影响，这些影响也会通过各种途径在潜移默化中对人的思想进行建设。思想政治教育是社会主义意识形态及人类精神文化的重要组成部分，是在经济基础上形成的一种教育形式，并且这种教育会受到上层建筑的限制，也会受到该民族甚至是这一地区思维方式的影响，因此思想政治教育是一种自觉基础上的文化教育活动。

人的精神生活是一种完全社会化的生活形态，其价值取向及生活内容，尽管从表面上来看取决于人自身的情感、兴趣、性格及思想观念等方面，但是从本质来看，个人的价值取向以及相关内容取决于人所处的社会文化背景、社会发展水平及社会人际关系等方面的影响。无论个人是否会意识到，这种环境的建设都会对个人产生深刻的影响，从而促使其思想观念或其他方面从量变实现质变，最终产生润物细无声的效果。通常情况下，如果一个人处于良好的环境中，往往能够更好地陶冶人的情操，促使人长期保持心情舒畅的状态，还可以净化人的心灵，使人产生高尚情操。而如果人处在恶劣的环境中，往往会导致人不思进取、意志消沉甚至是产生心理问题，整体上容易产生更多的悲观情绪。从客观上来看，社会环境的影响往往会通过政治意识这种载体进行传输，从而产生潜移默化的影响，使人在不知不觉中受到心灵的感染以及哲理的启迪，从而促使人的思想情感发生转变，使原有的思想认识和品德境界提升到新的水平。同时，这种影响具有广泛性和深刻性，在进行的过程中会逐渐显现出来。

三、因势利导原则

因势利导指的是在顺应事物发展趋势的基础上进行引导。对于思想政治教育来说，环境建设不仅可以顺应人的发展趋势，还可以顺应事物的发展趋势，从而对思想政治教育活动的发展进行相应引导。其中顺应人的发展趋势指的是在思想政治教育环境建设过程中，必须考虑个体的实际思想需求及兴趣爱好，使环境能够充分符合个人的偏好及情感。适应事物的发展趋势指的是思想政治教育环境建设必须从实际出发，抓住事物发展的积极方面进行引导。

从这些方面来看，关于事物发展的内因与外因之间的关系的论述，能够为思想政治教育环境建设因势利导原则提供理论基础。在人的发展过程中，人自身所形成的思想及观念不能从外界强制输入，而是在人实现自我和发展自我的过程中所引起的一种自我变化。同时，人在发展过程中与外部信息无时无刻不在互动，所以外部信息会对人的思想观念的变动产生一定影响。人总是处在这种内在需求和外在刺激相互作用所引起的思想变化中，这种变化就蕴含了人的思想运动的复杂性。在人的思想及价值观念面临多种选择的情况下，人本身具有自然的情感及偏好，这说明外部信息会对人的内在需求产生一定程度的影响。通常情况下，如果人面对的是积极的思想政治教育，那么人的思想及行为就会受到积极的引导或产生促进作用。一个人思想观念的形成及道德品质的培养，都必须顺应人本身的自然情感及偏好进行因势利导。思想政治教育环境建设必须利用人们追求美好精神生活的本性，去引导人们养成良好的社会行为，然后通过各种途径在生活环境中建设与实际贴合的，并且能够反映真善美的思想政治教育信息。另外，思想政治教育环境建设还必须把握人的思想变化及发展趋势，这样才能够在顺应健康发展的基础上抓住有利时机，通过环境中的有利因素引导人的思想向正确方向发展。这一过程不仅能够促使人更加追求美好的生活，还能够在此基础上促进社会实现更好发展。

四、自主选择原则

自主选择原则指的是人在自身实际条件及主观感受的基础上，对所面对的事物或经历的事件进行判断，最终做出最适合自己的选择。在信息时代，信息已经成为全人类共享的资源。当前，一种思想信息的流通就是一种思想的传递，并且这种传递能够跨越时空限制，广泛地作用于人们的思想及行为等方面。外部信息对人的思想的变动作用，从整体上来看可以分为四种类型：第一种是延伸性的变动。延伸性的变动主要指的是在某种环境信息的作用下，引起人们思想及情绪等方面的变化，或是对人的某种思想及情绪进行推动，促使其思想情绪进入高潮阶段，或是促使人的某种思想情绪对外进行宣泄，或是促使人的思想进行更新性选择。从总体上来看，外部信息能使人的兴趣及其他方面产生变化，还会使人产生超越性的跨越，从而延伸自己的思想及行为。第二种是抑制性变动。在环境信息的作用下，人的自主意识会被这种环境信息抑制，从而产生谨慎、犹豫或徘徊的情绪，进而对自身言论及行为等的合理性产生怀疑。在这一过程中，主要存在两种情况：一是受外力的抑制，人的一些正当思想或言论萎缩；二是受到外力的制约，一些非合理性的思想逐渐外显为人的言论及行为。第三种是滋生性变动。在特定的外部经济环境下，往往使人的某种创造性思维被引发，进而产生新的思想及接受新的思想。第四种是防御性变动。在面对外来信息时，人会产生某种警觉或是抵触心理，从而拒绝接受这些外来信息，以保护自己。当前随着全球化的发展，信息传播方式以及接受方式发生了重大变化，促使人的主体性意识觉醒，人的思想变动不再是单纯地由外在的思想政治教育进行灌输，而是个体在信息吸收的过程中做出改变。

目前，自主选择的方式已经成为信息社会接收信息的基本方式之一，同时也是人的思想形成及发展的重要基础。人在信息接收和体验的过程中会与自身已经形成的知识结构或已经拥有的信息进行对比，然后进行选择、整理及加工。信息的价值从本质上来看，决定于人对信息的选择及利用。通常情况下，如果人对信息进行了有效性选择或高程度的利用，那么这种信息对于人来说就会具有较高的价值。信息本来的意义在于消除非确定性，从实际情况来看，在经济全球化发展以及文化多元化发展过程中，人们的价值观开始呈现出多元化发展趋势，同时媒介环境以及网络环境能够为人提供大量的信息，这样的信息爆炸以及信息异化，导致人们产生了更加激烈的思想矛盾，同时也使人的思想更加复杂，所有人都会通过自己认为的合理方式对各种影响或者各种问题进行分析处理，导致整个社会表现出各种各样的个体差异。快速变化的步伐以及新的政治和经济结构的出现，要求人们必须使用不同的观点或者通过不同的角度看待问题，从而在这一过程中选择适合自己同时也适应社会发展的观点。

在思想政治教育环境建设过程中，必须坚持对个体进行引导，使个体能够自主选择相应的思想政治教育信息。这样的自主选择过程是个体进行自由思考及自我体验的过程。对于任何人来说，只有在自身实践的基础上才能够真正懂得生活的意义，也只有在社会情境中进行亲身体验，才会产生更为强烈的动机对各种知识或信息进行正确判断和选择，从而在此过程中形成自己的价值取向，并且承担自主选择产生的结果。只有始终坚持自主选择的原则，人的思想才具有丰富性，才会形成更加坚定的思想，才会有更为深刻的理解，才能够形成自己的判断能力和控制能力，才能够抵制社会中存在的各种不良信息，才能够按照社会所期待的及个人所需要的完善自己的人格和品德。

五、和谐发展原则

和谐发展指的是按照自然法则及社会发展规律，通过各种科学技术及规律对资源进行合理分配，并且对社会关系和生态关系进行积极协调，最终实现生物种群的稳定和繁荣的过程。系统论认为整个社会只有处于多样统一及相互协调中，功能才能够得到优化，并且在相互作用的过程中充分发挥整体大于部分之和的功能。在这样的系统中，其中的微小扰动就有可能产生蝴蝶效应，从而导致整个系统产生全局性的震荡，甚至会导致整个系统出现崩塌。在信息时代，全球化的开放发展以及市场国界的模糊，使人们生活中的各种信息与本身的关系越来越紧密，并且人们之间的利益关系越来越多元化，整个世界被更多的关系交织在一起。

随着我国改革开放及现代化进程的不断深入，人们之间的利益关系更加复杂，人们之间的思想矛盾也更加突出，比如在社会心理领域、文化领域及意识形态领域等有着更为突出的矛盾。从目前的实际情况来看，思想已经成为经济、教育、文化及管理等方面的重要影响因素，融入全社会的各个角落及各个行业中。在科学发展观与和谐理论整合基础上所形成的和谐发展观，不仅是我国现代化建设的关键原则之一，也是促使我国解决发展过程中出现问题的重要指南。思想政治教育环境建设是一个具有有序性和渐进性的相互协调、相互合作以及共同发展的动态过程。因此，思想政治教育环境建设必须坚持和谐发展的原则，只有这样才能够实现系统各方面有利因素的整合，从而更加贴合生活实际，更加贴合人们的实际需求，而人们在这一过程中也能够更深刻地感受思想政治教育的现实价值。

第二节　高校思想政治教育环境建设的实现路径

　　路径指的是到达目的地必经的道路，或者门道。思想政治教育环境建设的实现路径，不仅是思想政治教育环境建设的实践路径，同时也为思想政治教育指明了方向，提供了方法论。思想政治教育环境建设是一种社会建设，其实现路径是思想政治教育信息流动的重要组织形式。通常情况下，只有思想政治教育信息被人们需要，才能够被人们选择和接受，然后认同，最终对思想政治教育活动产生影响。对任何人来说，需要是主体和活动的源泉所在，同时也是动力和目的。不同层次的需要都不会自发得到满足，而是需要人的自觉活动追求才能够最终得到满足。人的思想是在各种实践活动中形成并且发展而来的，是在人和对象世界进行联系和互动的过程中形成和建立起来的，同时会通过社会交往过程中的品德表现而得以体现。

　　思想政治教育环境建设是一种社会精神生产活动，本节主要从思想、文化和舆论三个方面来探讨思想政治教育环境建设的实践路径。思想、文化和舆论这三个方面并不是单独发挥作用，而是在相互联系和相互制约的过程中发挥作用，通过主体在实践活动中进行确证，从而使信息能够有目的地作用在主体的建构活动中，使主体获得强化或消解。

一、以正确思想为引领

　　社会主义核心价值体系是党的十六届六中全会提出的一个重大命题。社会主义核心价值体系不仅包含马克思主义思想及中国特色社会主义共同理想，也包含以爱国主义为核心的民族精神，以及以改革创新为核心的时代精神。社会主义核心价值体系作为党在思想文化建设中的重大理论创新，在我国社会价值体系中处于核心地位，发挥着重要的主导作用，决定了整个价值体系的基本特征及基本方向。党的十八大报告中阐述了社会主义核心价值体系的建设，从三个层面对社会主义核心价值体系进行提炼和概括，提出了社会主义核心价值观。在全球化和社会转型的双重背景下，要想实现思想政治教育环境建设就必须始终坚持以社会主义核心价值体系对生活的引领，这样才能够把握环境建设的方向，才能够在生活中实现马克思主义的时代化、大众化及民族化，从而促使大众能够抵制文化中存在的各种消极文化。

（一）增强社会主义核心价值体系在生活中的现实性，实现理论的生活化

马克思指出，理论只要说服人，就能掌握群众；而理论只要彻底，就能说服人[①]。这里的"彻底"指的是要抓住事物的根本所在。对于人而言，根本在于人本身。所以理论要说服人就必须抓住人的根本，而人的根本包括人的生理情况、心理状态及社会性发展等方面，包含人的合理发展需求及为了满足这种发展需求所进行的各种社会实践活动。因此，增强社会主义核心价值体系的现实性及实现生活化，并不是指原来的思想政治教育信息没有社会现实性，而是指原来的社会现实性主要是更多地满足国家需求或政府需求，体现的是宏观层面上的政治大局。但是在今天全球化发展的大背景下，必须在体现政治大局的同时，还要体现在具体的社会生活中，面对各种生活矛盾，以及解决人们面对的现实生活困境。实现思想政治教育环境建设，需要增强社会主义核心价值体系在生活中的现实性，使道理和问题结合，从而实现理论的生活化。

1.通过思想理论成果提升社会认同度

社会认同度对意识形态会产生重要影响。从我国来看，我党的全部思想理论发展都是建立在马克思主义基础上的，巩固的是马克思主义在意识形态领域的指导地位，巩固的是全党全国人民团结奋斗的共同思想基础，这一点在任何时代都不会发生改变，也不能够发生改变。社会主义意识

[①] 吕东方."理论只要彻底就能说服人"在新时代思想政治理论教育中的实践 [J]. 文教资料, 2021（13）:99-101.

形态是广大人民群众利益观的集中表现，但是意识形态社会认同度的确立和发展是一个循序渐进的过程。群众遇到的所有实际生活问题都是党应关注的问题，如果对这些问题予以更多的关注并且解决，满足群众的实际需要，那么党就能够成为群众生活的组织者，而群众就会拥护党的领导。

中国共产党自成立以来依靠人民，最终带领人民完成了革命，进行了社会主义建设。巩固党执政的群众基础，不仅包含物质方面，也包含精神方面。自我国改革开放以来，我国成功地发展了社会主义市场经济，促使我国综合国力不断提升，人们的生活水平不断提高，在国际社会产生的影响也越来越大，这些都充分显示了中国特色社会主义建设获得的巨大成就。即使在今天受疫情影响全世界经济萎靡的情况下，我国的经济也依然保持了一定的增长率。我国的经济社会在硬实力方面获得了极大的提升，人们的生活水平得到极大改善，基本实现全面小康。整体上来看，只有国家的物质力量和精神力量都得到增强，并且全国人民的物质生活和精神生活都得到改善，那么社会意识形态才会被所有大众认可，这样才能够促进中国特色社会主义事业顺利发展。

在看到取得的成绩的同时，我们也必须看到其中存在的问题和不足。当前我国存在发展不平衡、不协调及不可持续的问题，并且科技创新能力不强、产业结构不够合理、整体发展方式依然为粗放型。此外，我国社会还存在矛盾增多的问题。当前，我国正处于改革发展的关键时期，因此当前的社会变革不可避免地会带来一些矛盾和问题。只有始终坚持正确理论，并且促使理论与实践结合，才能更好地满足人民不断增长的物质需求和精神需求，才能够促使人民对党和政府的信心不断提升，从而促使人民对社会主义核心价值体系的认同度得到提升。

2.增强传播主体的示范引领

人的思想具有群体性特征，如果离开群体，就无法正确认识人的特点。马克思主义指出，越往前追溯历史，个人越表现为不独立，属于一个较大的整体[①]。从思想政治教育规律来看，要想解决个体的思想问题，需

---

① 马克思恩格斯合集 [M]. 北京：人民出版社，1957.

要充分解决与群体性思想紧密关联的问题，只有这样才能有效解决个体的思想问题。

在我国，中国共产党是执政党，在意识形态传播过程中，中国共产党就是最大的传播主体。因此，执政党必须搞好自身建设，这样才能够为人民群众做好表率，树立良好榜样，执政党所提倡的主流意识形态对人民而言才有更强的说服力。中国共产党是整个社会的表率，党风是共产党的整体形象，是执政党凝聚力的源泉所在，对民风的形成有着重要的带动作用和示范作用。党是整个社会的表率，中国共产党的各级领导又是全党的表率。大量实践已经证明，如果党员干部有着正派的作风，廉洁奉公，人民群众必然会予以维护和拥护，接受这些党员干部所宣传的思想理论。人民群众在实践中接受的教育相较于简单的理论教育，往往能够取得更为显著的效果，所以党的思想政治工作是否能够做好，在很大程度上取决于党自身的建设以及党员干部自身的表现。如果党风正了，那么社会风气就会更好，就能够增强马克思主义理论教育的说服力和感召力。

在现实生活中，人们以执政党的言行作为自己的榜样，并且以此为基础对自己的行为可能产生的后果进行假设。这些假设从本质上来看，就是人们对自己以及他人会不会遵循道德规范的预期。如果社会中的示范性群体没有发挥正面的积极引导作用，那么人们就会失去可以感知和触及的模仿对象，此时人们的道德自省就不会发挥应有的作用。在当代中国，思想政治教育环境建设的关键在于增强传播主体的示范性。我党只有牢记宗旨，努力提高执政实绩，才能够赢得民众信任，党所宣传的执政意识形态才能够被民众认同。具体来看，党员干部的一言一行、一举一动都会对社会其他成员产生示范作用，然后影响人民群众的主流意识形态。

3.改善和丰富思想政治教育信息的话语体系

语言是人民群众在实际生活中的重要交流媒介，并且是人民群众表达思想、观点的重要工具。话语体系是思想理论体系及知识体系外在的表达形式，其中包含多方面内容。不同特色和不同风格的话语表达，对于思想理论的传播效果、竞争力、感染力及吸引力等会产生重要影响，从而导致最终的效果不同。话语体系尽管不能改变实质性内容，但是话语体系作为实质性内容的反映是实质性内容能否得到普及，以及能否深入人心的重要衡量标准。对于任何一个道理或观点，无论这一道理或观点多么正确或合理，也需要应势而动、顺势而为，也需要根据地域、实践及时间等方面进行创新。科学的内容需要通过合适的话语形式进行表达和创新。意识形态是一种通过话语表达来呈现的精神或观念，和人们的物质交往及现实生活的语言交织在一起。任何思想教育都需要言之有物，都需要与社会实际紧密关联，如果没有与客观实际的事物紧密关联，如果没有客观存在的需要，如果没有被人民群众掌握，即使是马克思主义也不会发挥出任何作用。当前，随着时代的发展，中国特色社会主义实践实现了与时俱进，并且在实践的基础上构建了具有中国特色的社会主义话语体系，这一话语体系正处于不断丰富和发展的过程中。具体来看，当前必须以我党建设过程中面临的问题为主要导向，通过新的表述方式对新的理论进行阐释，促使党的建设话语体系任务顺利完成。

在改善和丰富思想政治教育信息化与体系化的过程中，需要促使话语贴近生活。语言是沟通过程中的首要载体，无论是理论传播还是各种社会实践都充分表明，意识形态的内容并不一定必须使用意识形态的方式进行表达，通过话语这种非意识形态的方式也能够达到效果。在现实生活中，人们更加习惯于接受和传播那些更加亲切以及更加鲜活的口头语言，这一点在网络中的流行语言方面已经得到证明。话语表达会直接影响基层群众对党和政府出台的各项政策的理解和把握，从而影响这些政策的宣传及落实的效果。比如，习近平总书记提出的"中国梦"，就是一种在坚持中国特色社会主义精神基础上对话语体系进行的一种创造性转换。这一话语不仅充分结合了我国当代社会的实际，同时也对人民群众提供了一个能够看得见、摸得着的目标，促使中国特色社会主义显得更加亲切、清晰。当前我国已经进入全面深化改革阶段，尽管发展十分迅速，但是其中也存在各种问题。我国需要将存在的问题实事求是地摆出来，告诉人民群众为什么会出现这些问题，并且联合人民群众去探讨解决这些问题的办法。中共中央宣传部理论局在紧密结合国内国际形势新变化的基础上，对当时人们所关注的各种问题，如就业难、看病难、分配不公、住房问题等方面，编写了《从怎么看到怎么办：理论热点面对面·2011》，从理论和实践两个方面进行了回答，并且提出了针对性的改进意见，对人民群众而言具有极强的说服力，能够使广大人民群众更好地理解党和国家的政策和方针。

除了上述方式以外，还需要讲好中国故事。话语体系是话语权的重要展现载体之一，同时也是体现一个国家文化软实力的重要外化象征。对于任何一个国家而言，拥有话语权的高低取决于该国的综合国力，同时也取决于这一国家本身话语体系的吸引力和感染力。通常情况下，如果一个国家的话语体系有着极强的吸引力和感染力，那么这一国家的话语权往往会更高。对于我国来说，经过几十年的改革开放，我国和世界各国的关系已经发生了重大变化，我国的国际地位已经得到了极大的提升，同时国际社会对我国的关注度也在不断提高。我国积极推动全球经济治理和国际合作，加入多个国际组织和机构，在各领域发挥着重要作用，推动更加公正、平等、合作、互利的新型国际关系的构建，促进人类和平与发展事业。从内容方面来看，我国需要使用外国人能够听得懂或能够接受的语言，从具体实践入手，讲好中国故事，从而将中国形象充分展现在国际社会面前，促使国际社会了解和赞同我国提出的各种理论，从而使我国特色话语体系的吸引力和感染力得到提升。

（二）完善环境建设的政策制度体系

社会主义意识形态必须有相应的制度或机制进行保障。当前，解决社会转型期我国社会各个阶层存在的利益矛盾问题，必须从大局出发，不仅要坚持改革开放，还需要以此为基础建立有效的预防机制、融合机制以及控制机制。从整体上来看，政策制度体系对是否能够充分传播、培育和践行社会主义核心价值观有着十分重要的作用。在建设社会主义意识形态的过程中，需要充分发挥政策的导向作用，促使经济、政治、文化及社会等方面的政策都能够对主流意识形态的建设发挥积极作用，从而防止出现政策和主流意识形态相背离的问题。

1.制定有效政策

目前来看，整个社会的贫富差距不断拉大，不同阶层的成员在收入分配方面存在不公平现象，从而导致社会矛盾较为突出。对于这些现实中存在的各种问题，需要制定有效政策，调整利益分配格局。第一，明确政策目标。要想制定出有效政策，就需要明确政策目标。政策目标应与当前社会热点问题及国家发展战略紧密结合，同时注重解决实际问题。政策目标要全面考虑历史发展背景、当前形势和未来走向，以确定科学、合理、可操作的政策方向。第二，加强法制建设。政策法规对于完善思想政治环境建设至关重要，通过建立一整套完备、高效、科学的法律体系，可以保证政策的实施效力和可持续性。同时，还需要加强法制宣传教育，让人们深入了解法律的基本原则和核心价值观念，增强法律意识和法律素养。第三，加强网络安全意识。制定有效政策应注重发挥互联网在思想政治环境建设中的作用，倡导网络文明理念，鼓励社会各界人群通过网络表达自己的意见和主张。同时，应加强对网络舆论的管理和监控，保证网络环境的良性、健康发展。第四，发挥媒介宣传作用。媒介宣传也是完善思想政治环境建设的重要手段之一，政策制定要注重发挥媒介作用，加强对社会公共信息的引导和塑造。政策制定者需选择合适的媒介平台，构建高质量、可持续发展的宣传渠道，强化媒介宣传对社会意识形态的影响力，提高社会对政策的理解和认同程度。第五，加强对政策实施的跟踪和监督。制定有效政策需要加强对政策实施的跟踪和监督，及时发现并解决问题。在政策实施过程中可能存在政策效力不足、政策执行不到位等情况，这些问题需要通过严格的政策监测和评估机制来发现和解决。同时，需要加强与社区居民、各界人士的沟通互动，政策制定者需要广泛听取意见和建议，为政策实施提供科学有效的支持。

2.针对腐败问题强化对权力的监督和限制

从我国目前的实际情况来看，仍然存在一些腐败现象。腐败对整个社会造成了极大的伤害，如果不能对这种现象进行遏制，必然会影响党的形象，从而导致民众不相信社会主义核心价值观。制度建设是从源头上防治腐败的关键环节，规范权力的运作，实现各种力量的整合，从而对腐败行为形成更加强大的震慑，最终有效遏制腐败现象的产生。第一，我国必须在现有基础上建立更为严格的权力运作程序，并且对这一程序给出相应的规定。第二，我国需要对权力运行的实际情况进行监督和限制，从而以此为基础发现权力运行过程中产生的问题，并且解决这些问题。

3.建立健全的传媒监管立法体系和规章制度

从目前来看，由于在传统媒体中缺乏统一且成熟的行业标准，并且其中存在恶性竞争的问题，从而导致部分传统媒体出现了"三俗化"问题。对于网络媒体而言，其中存在谣言传播的问题，并且这一问题已经严重影响到社会稳定。所以在当前，我国需要对网络谣言进行集中打击，同时加大立法力度，加快立法进度，从而建立相应的法律和制度规范，对社会传播环境进行有效净化。具体来看，第一，要加快传媒管理立法的进程，制定相应的法律法规，从而促使社会传媒法律体系更为健全，打击各种传播非法思想或不良思想的活动。同时，要对非法网站进行强制关闭，严厉打击各种在传媒基础上进行的违法犯罪活动。第二，需要建立健全的传媒监管制度，完善相应的规章制度，充分发挥传媒的优势，提升对舆论的监督强度，使各种违法行为在监管下被杜绝。

二、以优秀文化为支撑

文化有着复杂的结构，是一种以社会习俗、心理及思维方式等为基础所形成的观念集合。人类社会发展至今，无论是人类文明的丰富性还是整体性，基本上是以文化方式形成并且存在和发展的。从构成方面来看，文化是由价值观念、物质产品、语言及符号等因素构成的。在这些因素中，价值观念是文化的核心所在，规范是文化的重要表现形式。同时，文化是思想的载体，人们在交流过程中所进行的思想政治教育主要是以文化为基础进行的，所以提升整个民族的思想道德素质，形成健康向上的社会风气，不仅是先进文化的要求，也是当前我国思想政治教育工作的任务。从文化角度来看，思想政治教育的过程就是一个通过先进文化对人产生影响的过程，从而使不同的人在思想政治观点方面消除不同，充分接受和遵循正确的价值观念。另外，文化生活能够充分体现出人类的幸福感，在现实生活中，无论是进行文化建设、经济建设还是政治建设，都是为了充分满足人民群众的实际需求。

（一）传承中华优秀传统文化

中华民族在几千年的发展过程中形成了自身独有的传统文化，中华优秀传统文化是我国劳动人民的智慧结晶，是中华民族的根和魂，是中华民族在世界文化激荡中站稳脚跟的根基。美国学者保罗·肯尼迪曾经指出，在近代以前的所有文明中，没有任何一个国家的文明程度能比中国文明更加发达和先进。从整个发展历史来看，中华民族所形成的优秀传统文化在历史长河中留下了浓墨重彩的一笔，任何人都不能对传统文化完全否定从而摒弃传统文化。中华优秀传统文化是几千年发展过程中的宝贵财富，是中华民族创造力的结晶，并且优秀传统文化的思想内涵以及精神形成了中华民族的精神之魂，时至今日仍然对我们的现实生活产生重要影响，特别是对青少年的思想及行为有着重要引导作用。

目前，我国正处于社会转型的重要时期，对本民族的优秀传统文化进行传承，同时结合实际国情进行思想政治教育，不仅是实现中国梦的必然使命，也是当前社会主义建设的现实需求。

1.传递中华民族优良传统文化和价值观

中华民族在发展过程中形成了诸多优良的传统文化及价值观念，比如中国传统文化中提倡以和为贵，在解决冲突的过程中强调以德服人，主张以仁爱之心对待他人，除此之外，还有尊老爱幼、诚实守信、修身养性等。这些优秀的传统文化及价值观念，无论在任何时代都对促进社会的发展有着重要作用。儒家提倡要将礼、孝的伦理观建设渗透到幼童的日常生活中，使人在潜移默化中接受这种教育并且形成相应的道德信念，从而成长为一名合格的社会主义建设者和接班人。

礼仪是一个人文化修养和道德修养的重要表现，同时也是做人的基本要求。具体来看，礼仪要求人诚实、守信、守公德等。因此，可以说正是在礼仪的支撑下才培养出了整体性精神，而整体性精神又反过来赋予礼仪灵魂。对于个人来说，只有在日常生活中对团体的美德进行实践，才能够成为一个真正意义上的人。

任何一个人都需要不断地接受教育，能够严肃对待周围的事物，形成诚实守信的品质。礼仪能够让孩子从小就开始学习如何做人、如何在日常生活中与人相处和合作。这样不仅有利于提升孩子的教养，还能帮助孩子实现人格的健全发展，最终促进社会文明程度提高。在今天必须提倡礼仪教育，增强人们的爱国意识，同时还要有计划和有目的地建立相关的礼仪制度，比如对于学生来说，需要有升国旗仪式、入团仪式等。

对父母或其他长辈的孝是一种最为基本的品德。在我国古代，所有的启蒙教育都会强调孝这一方面的内容。同时，认为孝是一个人为人处世的根本，同时也是进行道德实践的起点。在今天，随着独生孩子家庭的不断增多，我国的家庭教育形成了新的特征，从而产生了传统家庭教育观念和现代教育观念的冲突。但是需要充分认识到，无论时代如何发展，优秀的价值观念都不能被抛弃。对父母来说，必须在日常生活中通过言传身教的方式树立好的榜样，从而培养孩子成为品德高尚的人。

2.尊重中华民族历史，提升中华民族凝聚力

中华民族是一个有着悠久历史的民族。近代以来，中华民族战胜了各种艰难险阻，形成了更强的民族自尊心和自信心，凝聚力也得到极大的提升，各种传统社会民俗中处处透露着强烈的民族归属感和认同感，正是由于这些归属感和认同感才形成了属于中华民族的凝聚力。党的十四届六中全会指出，要把现代化建设的伟大成就和宏伟目标、中国近代史和现代史、中国共产党史和基本国情、中华优秀传统和革命传统、民族团结和祖国统一、国防和国家安全作为新时期爱国主义教育的主要内容。在爱国主义教育中，必须讲究方式方法，同时还要实现教育的多样化。比如高校可以组织学生参观各种博物馆、抗日纪念馆或历史遗迹等，这些场馆会自然透露出当今社会所提倡的传统文化观念及道德观念。另外，在我国各地的民俗中也有民族意识和民族精神的呈现，比如上海松江地区在农历七月

十四喝豆浆的习俗就是为了纪念英雄李待问；浙江沿海人民吃光饼纪念的是抗倭英雄戚继光，这些习俗中都寄托了人民对祖国的热爱。

（二）利用大众文化传播先进文化

大众文化是文化的一种，也是文化意识形态的一种。相较于其他文化，大众文化是以现代传媒为主要载体，在产业化方式的支撑下所形成的思想观念体系。大众文化能够充分反映人民群众的心理，大众文化更加贴近人民群众的实际生活，对于人民群众而言有着独特的影响力和吸引力，能够充分满足大众的文化需求。从大众文化的发展来看，其对社会主流文化产生的影响并不是完全消极的，而是在大部分情况下能够为主流文化提供更加丰富的营养。从某种角度来看，大众文化的发展能够对一个社会的文化发展水平产生影响，大众文化不仅是一个社会整体文化发展程度的标志，同时也是一个社会文化是否进入成熟状态的标志。

从目前来看，首先，对于大众文化，我们应客观辩证地看待。大众文化是意识形态斗争的前沿阵地，构成了意识形态的大众读本。在面对大众文化时，需要从正面来看待，这样才能够充分调动大众文化内部所蕴含的各种积极因素，从而对这些积极因素进行良好利用，发挥大众文化的积极影响。其次，在我国社会主义市场经济发展过程中，无论是电视、电影还是动漫作品等，都是承载意识形态内容的重要载体，所以，在这些方面都需要有正确的价值导向贯穿始终，以促使这些方面对整个社会产生积极影响。从整体上来看，必须重视大众文化，充分发挥大众文化在人的思想观念及价值观念等方面产生的影响，始终保持先进性和广泛性，从而促使人民群众文化建设水平不断提高。最后，在思想政治教育环境建设过程中不仅需要大力支持各种精品文化，还要鼓励和发展使人民群众获得教育和启发的大众文化，这样才能够使人民群众在娱乐中受到教育，在无形中产生对构建社会主义和谐社会的认同。

（三）开发精神文化产品

精神文化产品是一种以观念形态存在并且有一定物品作为载体的产

品，同时也是一种可以将抽象精神文化转变为具有经济价值的具体物质的产品。从整体上来看，精神文化产品就是一种与一般物质产品存在不同的产品，精神文化产品具有更高的精神价值。在日常生活中，精神文化产品中所包含的思想内容、艺术形象及感情色彩等，都会在无形中影响人们的思想道德观念及价值判断，精神文化产品在推动社会主义意识形态建设方面有着重要作用。

当前，随着我国经济社会的快速发展及人民物质生活水平的提高，人民群众的文化消费需求快速增长。这一结果不仅表现在当前人们对文化产品的需求不断增加，也表现在人们对文化产品本身所包含的知识性、个性化等方面提出了更高要求。要想充分满足当前人们更加多样化的精神文化需求，就必须充分依靠精神文化产品的供给。具体来看，精神文化产品必须具备导向性，要讲品位、讲格调，还要在数量和品种等方面实现多样化，实现百花齐放。精神文化产品不仅要丰富多样，还要突出主题，要充分反映爱国主义和我国的传统美德。因此，我国先要将具有中国特色的社会主义意识形态和精神文化产品结合起来，然后通过消费者的自主选择和消费对消费者的世界观、价值观等产生影响，最终完成意识形态的教化。

三、以社会舆论为推动

舆论是社会中相当数量的人在面对某一话题或事物时，表达自身观点及信念所形成的结合体。新闻传播工具能够在舆论形成及发展的过程中发挥重要作用。对于国家而言，媒体是国家话语表达的重要工具，同时也是国家用来对意识形态进行维护及传递主流价值观念的重要工具，甚至可以说媒体本身就是一种意识形态。江泽民曾经指出，舆论工作就是思想政治工作，是党和国家的前途和命运所系的工作。从目前来看，在国际形势更加复杂的背景下，整个社会形成积极向上的舆论氛围是促进人民群众团结一致、共同发展的重要内容，同时也是促进中国特色社会主义得以发展的重要保障。

（一）通过主导舆论导向，壮大主流思想舆论

舆论导向指的是在社会舆论的基础上，对人们的思想和行为进行引

导。通常情况下，舆论的作用在大众传媒的基础上得以发挥，因此舆论的导向作用呈现出非强制性特征。在现实生活中，社会舆论往往是通过各种媒体进行传播，比如广播、电视、网络等，在传播之后才能引导人们关注某一社会问题或某一热点事件，才能成为对国家发展及社会舆论产生影响的重要因素。

1.始终坚持正确的舆论导向

无论是信息发布还是文化传播，媒体都是其中的重要载体之一，所以主流价值观的推广也需要有媒体的支持。在这一过程中，能否坚持正确的舆论导向，关系到党的执政地位及外在形象，也关系到对整个社会主义建设产生的影响。如果舆论导向是正确的，就会有益于社会的发展进步；相反，如果舆论导向是错误的，则会阻碍社会发展。在我国的发展过程中，关于中国特色社会主义的健康发展必须有正确的舆论导向作为支撑。当前我国正处于社会的转型期，而新闻舆论处在意识形态的最前沿，会对整个社会的精神生活及所有民众的思想意识产生重要影响，所以这一过程需要通过正确的思想舆论导向促进社会向和谐方向发展。在信息时代，社会已经发生深刻变革，人们的思想十分活跃，同时信息的传播渠道也多种多样，当前必须以正确的舆论引导民众，积极宣传社会主义核心价值观，从而通过对公众情绪的疏导及对民意的引导，营造一个重视团结、重视稳定及重视大局的社会氛围。

近年来，随着我国改革的不断深入，逐渐进入矛盾凸显期，不同群体之间的利益矛盾更加凸显，同时经济和社会不协调的发展问题更为突出，最终导致诸多重大突发性事件发生。同时，随着互联网技术的快速发展与普及，这种重大突发性事件往往在互联网的传播中引起广大民众的关注，从而对广大民众产生影响，最终对一个地区的社会稳定产生影响。目前国外的反对势力依然对我国虎视眈眈，往往通过挑起事端的方式来诋毁我国，如果我国在处理这类事情的过程中稍有不慎，必然会产生巨大的负面影响。大量事实已经证明，在发生重大突发性事件后，人民群众往往会相信权威媒体的公信力，相信这些权威媒体给出的结果，所以主流新闻媒体对群众的引导往往关系到突发性事件的发展情况以及最终带来的影响。主流媒体是党和人民的喉舌，因此在关系大是大非或政治原则的问题方面必须有更强的主动性，同时还需要掌握主动权，这样才能够更好地维护党和国家的形象。具体来看，我国的新闻媒体不仅需要保持立场明确与鲜明，积极宣传中央的精神，同时还要及时充分地反映人民的诉求，从而为实现中国梦提供更多的舆论支持。比如，2008年我国发生了汶川大地震，人们通过新闻媒体的准确报道了解了灾区的情况，了解了党和政府采取的各种措施，这些都极大地激发了全国人民的爱国热情，提升了整个中华民族的凝聚力。

2.拓展新闻舆论的覆盖面

随着信息社会的快速发展，信息通过网络得到快速传播，这给舆论导向带来了新的挑战。有学者曾经指出，在科学和技术革命的时代，如果不能科学地使用数据、计算机等，所有的理论都无法产生影响或在大范围内得到普及。随着互联网技术的不断发展，新媒体越来越受到人们的关注，而舆论对大众的日常生活产生的影响也越来越大，所发挥的塑造作用也越来越强。人们在日常生活中可以通过互联网接收各种思想政治方面的信息，并且这些信息与主流渠道的思想政治教育所传播的价值观念存在一定差异，甚至在一些情况下这些信息与主流渠道传播的信息完全相反，并且这些互联网媒体有着极为庞大的受众，所以必须重视对新媒体的舆论引导。

要想做好思想政治教育环境建设，就要顺应信息时代的发展潮流，除了充分利用传统媒体以外，还要使马克思主义借助新媒体进行传播，同时更要推进马克思主义在新媒体传播中实现技术创新和内容创新，从而使马克思主义的覆盖面及影响力得到提升，最终占领新媒体这块思想政治工作阵地。首先，我国必须促使思想政治教育网站的吸引力得到提升。在互联网时代，我国必须顺应互联网时代的发展趋势，建设关于思想政治教育的宣传网站，使思想政治教育的空间得到拓展，并且提升思想政治教育的影响力，这样能够促使思想政治教育的实效性得到增强。但是从目前的实际情况来看，我国大部分宣传网站的吸引力较差，不能很好地吸引民众，当前需要通过各种方式加强思想政治教育信息的吸引力。其次，要重视网络互动通信的舆论引导。网络互动通信工具的发展十分迅速，这些通信工具不仅在人际交流方面更加便利，同时也降低了信息发布等方面的门槛。正是由于这种通信工具十分容易对社会中的热点问题或焦点问题产生网络舆情，因此当前必须通过思想政治教育信息对舆论进行引导。再次，要重视网络新一轮的正面宣传。互联网的发展使得新闻信息无比丰富，同时新闻的及时性也得到加强。当前，人们更多是通过各种网络媒体来了解新闻，所以在通过网络对新闻进行传播时要更多关注来自基层的新闻。如果其中存在一些负面的新闻或者含有不良信息的新闻，就要对这些内容经过审核后再进行推送，不能让这种新闻产生模糊的观点甚至错误的观点。最后，要对网络信息进行净化。从目前的实际情况来看，我国网民对网络信息的辨别能力还有待提高，因此相关部门需要对网络信息实施严格管理和监督，开发出能够对有害信息或负面信息进行过滤的软件，从而使负面网络信息对人们产生的影响降到最低。

（二）通过社会舆论造势营造良好氛围

社会舆论的力量能够成为思想政治教育环境建设的重要助力。根据群体动力理论，一个群体是一个场，其中个体和群体之间有紧密关联，使群体所形成的规范能够对个体的行为及思想产生影响和制约。对信息传播者来说，要想通过信息的传播改变一个人的认知或观念，不仅需要充分考虑个人因素，还要考虑个人以外的群体因素。从前文可知，社会舆论是大众意见和看法的集合，而这种意见的集合往往会形成一种意见气候，所有处于这种气候中的个体都会受到潜移默化的影响，然后融入这种意见氛围。既然社会舆论是大众意见和看法的结合或者一种共同意见，那么社会舆论必然会对个人及整个社会产生影响。所以在思想政治教育环境建设中，需要充分发挥社会舆论的作用，通过丰富多样的形式或方法对社会舆论进行引导，这样就能够取得更好的思想政治教育环境建设效果。比如，可以通过感人的公益广告对人民群众进行引导。

任何个体的行为都会受到其所处环境以及舆论的影响，同时还会受到纪律、法律以及道德等方面的规范，所以需要通过舆论工具对个人产生的不道德行为进行鞭挞，促使个人的良好行为得到进一步强化和发扬。

社会传媒是整个社会信息传播的主要工具，同时也是思想政治教育信息的重要载体，所以社会传媒素质的高低会对信息内容的好坏及传播方式的合理性产生直接影响，从而对思想政治教育环境建设的效果产生影响。当前需要通过提升社会传媒从业人员的整体素质对媒体的自律性进行加强，促使相关从业人员能够认识到自己作为整个社会的喉舌就必须保障舆论导向不偏离党和政府制定的公共政策。同时，在社会媒体中，尤其是商业网站必须敢于承担社会责任，不断提升自身的综合素质，从而树立良好的形象，为社会提供更多的积极的精神产品。2013年，我国开展了打击网络中有组织制造、传播谣言等违法犯罪的专项行动，维护了健康有序的网络环境，受到了人民群众的赞扬。

第五章　高校思想政治教育环境存在的
问题与对策

　　现如今，高校的思想政治教育环境存在一些问题，如一些学生对思想政治课程缺乏兴趣、思想政治课程内容过于理论化、思想政治课的教师队伍水平不一等。针对这些问题，我们需要采取相应的措施，如增加思想政治教育的实践性、提高教师队伍的素质、结合时事信息更新思想政治教育内容等，从而提升高校思想政治教育的质量和效果。

第一节　对高校思想政治教育环境现状的调查分析

　　作为培养未来社会精英的重要场所，高校承担着培养学生的任务。其中，思想政治教育是高校教育的基础和灵魂。随着时代的变迁和社会的发展，高校思想政治教育的内容、形式和方法也在不断地变革和创新。然而，在实际教育过程中，有些高校的思想政治教育环境却存在一些问题，如政治教育的审慎性不足、学生缺乏政治觉悟和责任感、课程设置单调等。因此，本节旨在通过对高校思想政治教育环境现状的调查分析，探究其中存在的问题和原因，提出改进和完善的方案，促进高校思想政治教育的进一步发展。

一、当代高校思想政治教育环境现状调查

（一）调查对象

本次调查以高等院校本科生为主，共发放问卷800份，回收问卷数为770份，有效问卷数为750份。问卷的发放形式主要有两种：一种是在学校进行面对面发放；另一种是通过网络进行发放。其中发放的纸质问卷共有500份，全部通过面对面发放的方式完成，在5所本科高校发放。这5所高校含1所重点高校、1所综合类大学、1所师范大学及2所理工类普通高校。此次调查涉及3个学科类型，并且此次调查的对象来自不同年级和专业，在选择过程中也具有随机性，保障了此次问卷调查样本选择的全面性和广泛性。在网络调查方面，共发放问卷300份，网络调查不会受到时间和地域方面的限制，更具自由性，但是网络问卷的结果相较于纸质问卷效度不高。

根据有效问卷统计，此次调查对象基本情况如下所示：在性别方面，男生为219人，所占比例为29.20%；女生为531人，所占比例为70.80%。在是否为独生子女方面，独生子女人数为379人，所占比例为50.53%；非独生子女为371人，所占比例为49.47%。在年级方面，大一学生为157人，所占比例为20.93%；大二学生为255人，所占比例为34.00%；大三学生为225人，所占比例为30.00%；大四学生为113人，所占比例为15.07%。在专业类别方面，文科学生为424人，所占比例为56.53%；理科学生为187人，所占比例为24.93%；工科学生为139人，所占比例为18.53%。

（二）调查问卷设计

为了更加准确地对当代高校思想政治教育环境现状进行调查分析，发现其中存在的问题，并且根据这些问题提出有效措施，本次调查不仅进行了大量相关文献的搜集，而且采取了问卷调查的方式，以使调查结果更具时效性。在此次调查过程中，对于调查问卷的设计不仅遵循基本的设计原则，同时还充分保障调查问卷具有明确的目的性。比如在问题表述方面，语言精练、通俗易懂，保障调查对象对问题的理解具有一致性；在题型设置方面，不仅有单项选择题，也有多项选择题，调查对象可以根据自身情

况自行选择。此次调查的对象为在校大学生，调查的范围包含多所高校，同时主要使用随机抽样调查方式进行，所以此次调查问卷设计具有科学性和严谨性。

根据研究内容和相关任务，问卷围绕大学生的思想政治教育环境主要构成要素进行设计，在问题设置方面不仅涉及社会环境、学校环境及家庭环境，也包含网络环境。在网络环境部分，主要调查学生是否能够正确认识和使用网络资源、学生是否对网络有较高的依赖程度。在社会环境方面，主要包含7个方面的问题，涉及高校大学生的政治认同感、价值观念、就业及文化认知等方面。研究的主要目的在于了解在国家快速发展过程中，高校大学生的思想政治教育受社会环境影响的因素。在学校环境方面，主要包含高校的物质文化建设、思想教育活动组织情况、学生实际住宿情况及学校周边环境等方面。在家庭环境方面，主要涉及家长的教育理念和教育方式等。

（三）调查结果分析

1.网络环境对大学生思想政治教育环境的影响

（1）网络能丰富大学生的课余生活

在高校大学生课余时间的主要活动方面，调查结果显示，有44.13%的大学生选择上网；有29.20%的大学生选择参加校内的相关活动或校外活动；有26.67%的学生选择去学校图书馆或实验室进行学习。

从上述数据可以看出，有接近一半的学生在课余时间选择上网；有接近1/3的学生在课余时间选择到学校的图书馆或实验室进行学习；有接近1/3的学生选择在课余时间参加校内组织的活动或校外活动。由此可以看出，有近50%的学生在课余时间选择上网，这是学生在课余时间进行学习和参加相关活动以外的又一种重要选择，并且选择的人数较多。可见，互联网对大学生的思想观念、生活方式以及学习方式等方面都产生了影响。

大学生在网络中进行的活动方面：有39.73%的学生会在网络中获取各类对自己有用的生活实用信息；有69.33%的学生在网络中主要进行的活动

是观看娱乐视频、看小说或听音乐；有40.13%的学生在网络中主要是玩网络游戏；有70.53%的大学生在网络中主要进行网络购物；有38.67%的学生在网络中主要下载自己所需要的学习资料，如相关课件或公开课等；有66.67%的学生在网络中主要进行聊天；有61.60%的学生在网络中主要进行各类新闻的浏览。

从上述数据可以看出，有将近一半的大学生在课余时间会选择上网，并且不同的大学生在上网过程中的选择各不相同，大部分学生会在网络中浏览各种新闻，了解世界发展，或是通过各种社交App进行交友聊天或与家人、亲戚、朋友等聊天，或是在网络上进行购物或观看视频、小说等。38.67%的学生会从网络中下载自己所需要的学习资料，比如下载相关的课件或网络公开课等；39.73%的学生选择通过网络获取各种自己需要的生活信息，如自己所在城市的地图以及天气情况等；40.13%的学生会选择玩网络游戏。网络环境给大学生带来积极影响的同时，也带来了一定的负面影响（如沉迷于网络游戏）。

（2）网络能改变大学生的学习方式和生活方式

在大学生学习方式和消费方式方面，在问题"当学习遇到困难时采用哪种方式解决"的调查中，有61.60%的学生选择上网收集相关资料；有8.13%的学生选择去图书馆查阅相关资料；有8.67%的学生选择请教教师或其他人；有21.60%的学生选择求助自己的同学。在问题"是否经常采用网络支付的方式进行消费"的调查中，有83.07%的学生选择了"是"；有6.27%的学生选择了"否"；有10.67%的学生选择了"偶尔进行"。

从这里能够看出，移动网络不仅使大家的课余生活更为丰富，同时也在一定程度上改变了大学生的学习方式和生活方式。上述调查数据表明了大学生在当前已经开始通过互联网进行自主学习，并开始将原来的被动学习逐渐转变为主动学习。除此之外，大学生的生活方式也发生了相应变化，比如83.07%的学生表示自己会在日常学习生活中通过网络支付的方式进行消费，并且进行网络购物的学生所占比例达到70%以上。相较于以往，大部分学生是用现金的方式进行购物，互联网的快速发展使大学生的生活更加方便与快捷。除了进行网络购物以外，还有接近40%的学生会通过网络获取生活实用信息，比如通过网络观看第二日的天气或购买火车票等，网络基本上帮助大学生实现了足不出户就能够解决自己生活问题的诉求。

（3）网络会影响大学生"三观"的形成

尽管网络使高校大学生的生活更加丰富，使大学生的学习主动性更强，也使大学生的个人生活更加便利，但是由于网络环境本身所具有的虚拟性及其中存在的各种负面信息，导致网络环境在一定程度上会对大学生的学习质量产生影响，不利于大学生形成正确的价值观念。

在此次调查中发现，有21.20%的学生经常会在课堂中通过手机玩游戏或者进行网络聊天；有57.47%的学生偶尔会在课堂中通过手机进行聊天或玩游戏；有21.33%的学生表示自己从来没有在课堂上通过手机玩游戏或进行网络聊天。在对通过手机玩网络游戏的学生进行访谈中发现，有35.33%的学生表示自己每天都会玩游戏，并且会进行网络聊天，这些活动每天都会占据自己大量的时间；有部分学生表示自己每天用于游戏的时间较少。由此可以看出，有很多学生将自己大量的时间投入网络游戏或者网上聊天，这种活动必然会影响学生的学习质量，并且网络游戏对于学生而言有一定的成瘾性，也会导致学生沉溺在虚拟的网络环境中不能自拔。

网络环境具有较强的虚拟性，需要有相应的制度对网络环境进行规范。从目前网络环境来看，其中存在很多暴力言论或偏激的言辞，这一现象的出现与当前网民的道德意识以及法律意识薄弱紧密相关。在对大学生网络道德意识进行调查的过程中发现，在关于"你经常以什么身份进入论坛"这一问题方面，有47.47%的学生表示自己以游客身份进入论坛；有36.13%的学生表示自己会匿名进入论坛；有16.40%的学生表示自己以实名的方式进入论坛。在问题"上网时是否会注意文明用语方面"，有66.67%的学生表示自己非常注意文明用语；有27.33%的学生表示自己偶尔会注意文明用语；有6.00%的学生表示自己从不注意文明用语。实际上，不管大学生是以游客的身份或以匿名的身份进入论坛，都会给大学生在论坛中表达一些负面言辞提供一定空间，而部分学生正是利用这一特点在网络上恶意攻击他人或恶意诋毁他人。一方面，不负责任的言论容易引起网民产生负面情绪，不利于营造更加和谐的网络环境；另一方面，这也充分反映出当前高校大学生还需要进一步提升网络道德意识及网络法律法规意识。

随着互联网的快速发展，信息传播的速度与传播规模不断提升，覆盖范围也在不断扩大。在网络环境中存在大量信息，在这些信息中同时也存在各种虚假和负面的信息，而这些虚假和负面的信息对大学生会产生较大的负面影响。在问题"是否浏览过黄色网站"这一方面，有76.27%的学生表示自己从不浏览黄色网站，有17.20%的学生表示自己偶尔会浏览黄色网站，有6.53%的学生表示自己经常浏览黄色网站。在问题"上网时是否会收到色情淫秽信息"方面，有12.8%的学生表示自己经常会收到这种信息；有52.53%的学生表示自己偶尔会收到这种信息；有34.67%的学生表示自己没有收到过这种信息。从这一调查结果可以看出，大部分学生对于不良网站信息持抵制态度，但是其中存在少部分学生由于自制力较差无法抵制不良诱惑。大学生还没有完全形成稳固的价值观念，网络中存在的各种不良信息会对自制力较差的学生产生负面影响，甚至会将一些学生引入歧途，从而导致这些学生荒废学业甚至走上违法犯罪的道路。

2.社会环境对大学生思想政治教育环境的影响

从当前环境来看，无论是经济环境、政治环境还是文化环境，都对大学生思想政治教育环境产生了深刻影响。在实际调查过程中发现，社会环境产生的变化对大学生思想政治教育环境产生的影响整体上是正面且积极的，但也存在一小部分的负面影响。

（1）经济环境对大学生思想政治教育环境的影响

经济环境是大学生思想政治教育环境的主要影响因素之一，是支撑大学生思想政治教育的重要物质基础，决定了大学生思想道德的发展方向及最终获得的教育成果。当前，社会主义市场经济对大学生思想政治教育环境产生的影响较突出。随着市场经济的快速发展，不仅社会资源得到了优化配置，技术也取得了进步，为大学生的思想教育活动提供了更加坚实的物质基础。除此之外，市场经济的快速发展也促使大学生的竞争意识、公平意识等方面得以发展，促进了大学生综合素质的提升，增强了大学生的整体竞争力。但是市场经济在产生积极作用的过程中也产生了一定的负面影响，给大学生思想政治教育工作带来一定的障碍。

第一，市场经济容易导致大学生产生利己主义或功利主义的思想。在此次调查过程中，对大学生的消费观、利益观以及价值观进行了调查，具体结果如下所示。

在问题"你如何看待大学生存在的消费过度、奢侈享乐现象"的调查中，有7.47%的学生认为这种现象十分正常，并且认为人生就应及时行乐；有26.27%的学生认为这种现象不正常，大学生应在日常生活中勤俭节约；有66.27%的学生认为大学生偶尔可以进行放纵，因此可以理解这种现象。在问题"当自身利益和他人或集体利益产生冲突时，你如何选择"的调查中，有12.27%的学生选择如果遇到冲突先保护自己的利益；有18.27%的学生选择坚决维护他人的利益或集体的利益；有69.46%的学生选择在遇到这种情况时自己会视情况而定。在问题"你认为人生价值主要体现在哪些方面"的调查中，有32.27%的学生认为主要体现在个人事业有成方面；有16.27%的学生认为主要体现在赚更多的钱、享受生活这一方面；有51.47%的学生认为主要体现在为社会贡献自己的力量这一方面。

从这一组数据可以看出，大部分学生认为可以偶尔放纵但不能够长期过度消费，整体上处于正常范围之内。事实上，对于大学生而言，不同的大学生在消费能力以及消费水平方面存在不同，所以大学生不应盲目跟风进行攀比。另外，当前大学生大多数的价值观还是正确的，认为应将为社会作出应有贡献作为实现自己人生价值的方式，但是仍然有少部分学生沉迷于享乐主义中不能自拔，这些学生认为人生就应享受，就应维护自己的利益，这部分学生的价值观已经严重扭曲。

第二，随着社会收入差距的不断拉大，大学生思想政治教育工作遇到了较多难题。在当前社会主义市场经济条件下，人的竞争力处于不同水平，所以不同的人赚取社会财富的能力存在差异。不同的大学生来自不同经济水平的家庭，大学生的家庭经济情况决定了大学生在日常生活中的实际消费能力。在此次调查过程中发现，仍然存在少部分大学生的家庭经济收入不足，难以支付大学生的教育费用，导致这部分大学生在日常生活中因经济困难而产生自卑心理。一部分大学生家庭经济较困难，这是客观存在的事实，高校必须密切关注这部分大学生的思想变化，在经济上及时给予这些大学生补助，并且在思想上及时给予大学生心理疏导，使这部分大学生能够及时排解心里的负面情绪，从而防止发生恶性事件。

第三，就业较困难影响了大学生思想政治教育的效果。在大学生毕业后，就业是大学生实现自己人生价值的重要渠道之一。但是在实际调查中发现，约有55%的学生表示自己当前面临着极大的就业压力；有23%的学生表示自己当前的就业压力一般。由此可以看出，当前大部分学生有就业压力。在关于就业难原因方面的调查中，有将近40%的学生表示自己就业困难是社会中存在不公平竞争；有接近30%的学生表示自己所学的专业很难找到相对应的工作。在这样的情况下，很多学生尽管已经大学毕业，但是无法找到工作，导致一部分学生容易在就业过程中失去信心，甚至陷入读书无用论的误区。

（2）政治环境对大学生思想政治教育环境的影响

政治环境会对大学生思想政治教育活动的开展产生直接影响，所以政治环境会对大学生的思想行为产生直接影响。近年来，在我国快速发展的过程中，西方资本主义国家不断地对我国进行意识形态的渗透，但是从实际情况来看，我国大部分大学生在思想意识方面还处于理想状态，与我国的主流意识形态保持一致。在此次调查中发现，有60%以上的学生表示自己不同意发展经济必须牺牲精神文明这一观点，认为这是一种断绝国家未来发展的错误道路；有28%的学生认为发展经济牺牲精神文明是一种在经济发展过程中不可避免的问题，因此需要重视。由此可以看出，大部分学生的意识基本端正。只有不到10%的学生认为发展经济就必须牺牲精神文明的观点是正确的。另外，有超过60%的学生认为当前国内存在的各种腐败问题只是个例，大部分政府官员还是清廉的官员；有30%左右的学生表示自己对现在国内的官员腐败问题十分失望，希望政府官员能够自律；还有10%左右的学生认为无所谓，官员是否腐败与自己无关。由此可以看出，在大学生群体中还有部分学生参与政治生活的积极性需要进一步提高。

（3）文化环境对大学生思想政治教育环境的影响

在文化环境中存在的精神文化往往会对大学生的思想意识以及道德品质等方面产生较大影响，主要原因是文化环境中的精神文化会通过各种方式渗透到大学生的生活中，从而在无形中对大学生的思想观念以及行为方式产生影响。目前，我国社会主义市场经济的快速发展导致利益主体多元化，人们的价值观念开始出现冲突，再加上西方资本主义国家对我国进行文化渗透，使我国逐渐形成了文化的多元发展局面。在此次调查中，关于文化倾向方面的问题，表示自己更加喜欢观看国外电影或其他影视作品的学生约占32.80%；表示自己更加喜欢国产影视作品的学生约占32.40%；表示自己对国产影视作品和国外影视作品喜欢程度基本一致的学生占34.80%。在关于更加倾向于哪种文化方面，大部分学生选择了更加喜欢中国的传统文化，只有9.33%的学生表示自己更加倾向于西方文化，另外，还有24.00%的学生表示自己对中国传统文化和西方文化的喜爱程度差不多。由此可以看出，当前我国高校对大学生进行的社会主义核心价值观教育有一定成效，社会主义核心价值观已经影响了大部分大学生的思想以及行为，但是仍然存在少部分大学生没有抵制西方社会的文化意识形态，仍然对西方文化有较高的向往。对于这部分学生而言，高校应通过思想政治教育进行纠正。

3.学校环境对大学生思想政治教育环境的影响

学校是大学生接受系统性教育的场所，同时也是大学生接受思想政治教育的主阵地。学校环境主要包含两方面环境：一是物质环境，二是文化环境。与此同时，学校周边的环境也会对大学生产生一定程度的影响，因此学校周围环境建设也不容忽视。

（1）学校物质环境产生的影响

学校物质环境主要包含学校内部的宿舍、学生餐厅、教学楼、运动场所及图书馆等硬件设施，这些都是学校内部精神文化的重要载体。在此次调查中，关于学校物质基础设施满意度的调查结果为：有19%的学生对自己所处学校的物质环境建设表示满意；有60%左右的学生表示自己对学校的物质基础建设基本满意；有21%左右的学生对自己所在学校的物质环境建设表示不满意。由此可以看出，大部分学生对所在学校的物质环境较认可，但是仍然存在少部分学生对所在学校的物质环境完全不满意。对于高校而言，应更加重视物质环境的建设，为大学生营造更好的物质环境。

（2）学校文化环境产生的影响

学校的文化环境也会对大学生的思想政治教育产生影响，从而在大学生思想品德形成等方面发挥重要作用。在调查过程中发现，当前我国高校校园内部文化建设整体情况良好，但仍然存在一些不足与缺陷，需要高校进行进一步完善。

具体调查结果为：在问题"学校是否会经常组织学生参观爱国主义教育基地等方面的文化活动"的调查中，有36.13%的学生表示自己学校会经常组织相关活动；有52.93%的学生表示自己学校很少组织这样的文化活动；有10.93%的学生表示自己学校从来没有组织过这样的文化活动。在问题"你所在的学校校园网站中有没有设置关于思想政治教育的板块"的调查中，有49.33%的学生表示自己学校的校园网站有这样的板块；有12.00%的学生表示学校没有这样的板块；有38.67%的学生表示自己并不清楚。在问题"你和自己的舍友讨论最多的话题是什么"的调查中，有28.00%的学生表示自己和舍友讨论最多的话题是游戏以及其他娱乐新闻；有26.93%的学生表示自己和舍友讨论最多的话题是学习、工作以及如何提升自身；有9.20%的学生表示自己和舍友讨论最多的话题是爱情；有35.87%的学生表示自己和舍友讨论最多的话题是其他方面。

从上述数据可以看出：第一，从大学生对学校组织的文化活动满意度方面来看，少部分大学生对学校组织的文化活动表示认可，但是大部分学生并不满意学校进行的文化建设，表示学校并没有将相关的文化活动切实执行，没有落到实处。有一半左右的学生表示所在的学校很少组织学生参观爱国主义教育基地，另外有10.93％的学生表示自己所在学校从来没有组织过相关活动，也没有在学校内部组织学生观看过关于爱国主义教育的视频。事实上，组织学生参加相关活动或观看相关视频能使学生对爱国主义教育有更深的理解与体会，从而促使学校的思想政治教育获得更好的效果。

第二，当前高校校园网的德育效果并不明显。从上述调查结果可以看出，大部分学生会在空余时间选择上网浏览各种信息或查找学习资料，这样尽管使大学生思想政治教育有了新的教育途径，但是从实际情况来看，当前高校校园网络的德育效果没有达到预期。在问到关于学校内部校园网络有没有设置思想政治教育板块这一问题时，只有不到一半的学生表示自己所在学校的校园网站设有这一板块。

第三，当前高校大学生的人际交往圈也会对大学生的思想道德产生影响。大学生在学校生活的过程中，与其关系最密切的必然是大学生的舍友。在调查大学生与舍友讨论最多的话题这一问题时，只有不到27％的学生表示自己与室友之间最常讨论的话题是与学习及未来工作相关的问题。大部分学生与舍友讨论的话题基本为游戏、爱情或娱乐新闻等方面。在调查大学生课余时间主要进行哪些活动时发现，大部分学生在课余时间主要是玩网络游戏或观看一些休闲娱乐视频，只有少部分学生会进行自学或对自己的时间进行科学安排。

（3）学校周围环境产生的影响

学校周围环境是学校环境的重要组成部分之一，也会对大学生的思想道德水平及行为产生影响。在本次研究中，对高校周围环境进行了相关调查，在调查中发现，大部分学生认为学校周围环境良好，有不到15％的学生认为自己所在学校周围环境较差。在关于学校周围治安环境情况的调查中，有1/3的学生认为自己所在学校周围治安情况较好，有接近60％的学生认为自己所在学校周围的治安情况较一般，还有少部分学生认为自己所在学校周围治安环境较差，并且存在一定的安全隐患。由此能够看出，一些学校周围治安环境仍然存在一些安全隐患，这一点应引起学校以及相关部门的重视，消除这些安全隐患，为大学生营造一个更安全的校园周边环境。

4.家庭环境对大学生思想政治教育环境的影响

家庭环境是大学生从小生活的环境，家庭环境会对大学生的思想道德素质产生重要影响。在家庭生活中，父母平时的言谈举止都会对学生产生影响。通常情况下，有着良好家庭环境的大学生往往会树立正确的价值观念和良好的行为方式。

（1）家庭经济状况产生的影响

大学生在学习生活中要想获得相应的知识或掌握某种劳动技能就需要有相应的教育投资，尽管一些家庭在经济状况方面较差，但是每个家庭都需要进行使孩子接受系统教育的教育投资，这是每个家庭都需要承担的责任。一般来说，大学生是否能够顺利毕业，一方面要看学生本身是否在学习过程中投入了更多时间与精力；另一方面会受到学生自身家庭经济状况的影响。

在调查中发现，在关于大学生家庭经济状况是否能够满足教育投资方面，有20%的学生表示自己的家庭收入对于教育投资来说有富余；有65%的学生表示自己的家庭经济状况可以承受教育方面的费用；有15%的学生表示自己的家庭经济状况不能够完全负担教育费用。从这一组数据可以看出，大部分学生的家庭情况可以承担相关的教育费用，整体情况较为乐观。但是仍然有部分学生的家庭经济情况无法承担学校的教育费用，所以这部分学生的发展必然会受到其家庭情况的影响。尽管这部分学生可以通过学校提供的助学贷款或助学金等来解决教育费用方面的问题，但是这种方式很容易导致学生产生自卑心理，长此以往还可能出现自闭的情况。

（2）家庭教育理念产生的影响

一般来说，科学的教育理念能够充分反映教育的本质，也能够体现时代特点，为教育指明方向。在此次问卷调查中，有关于家庭教育理念的问题，具体调查结果如下。

在问题"你的父母是否十分重视你的考试分数"的调查中，有56.40%的学生表示父母看重自己的考试分数；有27.60%的学生表示父母不十分看重自己的考试分数；还有16.00%的学生表示父母对自己的考试分数无所谓。在问题"你父母如何看待学校教育和就业关系"的调查中，有48.93%的学生表示父母认为学生的学历越高越好；有46.53%的学生表示父母认为学校教育十分重要，但是并不是学历越高越好；有4.54%的学生表示父母认为上不上学无所谓，只要能够找到好的工作就行。

从上述数据可以看出，大多数大学生的父母十分关心孩子的实际考试成绩，但需要注意的是，适度的关注十分必要，并不能因为关注孩子的考试成绩而忽略德育方面的提升。同时，很多大学生的父母让自己的孩子上大学有着明确的目标，即在未来能够找到好的工作，挣到更高的工资，但忽视了接受大学教育是为了提升孩子的综合素养。

（3）家庭教育方式产生的影响

家庭教育观念必然会影响到孩子。在实际的家庭教育过程中，父母使用的家庭教育方式会对最终的教育效果产生影响。在此次调查中有关于家庭教育方式的调查，具体结果如下。

在问题"在家庭教育中你的父母会使用暴力方式进行教育吗"的调查中，有8.93%的学生表示父母经常使用暴力方式进行教育；有61.6%的学生表示父母从来没有使用暴力的方式进行教育；有29.47%的学生表示父母偶尔会使用暴力方式进行教育。在问题"你的父母是否会不考虑你的具体想法而作出决定"的调查中，有13.87%的学生表示父母经常会在没有考虑自己实际想法的基础上为自己作出决定；有45.33%的学生表示父母从来没有在不考虑自己想法的基础上替自己作出决定；有40.80%的学生表示父母偶尔会在不考虑自己想法的基础上作出决定。

从这一组数据可以看出，在大学生群体中，大部分学生的父母并不会采用暴力方式进行教育，但是近1/3的学生表示父母偶尔会使用暴力进行教育，除此之外，还有接近9%的学生表示父母经常使用暴力方式进行教育，由此可以得出，有将近一半的家庭在孩子教育方面较简单和粗暴。在是否不考虑孩子想法的基础上作出决定这一问题方面，有13.87%的学生表示父母并不考虑自己的想法就作出决定，这也充分反映出很多父母并不尊重孩子的实际想法，总是以自己的想法支配孩子的各个方面，这种不够民主的家庭氛围会对孩子的健康成长产生一定的负面影响。

除了教育方式，在家庭教育中父母经常与孩子进行精神交流也会对孩子的思想道德水平产生重要的影响。主要原因在于，如果父母经常与孩子进行精神交流，就能够在潜移默化中将自己的观念传递给孩子，并且这种教育方式往往能够获得更好的教育效果。随着网络的快速发展，网络形成的虚拟空间会对学生的现实空间产生影响，这一方面尤其体现在学生的家庭生活方面。在很多家庭中，孩子与父母面对面的表情交流或语言动作交流被网络的虚拟空间削减，从而导致学生的家庭生活受到较严重的影响。在调查中，关于"学生在家庭生活中茶余饭后休息时间家人会做什么"这一问题方面，有42%的学生表示自己在空闲时间会与家人一起观看电影或电视剧；有29%的学生表示自己会在休息时间与家人交流自己日常生活中为人处世所获得的体验；有29%的学生则表示自己会在空闲时间玩手机或玩电脑。由此可以看出，很多家庭的父母更多的是重视孩子的物质条件，只有少数家庭的父母会与自己的孩子进行精神层面的交流。

5.朋辈环境对高校思想政治教育环境的影响

在高校大学生的人际交往中，最能够体现大学生人际交往情况的群体是朋辈群体。根据相关心理学研究，高校大学生更容易向与自己年龄相仿的群体倾诉，如自己的朋友等，因为朋辈群体之间有着更深入的了解，并且相互之间也会受到对方的影响。在朋辈群体中，各个群体成员之间存在兴趣相近、年龄相仿及价值观相似的特征，所以朋辈环境会对高校思想政治教育环境产生重要影响。

在有关"你是否了解朋辈群体"的调查中，选择了解朋辈群体的学生所占比例为10.13%，选择听说过朋辈群体的学生所占比例为16.80%，选择不了解朋辈群体的学生所占比例为20.00%，选择没有听说过朋辈群体的学生所占比例为53.07%。由这一组数据可以看出，在我国高校中存在朋辈群体组织，并且当前朋辈群体正处于发展过程中。但是有超过一半的学生没有听说过这一名称，所以有超过一半的学生并不知道朋辈群体是什么意思。

另外，在当前大部分高校中，朋辈群体组织是一种非正式组织，往往不会引起高校的重视，没有对朋辈群体的专业化指导。在问题"你参加的朋辈群体活动的组织者或组织成员是否经过专业指导"的调查中发现，选择经过专业指导的学生所占比例为17.33%；选择没有经过专业指导的学生所占比例为56.00%；选择经过指导但是不专业的学生所占比例为26.67%。由此可以看出，高校并不重视朋辈群体活动，对朋辈群体活动没有进行专业的指导，从而导致朋辈群体活动开展不到位，甚至一些高校的朋辈群体活动起到了负面作用，这是所有朋辈群体成员都不愿意看到的结果。

朋辈群体大多数是非正式的群体组织，在大学校园中往往是以社团形式出现的。这一群体的成员是自愿加入，成员的人际交往圈关系十分紧密，群体成员之间有着极强的亲和力，相互之间有着较强的团队合作意识。朋辈群体一旦形成，对于内部成员的各方面成长都会产生影响。在朋辈群体面对个人时，对不是群体内部的人十分容易产生抵触和排斥的行为，这样就会使群体外部的个人产生孤独感，这一点对想进入朋辈群体但是尚未进入的个体而言更加明显。朋辈群体的影响，是通过同龄人以不同的经验和感受，在交往过程中产生的感染和引导作用而体现的。对大学生而言，群体力量可以是压力，也可以是动力，大学生朋辈群体具有群体情感凝聚优势，能够调控和整合大学生的政治心理和政治意识，因而朋辈环境会对高校思想政治教育环境产生一定影响。

二、高校思想政治教育环境影响因素描述性分析

（一）高校思想政治教育环境优势因素统计分析

1.高校技术设备及设施对思想政治教育的影响分析

技术设备及设施能够对高校思想政治教育环境和最终的教育效果产生重要的影响，是影响高校思想政治教育环境的重要外部因素之一。对于高校大学生来说，技术设备及设施能够对大学生的心灵和情操产生影响。

这一方面的调查与分析结果显示：认为技术设备及设施不会对思想政治教育环境产生影响的学生所占比例为2.53%，认为技术设备及设施对思想政治教育环境产生较小影响的学生所占比例为1.20%，认为技术设备及设施会对思想政治教育环境产生影响的学生所占比例为31.47%，认为技术设备及设施对思想政治教育环境产生较大影响的学生所占比例为39.87%，认为技术设备及设施对思想政治教育环境产生重要影响的学生所占比例为24.93%。由这一组数据可以看出，当前高校的技术设备及设施会对思想政治教育产生很大的影响。

2.高校思想政治教育受高校本身优良传统的影响分析

对于任何一所高校而言，其本身所具备的优良传统能够对处于其中的教师与学生的思想观念以及价值观念等产生影响，主要原因是一所高校的优良传统是在高校发展过程中，历届教师与学生创造出来的精神财富。这一方面的调查分析结果显示：认为高校优良传统对思想政治教育环境不会产生任何影响的学生所占比例为2.53%，认为高校优良传统对思想政治教育环境产生较小影响的学生所占比例为0.53%，认为高校优良传统对思想政治教育环境有所影响的学生所占比例为36.93%，认为高校优良传统对思想政治教育环境产生较大影响的学生所占比例为38.00%，认为高校优良传统对思想政治教育环境会产生重要影响的学生所占比例为22.00%。由这一组数据可以看出，当前我国高校本身所具备的优良传统会对思想政治教育环境产生极大的影响。

3.高校校园文化活动对思想政治教育产生的影响分析

校园文化活动是高校思想政治教育的重要载体，通过各种积极的文化活动能使高校大学生深刻理解思想政治教育内容，并且使思想政治教育内容的深度及广度得到拓展。这一方面的调查与分析结果显示：认为高校丰富多样的校园文化活动不会对思想政治教育环境产生任何影响的学生所占比例为0.67%；认为高校丰富多样的校园文化活动对思想政治教育环境产生较小影响的学生所占比例为0.67%，认为高校丰富多样的校园文化活动对思想政治教育环境有所影响的学生所占比例为36.27%，认为高校丰富多样的校园文化活动对思想政治教育环境产生较大影响的学生所占比例为38.67%，认为高校丰富多样的校园文化活动会对思想政治教育环境产生重要影响的学生所占比例为23.73%。由这一组数据可以看出，当前我国高校内部丰富多样的校园文化活动会对思想政治教育环境产生很大的影响。

（二）高校思想政治教育环境劣势因素统计分析

1.高校思想政治教育场所存在的不足对思想政治教育环境的影响分析

思想政治教育场所是思想政治教育过程中，教师与学生进行交流互动的重要支撑，如果失去这些场所，就必然会影响高校思想政治教育的效果。这一方面的调查与分析结果显示：认为高校思想政治教育场所存在的不足不会对思想政治教育环境产生任何影响的学生所占比例为1.13%，认为高校思想政治教育场所存在的不足会对思想政治教育环境产生较小影响的学生所占比例为0，认为高校思想政治教育场所存在的不足对思想政治教育环境有所影响的学生所占比例为45.73%，认为高校思想政治教育场所存在的不足会对思想政治教育环境产生较大影响的学生所占比例为30.93%，认为高校思想政治教育场所存在的不足会对思想政治教育环境产生重要影响的学生所占比例为22.00%。由这一组数据可以看出，当前我国高校内部的思想政治教育场所存在的不足会对思想政治教育环境产生很大的影响。

2.高校网络环境控制存在的不足对思想政治教育环境的影响分析

网络是当前大学生进行自我学习及自我提升的重要渠道，已经成为高校思想政治教育环境的重要组成部分。但是当前很多高校并不能有效控制网络环境，这就导致网络环境中存在的一些负面信息对高校思想政治教育环境产生了冲击。这一方面的调查与分析结果显示：认为高校网络环境控制存在的不足不会对思想政治教育环境产生任何影响的学生所占比例为1.20%，认为高校网络环境控制存在的不足会对思想政治教育环境产生较小影响的学生所占比例为0，认为高校网络环境控制存在的不足对思想政治教育环境有所影响的学生所占比例为47.07%，认为高校网络环境控制存在的不足会对思想政治教育环境产生较大影响的学生所占比例为30.94%，认为高校网络环境控制存在的不足会对思想政治教育环境产生重要影响的学生所占比例为20.80%。由这一组数据可以看出，当前我国高校内部的网络环境控制存在的不足会对思想政治教育环境产生很大的影响。

3.高校思想政治学习风气存在的不足对思想政治教育环境的影响分析

大学生思想政治学习风气是校园文化的重要组成部分之一，良好的学习风气能够促使高校思想政治教育环境得到优化，也能够使大学生在接受思想政治教育的过程中弥补由于时空条件限制产生的各种不足。这一方面的调查与分析结果显示：认为高校思想政治学习风气存在的不足不会对思想政治教育环境产生任何影响的学生所占比例为1.20%，认为高校思想政治学习风气存在的不足会对思想政治教育环境产生较小影响的学生所占比例为46.40%，认为高校思想政治学习风气存在的不足会对思想政治教育环境有所影响的学生所占比例为0，认为高校思想政治学习风气存在的不足会对思想政治教育环境产生较大影响的学生所占比例为31.52%，认为高校思想政治学习风气存在的不足会对思想政治教育环境产生重要影响的学生所占比例为20.80%。由这一组数据可以看出，当前我国高校内部的思想政治学习风气存在的不足会对思想政治教育环境产生很大的影响。

4.高校思想政治教育制度存在的不足对思想政治教育环境的影响分析

高校的思想政治教育制度是促使大学生更好地接受思想政治教育，以及大学生实现全面发展的重要保障与支撑，能为大学生形成良好的思想道德品质提供相应的环境条件。从目前来看，尽管我国政府在思想政治教育制度建设方面提供了各种指导，并且高校也对这些指导进行了充分借鉴，但是仍然有很多高校制定的思想政治教育制度存在不足。这一方面的调查与分析结果显示：认为高校思想政治教育制度存在的不足不会对思想政治教育环境产生任何影响的学生所占比例为1.19%，认为高校思想政治教育制度存在的不足会对思想政治教育环境产生较小影响的学生所占比例为46.40%，认为高校思想政治教育制度存在的不足会对思想政治教育环境有所影响的学生所占比例为0，认为高校思想政治教育制度存在的不足会对思想政治教育环境产生较大影响的学生所占比例为31.47%，认为高校思想政治教育制度存在的不足会对思想政治教育环境产生重要影响的学生所占比例为20.93%。由这一组数据可以看出，当前我国高校思想政治教育制度存在的不足会对思想政治教育环境产生很大的影响。

（三）高校思想政治教育环境机遇因素统计分析

1.重大事件或热点事件对思想政治教育环境的影响分析

重大事件或热点事件是高校思想政治教育理论课的重要教学素材之一。重大事件或热点事件除了能够促使思想政治教育更具有趣味性和灵活性，还能够促进文化的交流与发展，也可以促使大学生的民族认同感得到加强，从而促使大学生形成爱国主义情感。这一方面的调查与分析结果显示：认为重大事件或热点事件不会对思想政治教育环境产生任何影响的学生所占比例为0.67%，认为重大事件或热点事件会对思想政治教育环境产生较小影响的学生所占比例为1.73%，认为重大事件或热点事件会对思想政治教育环境有所影响的学生所占比例为39.87%，认为重大事件或热点事件会对思想政治教育环境产生较大影响的学生所占比例为31.47%，认为重大事件或热点事件会对思想政治教育环境产生重要影响的学生所占比例为26.26%。由这一组数据可以看出，当前重大事件或热点事件会对思想政治教育环境产生很大的影响。

2.高校思想政治理论课改革对思想政治教育环境的影响分析

高校思想政治理论课改革可以使思想政治教育课与学生更加贴近，使这门课与整个时代和实际情况更加贴近，弥补这一门课长期以来存在的忽视实践的问题，使高校的思想政治教育有更为扎实的政策指导以及价值导向。这一方面的调查与分析结果显示：认为高校思想政治理论课改革不会对思想政治教育环境产生任何影响的学生所占比例为0.67%，认为高校思想政治理论课改革会对思想政治教育环境产生较小影响的学生所占比例为1.73%；认为高校思想政治理论课改革会对思想政治教育环境有所影响的学生所占比例为41.07%，认为高校思想政治理论课改革会对思想政治教育环境产生较大影响的学生所占比例为30.93%；认为高校思想政治理论课改革会对思想政治教育环境产生重要影响的学生所占比例为25.60%。由这一组数据可以看出,当前高校思想政治理论课改革会对思想政治教育环境产生很大的影响。

3.中国特色社会主义理论体系的完善与发展对思想政治教育环境的影响分析

中国特色社会主义理论体系在我国能对人们的道德规范、理想及娱乐等方面产生主导作用,从而促使思想政治教育顺利进行,帮助高校大学生形成坚定的信念,决定了高校思想政治教育的发展方向。这一方面的调查与分析结果显示:认为中国特色社会主义理论体系的完善与发展不会对思想政治教育环境产生任何影响的学生所占比例为0.80%,认为中国特色社会主义理论体系的完善与发展会对思想政治教育环境产生较小影响的学生所占比例为1.73%,认为中国特色社会主义理论体系的完善与发展会对思想政治教育环境有所影响的学生所占比例为38.00%,认为中国特色社会主义理论体系的完善与发展会对思想政治教育环境产生较大影响的学生所占比例为35.07%,认为中国特色社会主义理论体系的完善与发展会对思想政治教育环境产生重要影响的学生所占比例为24.40%。由这一组数据可以看出,当前中国特色社会主义理论体系的完善与发展会对思想政治教育环境产生很大的影响。

4.思想政治教育受重视程度对思想政治教育环境的影响分析

无论是党中央、各级政府,还是高校对思想政治教育的重视程度,都会影响高校思想政治教育环境。如果相关部门能多重视思想政治教育且为高校思想政治教育提供更充足的物质基础,那么思想政治理论课教学必将得到加强。与此同时,对思想政治教育的重视能够为高校思想政治理论课教学效果的提升提供更多保障。这一方面的调查与分析结果显示:认为思想政治教育受重视程度不会对思想政治教育环境产生任何影响的学生所占比例为0.67%,认为思想政治教育受重视程度会对思想政治教育环境产生较小影响的学生所占比例为1.73%,认为思想政治教育受重视程度会对思想政治教育环境有所影响的学生所占比例为42.80%,认为思想政治教育受重视程度会对思想政治教育环境产生较大影响的学生所占比例为30.40%，认为思想政治教育受重视程度会对思想政治教育环境产生重要影响的学生所占比例为24.40%。由这一组数据可以看出，当前我国思想政治教育受重视程度会对思想政治教育环境产生很大的影响。

（四）高校思想政治教育环境挑战因素统计分析

1.更加严峻的就业环境对思想政治教育环境的影响分析

随着我国高校的扩招及不断变化的国内外形势，我国高校大学生面对的就业形势更加严峻，这使大学生难以接受和认同高校思想政治教育所宣扬的诚信教育以及义利观教育等。这一方面的调查与分析结果显示：认为更加严峻的就业环境不会对思想政治教育环境产生任何影响的学生所占比例为0.67%，认为更加严峻的就业环境会对思想政治教育环境产生较小影响的学生所占比例为2.93%，认为更加严峻的就业环境会对思想政治教育环境有所影响的学生所占比例为44.67%，认为更加严峻的就业环境会对思想政治教育环境产生较大影响的学生所占比例为28.00%，认为更加严峻的就业环境会对思想政治教育环境产生重要影响的学生所占比例为23.73%。由这一组数据可以看出，当前我国严峻的就业环境会对思想政治教育环境产生很大的影响。

2.多元文化的发展对思想政治教育环境的影响分析

多元文化能够促使高校思想政治教育的内容及空间得到拓展，但是多元文化的发展也对我国优秀传统文化的发展产生了一些影响。在这一方面的调查与分析结果显示：认为多元文化的发展不会对思想政治教育环境产生任何影响的学生所占比例为0.67%，认为多元文化的发展会对思想政治教育环境产生较小影响的学生所占比例为3.60%，认为多元文化的发展会对思想政治教育环境有所影响的学生所占比例为42.27%，认为多元文化的发展会对思想政治教育环境产生较大影响的学生所占比例为29.73%，认为多元文化的发展会对思想政治教育环境产生重要影响的学生所占比例为23.73%。由这一组数据可以看出，当前多元文化的发展会对思想政治教育环境产生很大的影响。

3.市场经济带来的负面影响对思想政治教育环境的影响分析

社会主义市场经济在发展过程中推动了我国现代化建设进程，并且促使我国高校思想政治教育的经济条件得到改善，也帮助高校大学生在思想道德品质等方面实现了完善与发展，同时也给思想政治教育环境带来了更复杂的经济环境。这一方面的调查与分析结果显示：认为市场经济带来的负面影响不会对思想政治教育环境产生任何影响的学生所占比例为0.67%；认为市场经济带来的负面影响会对思想政治教育环境产生较小影响的学生所占比例为3.60%；认为市场经济带来的负面影响对思想政治教育环境有所影响的学生所占比例为44.00%；认为市场经济带来的负面影响会对思想政治教育环境产生较大影响的学生所占比例为26.80%；认为市场经济带来的负面影响会对思想政治教育环境产生重要影响的学生所占比例为24.93%。由这一组数据可以看出，当前我国市场经济带来的负面影响会对思想政治教育环境产生很大的影响。

4.家庭精神环境削弱对思想政治教育环境的影响分析

家庭环境的改善能够为思想政治教育提供更好的条件支撑，从而促进学生的健康发展。但是从当前的实际情况来看，很多家庭忽视了精神环境建设，导致生活在这种环境中的学生产生了一些不良的社会习气，从而影响了高校大学生思想道德品质的养成和发展。这一方面的调查与分析结果显示：认为家庭精神环境削弱不会对思想政治教育环境产生任何影响的学生所占比例为0.67%，认为家庭精神环境削弱会对思想政治教育环境产生较小影响的学生所占比例为2.93%，认为家庭精神环境削弱对思想政治教育环境有所影响的学生所占比例为42.93%，认为家庭精神环境削弱会对思想政治教育环境产生较大影响的学生所占比例为29.20%，认为家庭精神环境削弱会对思想政治教育环境产生重要影响的学生所占比例为24.27%。由这一组数据可以看出，当前我国家庭精神环境的削弱会对思想政治教育环境产生很大的影响。

三、当代高校思想政治教育环境存在的问题

通过上述调查问卷的结果能够看出，我国在当代高校思想政治教育方面尽管取得了一定的成绩，但是在思想政治教育环境方面仍然存在一些问题，这些问题导致大学生思想政治教育环境系统的作用没有得到充分发挥。

（一）网络环境方面存在的问题

1.网络环境下大学生的价值取向趋于多元化发展

第一，在互联网快速发展的情况下，我国与其他国家的交流更频繁，并且整个世界在互联网的连接下形成了一个整体。正是由于互联网的存在，西方国家的意识形态以及道德准则等不断地通过互联网进入我国，再加上当前我国改革正进入深水区，促使我国逐渐形成了文化多元化发展、主体多样化发展的局面。因此可以说互联网时代是一个多元化的时代，人们所形成的价值观念各不相同，人们能够根据自己的价值观念做出相应的选择。但是无论人民群众的价值观如何多元化发展，都无法掩盖当前我国价值观中传统与现代之间的矛盾问题。从目前来看，以往的价值观念受到了极大冲击，但是新的价值观体系并没有完全建立起来，这就导致大学生在实际生活中分辨是非的能力被削减，同时在道德素质方面也受到一定的阻碍。正是由于大学生存在价值观迷失的问题，所以我国高校的思想政治教育需要解决这一问题，从而实现新的发展。

第二，相较于传统信息传输，当前互联网时代的信息传输更加迅速与广泛，但是大学生通过互联网信息传输方式接触的各种信息并没有经过学校、家庭以及社会的筛选与把关，而是依靠大学生自己的判断能力分辨存在于互联网中的各种信息，但是大学生的判断力无法帮助自己实现完全正确的判断。比如所有人都崇尚自由，都向往不受约束的生活，但是从实际情况来看，如果所有人都在没有任何约束的情况下生活，必然会导致整个社会处于混乱中，因此完全意义上的自由并不存在，自由是一种相对的自由。

2.网络环境下负面信息会影响大学生的判断能力

随着互联网的快速发展，存在于现实社会中的各种资讯和信息都可以通过互联网传播到全世界，在互联网中存在各种虚假信息或负面信息。对于大学生来说，他们还没有形成十分稳定的世界观、人生观、价值观，且在接收各种信息的过程中无法准确判断信息的真伪，也没有足够的能力抵御各种不良信息产生的影响。网络环境的复杂性导致一部分学生在网络环境的影响下，逐渐无法判断自身的道德行为是否正确，并且网络环境具有较强的虚拟性，这使得学校和社会都无法有效地对学生在网络环境中的思想与行为进行监管，所有学生都可以在互联网中完全按照自己的想法或观点进行表达，不用担心其他人对自己的影响。这就导致部分大学生在网络环境中会暴露自己在现实生活中一直压抑的想法，从而在网络上发表一些具有攻击性或侮辱性的言论，破坏网络秩序，触碰法律底线。还有部分学生会在网络环境中释放自己的压力，不断地向别人倾诉自己在现实生活中所积压的各种不满情绪，最终导致这些大学生无法分辨正误，最终说出错误的言论或做出错误的行为。

3.网络环境下大学生的人际交往存在冷漠的倾向

大学生在人际交往方面所产生的冷漠倾向主要表现在两个方面：第一，在网络环境中，所有人都可以充分发表自己的观点或看法，且更容易找到与自己兴趣相符的人，这样大学生能够在网络环境中更快地交到朋友，这方面十分受大学生的欢迎。但是在网络环境中所进行的人际交往建立在虚拟的空间基础上，人们在网络中接收的信息并不完全真实，大学生在网络环境中长期进行这样的虚拟交往，必然会导致生活和行为发生改变，使得大学生更加喜欢在网络环境中与他人进行交流。由于现实生活中的人际交往并不如网络上便利与简单，因此大学生在现实中就会表现出对他人或对其他事物漠不关心的态度或行为，最终导致大学生在现实生活中的人际关系越来越差。第二，网络环境具有虚拟性，大学生在网络环境中往往能够获得在现实环境中无法获得的成就感。比如，如果某大学生性格较内向，在现实生活中不敢当众发表自己的观点或与他人进行交流，但是在网络环境中却能够充分发表自己的观点或与他人进行各种精神交流。这样就会导致该大学生更加愿意在虚拟的网络环境中生存，不愿意面对现实生活中的各种挑战，更加不愿意理会现实生活中需要沟通的人或需要完成的事。从这一方面来看，网络环境尽管能够为大学生提供自我调整的空间，但是也会导致大学生陷入网络的虚拟环境中不能自拔，从而减弱大学生在现实生活中的社交能力。

4.教育领域开始出现反哺现象

在对教育问题进行讨论时，人们首先想到的是家庭教育、学校教育和社会教育，这样的看法无疑是正确的。在家庭教育中，父母是孩子的第一任老师，父母的行为举止会直接影响孩子的整个成长过程。在学校教育中，教师的言论及行为也会影响学生，因为教师会按照一定计划为学生讲解各种知识和技能。在社会教育中，所有的教育活动既会使学生的文化知识得到发展，也能使学生的精神生活更加丰富。但是人们往往会忽略一点，即教育本身是立体的，是一种互动的过程。所以在教育过程中，各种教育环境之间并不是独立存在的，而是相互联系和相互影响的。

随着互联网的快速发展，信息量迅速增加，在互联网环境中，无论是父母还是教师，由于年龄等方面的原因，往往不能快速适应这些新的事物或不能快速吸收更多信息，因此在很多时候，家长和教师还需要向学生请教互联网方面的知识，而这就会降低父母和教师在学生面前的威信。正是由于父母和教师权威的降低，导致部分学生认为自己在各个方面都可以把控自己，甚至一些学生藐视父母或教师，最终做出一些错误的事情。这也是当前很多学生不服管教的重要原因之一。除此之外，在互联网的影响下，学生与教师的关系也发生了一些变化，导致一些学生在行为方面明显存在与尊师重教这一要求相悖的行为。在当今社会，很多学生过于自负，在实际生活中表现出不尊重教师的行为，比如在教师教学过程中明目张胆地玩游戏或开小差，再比如一些学生不尊重教师的劳动成果，不断地挑战教师的底线。

（二）社会环境方面存在的问题

社会环境系统主要是由经济环境、社会政治环境和社会文化环境组成，不同的社会环境对高校的思想政治教育都能够起到一定的积极作用，但其中也存在一些问题，这些问题会影响整个社会环境作用的发挥。

1.经济环境方面存在的问题

我国实行的是社会主义市场经济，在发展过程中，为人的全面发展提供了更强大的物质支撑，由于市场经济本身存在的缺陷，带来了多种问题，因此对高校的思想政治教育产生了一定的负面影响，主要体现在以下三个方面。

（1）影响大学生形成正确价值取向

公有制为主体、多种所有制经济共同发展，是我国社会主义初级阶段的一项基本经济制度。这种基本经济制度具有多样化特征，而正是这种多样化特征促使我国的利益主体多样化、价值观多样化，使人们更加关注眼前的利益，往往会在实用主义的基础上进行选择，这就导致一些人对文化教育事业并不重视，而是将更多时间与精力投入商业中，开始大力追求经济利益。另外，尽管社会主义市场经济是一种建立在公平基础上的经济体制，追求的是双方进行公平交易，但其中仍然存在恶意破坏交易规则的问题。比如一些交易主体为了追求更大的经济利益，往往不遵循市场规则，表现出十分严重的利己倾向。这些既不利于大学生在高校的思想政治教育过程中形成公平竞争的意识，也不利于大学生形成正确的价值取向。

（2）贫富悬殊对高校贫困生的发展产生了负面影响

市场经济能够实现对社会资源的优化配置，同时也能够有效提高经济效率，但是市场经济并不能够有效地解决社会中存在的所有不公平问题。因为社会主义市场经济鼓励各种生产要素参与分配，并且有多种经济成分并存。从目前的实际情况来看，我国并不具备十分完善的能够实现公平竞争的市场经济环境，所有市场中的竞争主体能力有限，导致出现贫富差距不断拉大的问题，从而导致城乡差别、东西差别不断扩大。

另外，大学生的家庭经济收入情况会影响大学生的消费能力。通常情况下，如果大学生的家庭情况较好，那么大学生往往会拥有更强的消费能力，更容易使大学生沉迷于享乐中。而一部分家庭环境较差的贫困学生则容易在与他人的对比过程中产生较多的不良情绪，从而产生焦虑心理或自卑心理。这部分大学生通常性格较内向，不喜欢与他人交流，不喜欢谈论自己的家庭情况，在情感上容易出现孤独感，在行为上容易出现盲从。如果对这类学生没有进行正确引导，就很容易导致这部分学生自卑、自暴自弃，甚至会误入歧途走上违法犯罪的道路。

（3）大学生就业困难问题会影响思想政治教育成效

大学生就业难问题是当前我国需要迫切解决的重要问题之一。随着市场经济的快速发展，很多大学生受利己主义及实用主义的影响，从而丢弃了服务社会的最初梦想，取而代之的是以赚取更多经济利益为追求目标，最终导致拜金主义这种错误思想出现。一些大学生在就业初期没有足够的工作经验，并且在能力方面也存在一些不足，参加工作后往往薪资较低，导致很多大学生进入工作岗位后无法达到生活的自给自足，甚至还需要父母接济才能够维持基本的生活。无论是就业困难还是薪资较低，都容易导致一些大学生产生接受教育与最终获得的收益不成正比的错误思想。除此之外，很多大学生在毕业后找不到适合自己的工作岗位，使这部分学生尤其是出身于贫困家庭的学生产生较大的心理压力，长此以往还可能出现心理问题。从整体上来看，在市场经济环境下，竞争更加激烈，大学生的就业压力不断增加，导致大学生产生了巨大的心理压力。如果大学生的这种焦虑长时间得不到缓解，极易引发各种心理问题。比如一些大学生找不到适合自己的岗位，或找到的工作岗位无法满足自身的生活需求，或无法达到自己的预期目标，就很容易对自己全盘否定，认为自己接受十几年的教育没有任何用处，最终陷入恶性循环。由此可以看出，大学生就业难以及薪资较低的问题会影响高校思想政治教育的最终效果。

2.社会政治环境方面存在的问题

政治环境指的是某国或某个地区在一定时期内所形成的政治背景，是这一时期各种因素的综合反映。通常情况下，政治环境包括国际形势与国内形势。政治因素包含政治意识、政治制度、政治设施等方面。从目前来看，政治环境中存在的各种问题会给当前高校思想政治教育环境的发展与完善带来一定的影响，主要体现在以下三个方面。

（1）国际政治局势紧张产生的影响

高校是意识形态工作的前沿阵地，肩负着学习研究宣传马克思主义、培养社会主义建设者和接班人的重大任务。党的十八大以来，以习近平同志为核心的党中央高度重视、全面加强高校意识形态工作。可见，国际政治局势必然会对大学生的思想政治教育产生影响，首先，国际局势紧张可能会导致学生产生焦虑和恐惧情绪，影响其正常的学习和思考能力。这种情绪可能导致学生产生消极情绪，对学习和参与政治教育活动失去兴趣。其次，国际紧张局势可能导致学生在思想政治教育中产生偏见。随着媒体的大量报道和宣传，学生容易受一些极端观点的影响，造成对他人的偏见和歧视，甚至对国际关系和政治体制产生极端化的认知。最后，国际紧张局势可能使学生产生对整个社会和政治体制的不信任感。学生可能对政府和国际组织的行为产生怀疑，从而影响其对社会政治制度的认同。这种不信任感可能导致学生产生对民主和权力分配的误解，对参与政治和履行社会责任产生消极态度。

由此能够看出，国际形势的变化会对大学生的思想政治观念产生影响，进而导致大学生无法客观看待当前的国际形势。

（2）国内存在的违背民主法治的现象会对大学生的政治观念产生影响

大学生思想政治观念的形成必然受到政治环境的影响。从我国的政治环境来看，一些与民主法治相违背的现象在一定程度上使大学生产生了诸多的不满情绪。这些年来，我国在民主和法治建设方面取得了一定成效，但与人民满意的民主与法治还存在较远的距离。据庆祝中国共产党成立100周年活动新闻中心透露，自党的十八大以来，中央纪委已对中管干部立案审查调查453人，运用监督执纪四种形态的批评教育帮助和处理了883.4万人，查处了62.6万件违反中央八项规定精神的问题，并查处了21.7万件形式主义、官僚主义问题，处理了32.2万人。①自党的十九大以来，中央纪委已经查处了39万余件涉及民生领域、侵害群众利益的问题，并对35.9万人进行了处理；查处扶贫领域问题28万件，处分18.8万人；在扫黑除恶的过程中，中央纪委打击黑恶势力保护伞，已查处9.3万起案件，处理了8.4万人。从这些数据能够看出，当前仍然有一些官员以权谋私或贪污腐败，这些官员的违法乱纪行为严重影响了大学生的思想政治教育环境，从而对大学生的思想观念产生了负面影响，严重破坏了党在大学生心目中的形象。

（3）大学生政治参与积极性较低

近年来，虽然相较于以往，大学生的政治参与程度有一定的提高，但是很多大学生的政治参与热情并不高，主要表现在以下几个方面：第一，政治参与主体意识不强。很多大学生并没有意识到自己是政治参与的主体，在政治参与方面不具备较强的主动性和自觉性。事实上，很多大学生既不了解政治时事，也不关心任何政治时事，认为国家的整体政治生活与其关系较小，所以缺乏参与政治生活的主动性。第二，政治参与主动性较弱。大部分大学生在日常生活中并不关注政治的发展态势，但是如果大学生发现国家制定的一些政策对自身利益产生影响时，他们就会对这一政策深入了解；如果这一政策与其本身的利益没有任何关系，那么大部分大学生就会持旁观者姿态，置身事外。无论是参与主体意识不强，还是参与主动性较弱，都会对高校思想政治教育环境产生不利影响，甚至影响高校思想政治教育活动的开展。

3.社会文化环境方面存在的问题

文化具有极强的渗透性，能够在无形中对人的思想观念及行为方式产生影响，所以会对大学生的价值观念产生影响。从整体上来看，大学生生活在怎样的文化环境中就会受到怎样的文化环境的影响。

（1）多元文化使大学生产生价值观迷失

从目前我国文化环境的实际情况来看，整体呈现出多元发展趋势。在整个文化环境中，不仅包含我国的传统文化，也包含西方文化以及现代文

---

① 资料来源：新京报《党的十八大以来，中央纪委共立案审查调查中管干部453人》一文，https://www.ccdi.gov.cn/yaowen/202106/t20210628_244978.html。

化，所有的文化都有自身的价值取向，不能形成统一的价值观念。但是价值观对于任何个体来说，都是个体做出某些行为的重要指导，即个体有怎样的价值观念就会做出怎样的行为。由于价值观的多元化，我国社会难以形成整个社会都认同的价值观念，这样就容易导致持有不同价值观念的个体之间产生冲突。对大学生来说，多元化的价值观念容易导致他们的判断出现失误，甚至一些大学生还会出现不明是非的严重问题。

（2）部分大学生沉迷于低俗文化中

第一，当前有部分大学生沉迷于暴力文化中不能自拔。这样的暴力文化广泛存在于一些电视剧或电影作品中，尤其是在网络游戏中存在更多。一些大学生为了逃避现实中存在的各种烦恼，找到可以充分放松身心的空间，于是想要通过暴力刺激自身的感官来寻求快感。很多商家正是利用了大学生这一心理诉求，推出了各种包含暴力倾向的电影作品或电视剧作品。同时，在一些网络游戏中也有很多暴力倾向，很多大学生在游戏世界中体验以暴力方式解决问题所获得的快感。长此以往会使一些大学生产生暴力可以解决所有问题的错误认识，并且认为如果通过暴力的方式没有解决问题，那就是自己还不够残忍。

第二，低俗文化现象也在一些报刊、图书、电视、电影、网络等媒介上滋生蔓延。缺乏自我保护意识、没有是非分辨能力的大学生，容易在低俗文化的蔓延中中毒、受伤，影响学习与身心健康。西方国家一直没有停止过对我国青少年的西化和分化活动。现在美国好莱坞大片输入我国的数量已从20部增加到了33部。前些年上海在线影院放映的美国电影——《饥饿游戏》，说的是每个州各选两名少男或少女，以各种手段互相残杀，最后活着的一位为英雄。在美国，这种暴力电影比比皆是，我们要警惕美国暴力文化的腐蚀和浸染。①

各种低俗文化对整个社会文化环境造成了严重的负面影响，并且严重破坏了大学生的思想政治教育环境，从而给高校的思想政治教育带来了更多阻碍。

---

① 资料来源：摘自顾泉雄在复旦大学励志讲坛的演讲《肩负起中华民族伟大复兴重任》一文。

（3）封建迷信思想的影响

近年来，我国的封建迷信思想有抬头的趋势。比如现在一些房屋建筑开工动土时，或一些园林建筑选择位置时会先看风水，然后才进行设计施工；再比如一些地区还存在一些算命活动。在网络中，以追求金钱为目标的各种封建迷信活动更是数不胜数，如在新浪微博、搜狐等网站，都有关于星座的入口，而其中多是关于解梦或占卜的内容。除了上述网站以外，在微信小程序中也推出了预测星座运势的一些内容，这种小程序对大学生产生了较大的影响，比如一些大学生认为通过星座可以预测所有，包括预测自己的运势。这些封建迷信思想严重影响了高校的思想政治教育环境，给大学生思想道德素质的提升带来了诸多阻碍。

（三）学校环境存在的问题

1.部分学校校园文化建设需要进一步加强

高校是大学生思想政治教育的主要场所，高校的校园文化建设必然会对大学生的思想品德产生重要影响。校园文化建设是大学生思想政治教育环境中的重要组成部分，但是从目前的实际情况来看，部分高校对校园文化建设不够重视，整体建设情况不尽如人意，需要进一步加强。

第一，当前有部分高校的校园内部没有建设具有文化意蕴的建筑，比如具有本校特色文化的雕塑或文化标语等。同时，在一部分高校的建筑内部，整体设计较单一，没有向学生展现出足够的文化底蕴。事实上，对于高校而言，校园内部的所有设施都需要蕴含一定意义，这样才能够使学生处于一个文化气息浓厚的环境中。第二，一部分高校的校风以及学风建设存在一定的不足。首先，一部分学校的校风已经产生了扭曲，使学校成为一些社交以及公关的场所。一些学校的楼房越来越高，内部的装饰也更加豪华，学校的管理层却基本不再进行学术研究，而是开始谋求利益。其次，一部分学校的学风不正，比如一些学校的学生在校期间并不努力学习，而是抱着混日子等待毕业的态度，并且在考试时主要通过抄袭或作弊的方式通过学校的考核，这些都导致高校学风败坏，十分容易对大学生产生不良影响。最后，当前社会转型时期所带来的负面现象也对教师产生影响，少数教师理想信念模糊，育人意识淡薄，教学敷衍，学习浮躁，甚至学术不端、言行失范、道德败坏，严重损害了高校教师的社会形象和职业名誉。教师是人类灵魂的引导者，教师必须有崇高的师德修养，要通过自己的人格力量去影响学生。但是从当前实际情况来看，部分学校存在一些师德败坏的教师，对大学生产生不良影响。第三，很多学校的大学生对思想政治教育活动参与的积极性较低。目前，很多学校的思想政治教育活动是以思想政治理论课形式进行的，学校不重视课外的思想政治教育活动，致使大学生在枯燥无味的思想政治理论课的影响下，参与思想政治教育活动的积极性不断降低。

2.部分高校网络思想政治教育效果不明显

从前文的调查数据可以看出，在调查的高校中，只有接近50%的学生表示自己所在高校校园网有关于思想政治教育的板块；有12%的学生表示自己所在高校校园网没有设置关于思想政治教育的板块；有接近40%的学生表示并不清楚自己所在高校校园网是否设置有关于思想政治教育的板块。如此能够看出，一部分高校的思想政治教育活动并没有占领校园的主阵地，也没有充分结合时代特征在校园网络中占据相应位置，没有充分意识到网络思想政治教育对高校思想政治教育的重要性。

3.部分学校周边环境较为混乱

学校环境中不仅包含校园的物质文化环境，同时也包含校园的周边环境。从前述内容可知，校园的周边环境会对高校思想政治教育环境产生重要影响，并且也会影响高校思想政治教育最终取得的成效。从实际情况来看，当前很多学校并不重视周边环境建设，认为学校周围的环境不会影响到学生，之所以会出现这种情况主要原因在于：第一，随着我国大学的不断扩招，很多高校开始扩大学校规模，在市区周边或一些乡镇中建设新的校区。但是这些地区的治安管理较弱，以致学校周围秩序较混乱，并且很多娱乐场所也选择在这些地区，如各种网吧、酒吧等。这些娱乐场所会诱导大学生进入其中消费，并且在这些娱乐场所中有各种社会人士出入，人员较复杂，从而影响大学生的价值观念。第二，部分学校周边开设有不正规的旅店，一旦地方部门或者学校监管不到位，就容易让一些不法分子有可乘之机。可见，学校周边环境的好坏容易对大学生生活产生影响，尤其是影响大学生的人身财产安全，这样不仅会导致大学生的归属感降低，而且会导致高校思想政治教育的效果被削弱。

（四）家庭环境方面存在的问题

1.家庭经济状况会影响对大学生的教育投资

在我国经济快速发展的背景下，尽管我国大部分家庭的收入有所提高，但是不同家庭之间存在的收入差距也在不断拉大，尤其是我国东部和西部之间以及城市和乡村之间的收入存在较大差距。在此次调查过程中，调查了大学生家庭收入情况是否能够满足对大学生教育投资这一问题，调查结果显示，大部分家庭能够保障对大学生的教育投资，但仍然存在少部分家庭的经济状况无法满足对大学生的教育投资。同时，我国现代化的发展促使交通更加便利，原本由于交通限制只能够在本地区进行学习的大学生，不再受交通以及地域方面的限制，可以前往经济更为发达的地区继续学习。这些学生进入经济更加发达的地区学习，家庭就需要支出更多的费用，从而加重了这些大学生家庭的经济负担。另外，家庭较贫困的大学生，在面对其他同学的富裕生活以及在感受多姿多彩世界的过程中，往往会产生自卑心理，严重时甚至会产生各种心理问题。

2.家庭环境中存在重智轻德的现象

一般认为，家庭教育应对孩子产生积极影响，将孩子培养成为对社会有贡献的人才，而不是将孩子变成学习的机器。但是从当前实际情况来看，一部分家庭的教育更重视的是如何提升孩子的学习成绩，并不太关心孩子道德素质的发展。在当前我国应试教育的大背景下，一些家长将学习成绩作为衡量孩子好坏的重要标准之一，至于孩子的道德素质高低，家长并不太关心，甚至一些家长认为只要孩子有好的考试成绩，即使在日常学习生活中犯下一些错误，也可以直接忽略。这样的认知导致一些家庭的孩子从小养成了很多不良习惯，但这些家庭的家长并没有认识到孩子存在的这种问题。还有一些家长为了让孩子全身心地投入知识学习，往往不会让孩子做任何家务。还有一些家长为了让孩子在未来能够有更强的竞争能力，往往会给孩子报各种辅导班，这样不仅加重了孩子的学习压力，还可能对孩子的身心健康产生不良影响。从整体上来看，尽管家长的出发点是好的，但是在这个过程中没有重视孩子道德素质的养成，很容易导致孩子身心健康出现问题。

3.一些家长的教育方式较为极端

随着我国经济发展水平越来越高，家庭教育受到的重视程度也在不断提高。目前来看，我国大部分家庭使用的教育方式是一种较理性的教育方式，但是仍然存在一部分家庭在教育过程中使用一些极端化的教育方式。这种极端化教育方式可以分为两种类型，一种是过于宠溺的教育方式，另一种是十分简单粗暴的暴力教育方式。

其中，宠溺式的教育方式主要指的是家庭中的所有家庭成员，比如父母与爷爷奶奶等不会拒绝孩子提出的任何要求，并且会尽自己最大努力满足孩子提出的要求，即使孩子提出一些不合理的要求也会尽量满足，而没有拒绝与教导。在这种教育环境中长大的大学生往往十分依赖自己的家庭，即使大学毕业以后已经步入成年，仍然不能独立生活，很多日常生活中常见的事情不能独立完成，几乎所有事情都要依靠自己的父母。同时，这些学生在与他人交往的过程中往往会以自我为中心，只关注自己的需求，不考虑其他人的感受，从而导致这些学生无法融入大的团体中，也无法与其他学生建立良好的人际关系，交到更多朋友更是奢谈。暴力式的教育方式主要表现在，家长在没有任何理由或原因的情况下通过暴力方式解决孩子出现的问题，比如在没有任何原因的情况下打骂孩子，这种方式往往会导致孩子和父母之间没有情感上的交流。大量实际案例已经表明，暴力式教育方式并不能解决任何问题，反而还会导致孩子在这样的环境中逐渐走向极端。这些孩子在父母暴力式教育方式下会模仿父母，在遇到一些问题或挫折时往往会急躁发脾气，然后通过暴力的方式解决。比如当和其他同学有矛盾时，这些学生往往不会通过与同学进行言语交谈的方式缓解矛盾或解决问题，而是直接产生冲突或以打架的手段进行解决，这样不仅不能解决问题，还会加深自己与他人的矛盾，从而导致自己被他人孤立。长期遭受暴力式教育的孩子还可能不断压抑自己的情绪，在日常生活中默默忍受其他人带给自己的痛苦，不愿与其他人进行交流。在这种环境下长大的学生，通常情况下是通过自己的方式去解决遇到的问题，不会与他人进行交流或探讨，即使自己在解决问题的过程中给社会或家人带来了极严重的不良后果，也在所不惜。

无论是宠溺式教育方式还是暴力式教育方式，都会给高校的思想政治教育环境带来诸多不利影响，如果学生长期处于这种环境中就会导致性格缺陷的情况发生，从而影响其正常生活，降低高校的思想政治教育效果。

四、高校思想政治教育环境存在问题的原因

（一）存在较严重的西方意识形态网络建设

互联网的快速发展将世界所有地区联系在一起，在互联网中没有国家的区分，任何国家和地区都可以从互联网中传递信息和接收信息。在网络环境中充斥着来自不同国家和不同地区的信息，不同的思想观念在网络环境中不断地传递与扩散，大学生在互联网中每时每刻都会接收到不同的思想观念。从网络信息的内容方面来看，这些信息涉及面极广，并且各个国家和地区在文化背景、宗教信仰以及政治制度等方面存在一定差异，使学生接收到的信息也存在较大差异。从网络技术的发展来看，相较于西方发达国家，我国的网络技术还较为落后，很难阻止一些不良信息在西方国家先进技术的加持下进入我国，从而影响我国意识形态方面的建设。比如，一些西方国家通过电影、电视剧等方式将这些国家所谓的意识形态输入我国，从而导致我国大学生在观看这些电影作品或电视剧作品的过程中受这些意识形态的影响，给高校的思想政治教育工作带来巨大的挑战。

从学校方面来看，一些学校的网络建设不够完善，没有对大学生的网络思想道德进行引导，也没有充分发挥校园网络的作用。尽管大学生已经成年，但是大学生没有形成成熟稳定的价值观念，在各种负面信息与社

会主义核心价值观产生冲突的过程中，一些大学生难以分辨哪些信息为正确信息，哪些信息为错误信息，因此很难对自己的行为进行规范。除此之外，随着智能手机的普及，手机已经成为大学生的必备物品，大学生能够通过智能手机随时随地接收信息，而在这一过程中，大学生不可避免地会接收到一些负面信息或不良内容，这些信息都可能对大学生的价值观念造成严重影响。这对高校的思想政治教育工作来说，也是需要解决的问题之一。

从社会方面来看，我国已出台了一系列的政策来保护网络世界的信息安全、用户隐私等，但目前我国的网络安全体系仍然不成熟，在监管职责方面不够清晰，相关法律法规不够健全，没有足够的执行力。我国的网络监管需要涉及更加广泛的内容，涉及的相关部门不仅包括公安部门、通信管理部门，还涉及互联网新闻宣传等部门。尽管当前我国正在大力进行网络监管，但是由于各方面因素的影响，在网络监管方面多有不足，因此无法对所有的负面网络信息进行过滤。

（二）工业化转型给大学生带来了冲击

随着经济全球化的发展，国家之间的交流更加频繁，文化之间的碰撞也更加广泛与密切。在文化的碰撞过程中，西方文化中的一些较为落后腐朽的价值观念或思想内容进入我国，使我国大学生错误地认为这种错误观念是社会主义允许存在的东西，从而导致大学生对西方文化意识形态的认同感得到提升。这样也导致部分大学生形成了多元化的价值观念，无法对是非对错进行准确判断，从而影响大学生的思想观念以及行为。我国自改革开放以来大力推动工业化发展，在这一过程中，西方的各种文化思潮以及价值观念开始进入我国，对大学生产生了影响，不仅使大学生形成了多元价值观念，还导致部分大学生出现信仰危机。

1.市场经济的负面作用较为突出

市场经济在为我国经济发展带来良好影响的同时，也带来了各种弊端。一方面，市场经济实现了对社会资源的优化配置，促进了生产技术的发展与革新，还提升了社会生产力，也促使人们形成了更为强烈的公平意识和效率意识。另一方面，市场经济导致人和人之间不断进行竞争，催生了各种逐利手段，从而导致市场经济的负面作用更加凸显，主要体现在以下三个方面。

第一，市场经济本身存在其固有缺陷。市场经济的固有缺陷主要表现在收入分配不公和经济周期性波动，并且市场经济强调的是个人利益，追求的是利益最大化。正是市场经济的这些缺陷与特点，导致在市场经济主导下往往会产生一些不良的竞争，如一些生产经营者为了使自己的利益最大化，甚至会牺牲消费者的利益达到这一目标。这样的功利主义或利己主义倾向容易导致大学生在学习与生活中重视物质利益而忽视精神追求，甚至一些意志不坚定的大学生产生个人主义、享乐主义等不良价值观，这些都会给高校的思想政治教育带来不良影响。

第二，我国当前的经济政策允许不同的所有制经济共同发展，并且允许多种生产要素参与分配。但是不同的个体能力不同，竞争能力存在差异，对社会的贡献也存在一定的差别，这就导致不同人的收入不同，从而形成了不同的阶层。通常情况下，每个人进入社会之后，都会根据自己所处的现实情况进行合理选择，这种环境对大学生的能力提出了更高要求。

第三，市场经济发展不平衡，导致各个区域存在结构性矛盾，而这种结构性矛盾影响了大学生的就业。一方面，大学生毕业后，想要进入的单位或想要去的地区不招聘应届毕业生，或大学生本身的素质达不到用人单位的要求；另一方面，经济欠发达的中西部地区由于工作环境较差并且薪资待遇较差等问题难以招到大学生。这两方面的原因导致当前大学生的就业与不同地区的人才引入存在矛盾。除此之外，产业结构的失衡也导致大学生的就业压力不断增加。从目前的实际情况来看，我国的工业生产仍然是以低层次的制造业为主，这种低层次的制造业所需要的劳动者大多是低层次的劳动者，对人才的需求较少，从而导致高素质劳动力就业较为困难。大学生作为高素质劳动力的重要组成部分，也是其中的受害者。

2.民主法治建设不健全

一方面，当前我国民众的民主意识还较为淡薄。我国经历了几千年的封建统治，部分封建专制思想即使在今天仍然残留在民众的意识中。近些年来，尽管我国法律法规明确规定人人平等，但是仍然需要面对等级思想以及特权思想的冲击。尽管在法律法规中充分强调民本思想，但是从现实生活来看，仍然存在官本位思想。

另一方面，我国的法律制度尚不完善，并且在监督方面也不到位，对我国的民主法治建设产生了制约。当前仍然会不时发生企业偷税漏税、部分官员腐败的现象，这些人之所以敢于违法犯罪，挑战法律的权威，主要是我国的法律法规中仍然存在一定的灰色地带，我国的法律法规体系尚不健全。这使得公民的法律意识受到不良影响。大学生作为公民的重要组成部分，其法律意识也会受到不良影响。大学生的思想尚未完全成熟，更容易受各种不良现象的影响，从而导致大学生易出现错误思想和行为，进而影响高校思想政治教育的效果，大学生的法律意识缺失现象严重，主要表现为三个方面，即法律认知偏差、法律情感淡薄和法律信仰缺失。

3.传统文化和现代文化之间存在冲突

随着我国工业化转型，我国与其他国家在经济、文化等方面交流更加频繁，促使我国在工业化转型过程中形成了新的文化，即现代文化。但是在我国两千多年的封建社会发展过程中，我国民众的封建思想根深蒂固，往往缺乏主动变革创新的精神。而现代文化是在市场经济的基础上发展而来的文化，这种文化更加鼓励创新与发展，追求个性化发展。在这种完全不同的经济基础上发展而来的文化必然会与旧有的文化产生冲突。从目前来看，我国传统文化受到现代文化的猛烈冲击，尽管传统文化难以抵挡现代文化，但在传统文化中存在的一些不良因素与现代文化构成了各种冲突，如封建迷信思想带来的负面影响等。正是由于这些不良因素导致部分大学生在学习生活过程中形成了错误观念，如轻视科技、看重宗法观念及封建迷信等。

（三）部分学校校园文化建设存在不足

学校环境是高校进行思想政治教育的重要载体，也是大学生思想道德品质形成的重要外部环境之一。同时，学校环境与其他环境，比如网络环境、社会环境等相比，学校环境对高校思想政治教育来说更加具有可操控性，更加容易发挥重要作用。但是，从目前的实际情况来看，部分学校没有对学校环境进行良好建设，导致该校的思想政治教育效果在一定程度上被削弱甚至被完全抵消。一些学校并没有将校园文化环境建设纳入学校的整体发展规划，也没有充分认识到校园文化环境建设对思想政治教育的重要性。

1.部分高校不重视校园文化环境建设

（1）部分高校没有进行校园文化建设规划

在高校校园中，文化建设不仅是宣传社会主义精神文化和社会主义核心价值观的重要场所，同时也是向大学生传输高校特色办学理念的重要载体，还是高校进行思想政治教育的重要组成部分。但是从目前的实际情况来看，一些高校并没有在文化建设方面进行科学的规划，也没有进行全方位考虑，主要表现在以下三个方面：第一，一些高校没有充分凸显办学特色；第二，一些高校没有在办学过程中引导教师与学生形成师生共同认可的校园文化；第三，一些高校的学术氛围不够浓厚。这些问题都导致高校的校园文化环境难以与高校的思想政治教育进行融合，从而出现高校校园文化环境难以承担思想政治教育任务的问题。除此之外，一些高校在校园文化建设中还存在较强的功利性，比如部分高校在课程设置、设施配备或师资力量组建等方面往往投入较多，或投入有着较强实用性的技术类专业，而对人文专业不够重视，忽视了对大学生的人文精神教育。大学生在这样的环境中往往更加重视自身的技能是否得到提升，但是并不重视自身的思想道德品行是否得到有效提升。

另外，在部分高校的宿舍管理中，宿舍文化的发展和外在文化发展存在不平衡的问题。高校一般会十分重视对学生宿舍居住环境的绿化以及装修，但是并不重视引导学生在宿舍区域形成良好的宿舍文化。宿舍是大学生学习生活的重要场所，反映着大学生各个方面的实际情况，如果宿舍形成了良好的宿舍文化，就能对大学生的思想观念以及行为方式产生重要影响。在一些高校中，学校往往会定期检查学生的卫生情况，但是在检查卫生情况前会通知学生，学生接到通知后为了应付学校的检查而整理整个宿舍，但检查结束后，又会回到平时的邋遢状态。除此之外，在一些学校的宿舍内部还形成了一些灰色文化、网络游戏文化等不良的宿舍文化，对学校的思想政治教育造成了不良影响。

（2）部分高校的思想政治教育活动流于形式

从实际情况来看，在一些高校中，大学生参与思想政治教育活动的积极性与主动性在不断降低。通常情况下，高校会组织一些知识竞赛或学术讲座的活动，课外的思想政治教育活动也是通过这些形式进行的。但是大学生对这些活动并不感兴趣，鲜少有学生会主动报名参加这些课外的思想政治教育活动。其主要原因是：第一，很多大学生对这些课外思想政治活动并不感兴趣，学生并不期望在一些学术讲座活动中获得一些有用的知识，并且一些学生表示参加这一类型的活动会让自己产生更多的压抑情绪，在这些活动中并不快乐，因此学生不愿意参与这些活动。事实上，大学生更加喜欢有着丰富内容和丰富形式的活动，但是思想政治教育活动内容与形式往往较单一，降低了大学生参与的积极性。第二，不同年级的大学生对空闲时间往往会有不同的安排，并且大部分大学生希望能够按照自己的计划对自己的空闲时间进行合理安排。比如，大一学生刚刚从高中毕业，进入大学后需要适应大学的整体生活节奏；大二学生希望自己能够更多地参与各种社会实践，通过一些兼职工作使自己得到锻炼；大三学生需要不断地完善自己毕业后的规划，或准备考研，或出国留学；大四学生为了避免毕业即失业的情况出现，会把自己的所有时间放在校外实习或找工作上。所以很少有大学生会主动参与思想政治教育活动，这样就导致一些高校会强制大学生参与相关活动。由于是被迫参加，因此很多大学生就无所谓最后成绩的好与坏，并不会进行活动前的准备，而是以应付差事的心态参加活动，最终导致这些思想政治教育活动往往流于形式。

2.高校网络资源整合和宣传力度不足

中共中央曾经指出，在网络环境下，高校的思想政治教育必须建立完善的网络思想政治教育板块，在网络环境中强化思想政治教育的功能。在这一号召下，我国各大高校开始积极建设校园网络思想政治教育板块。

但是从实际情况来看，很多高校的网络思想政治教育板块中还存在一些问题需要解决，比如对网络资源的利用效率不高、思想政治教育功能被弱化等。具体来看主要表现在以下三个方面：第一，目前高校的思想政治教育网站数量不多，并且在这些网站中内容较少，更新速度不够，宣传力度不足，对学生的影响力较小。第二，部分高校的网络思想政治教育没有对各种信息进行整合，宣传模式较单一。比如一些高校建立的校园网络中存在的信息大部分是原始信息，从其他渠道收集而来的一些信息存在一定的虚假问题。当这些虚假信息被学生看到且得以扩散时，就会给高校的思想政治教育环境带来不良影响。第三，当前部分高校在网络思想政治教育内容方面有着较强的理论性，但是缺乏实际案例。高校的思想政治教育内容以理论内容为主，对学生的吸引力不足，影响了最终的教育效果。

3.部分高校不重视对周围环境的管理

在前文中反复提到高校周围的环境会对大学生思想道德品质的形成及发展产生重要影响。当前，随着我国社会的不断发展，在部分高校周围逐渐出现了人员复杂、安全性较低等问题。但是这些高校对周边环境并没有加大整治力度，导致高校在周围环境快速变化的情况下无法有效地应对周边环境的复杂化与多样化。

第一，部分高校专业的护校人员数量不足，并且出现学生兼职护校人员的情况。随着我国高校的扩招，我国高校的规模在不断扩大，很多高校建设了新的校区。由于新校区面积扩大了，因此需要更多的护校人员来保障学校的安全，但从实际情况来看，很多高校的护校人员并没有因学校规模的扩大而增长，甚至一些学校让校内的学生充当护校人员，使学校的安保队伍得到扩充，这种做法无疑增加了学校的安全隐患。事实上，高校的环境整体上较为开放，相较于中学更加松散，因此高校的安保队伍是保障学生安全的重要力量，能够降低学生与社会人员发生冲突的概率，也可以降低社会人员破坏学校基础设施的概率。但从实际情况来看，由于部分高校安保力量不足，这些高校无法给予学生更多的安全感。

第二，政府相关部门对高校周边环境建设问题不够重视。大学生群体是一个具有较高消费潜力的消费群体，很多商家为了获得更多利益，会在大学周边设立各种门店或娱乐场所，这些场所会对大学生形成一定的诱惑。由于政府相关部门对高校周边环境没有作出相应规定，导致在高校周边出现了一些KTV、酒吧等娱乐场所。这些场所导致高校周围的环境更加混乱，也使部分大学生形成了享乐思想，严重影响了大学生正常的学习与生活。同时，这样的周边环境必然会影响大学生思想道德品质的形成与发展，从而导致高校思想政治教育的实效性降低。

（四）部分大学生家庭文化环境建设较为薄弱

1.部分家长综合素质有待提升

家长的综合素质会对孩子产生影响，并且这种影响会伴随孩子一生。从目前来看，部分家庭的家长文化水平较低，在家庭教育方面显得力不从心。第一，在大学生就业问题方面，部分家长由于文化水平不高，难以为孩子提供学习指导，在孩子遇到一些问题时无法给予相应的帮助或给出建议。这就会导致家长和孩子进行交流的频率降低，也使家长和孩子深入交流的机会减少。第二，一些家庭的家长在道德素养方面存在不足。家长的道德素养及言行举止会对孩子产生深远影响。家长是孩子的第一任老师，所以孩子在成长过程中会模仿家长的语言表达方式以及行为方式。如果家长在日常生活中不注意自己的言谈举止，遇事暴躁或不分青红皂白便大打出手，那么这些行为就会对孩子产生负面影响，甚至会导致孩子认为这种行为是正确的。另外，有一些家长认为自己应为孩子做主，便凭借自己的主观想法为孩子作出决定，并且这些家长不善于协调自己和孩子之间的关系，也不能积极引导孩子的思想。

2.部分家庭没有科学合理的教育方式

与学校教育和社会教育一样，家庭教育也是一门艺术。通常情况下，高明的家长往往能够在与孩子沟通的过程中找出问题存在的原因，并且能够在潜移默化中对孩子进行开导，为孩子指明方向。家长不仅能够拉近与孩子的距离，还能够为孩子树立榜样，从而更好地引导孩子。但从当下的实际情况来看，一些家庭的家长无法做到这一点，因为这些家长在教育孩子的过程中没有使用科学的教育理念，也没有使用合理的教育方式。比如，一部分家长在与孩子交流沟通的过程中，并没有将自己与孩子摆在平等关系上，没有与孩子形成朋友关系。一些家长对孩子过于宠溺，将孩子"捧在手心里"，不让孩子做家务，并且无论对错总是会满足孩子提出的各种要求，甚至有一些对孩子宠溺的家长，为使孩子积极参与各种辅导班，对孩子许下各种物质奖励进行诱导。在这样的环境下，孩子必将会失去学习的主动性，只有有物质奖励才会进行学习，最终形成不正确的价值观念，还会形成重度依赖或懒惰的思想。还有一些家长并不认为孩子是独立的个体，总是认为孩子应完全服从自己，所以会以居高临下的姿态指出孩子在成长过程中出现的各种错误，并且不会帮助孩子寻找错误的原因，只会通过暴力方式对孩子展开批评教育。这不仅会导致孩子不愿意与父母进行沟通交流，还会导致孩子形成自卑心理。从总体上来看，由于部分家长没有科学的教育理念和教育方式，因此无法为孩子提供良好的文化环境。

3.部分家庭没有形成民主和谐的氛围

家庭氛围在孩子性格养成方面发挥着重要作用。在我国，由于受到封建礼教思想的影响，在很多家庭中采用的是家长制，即大部分事情是由家长决定的，其他的家庭成员没有参与权。在这样的家庭里，孩子往往会产生较强的压抑感，孩子作为独立个体在家庭中没有任何存在感，只能按照家长给出的决定去执行。这种家庭的孩子进入大学后，就会暴露出一些弊端，比如这些学生进入大学后，由于没有家长替他作决定，或没有人告诉他应该做什么，因此导致这些大学生很容易就陷入迷茫中。同时，在这种家庭中成长的大学生往往依赖性较强，进入大学后往往显得无所适从，不知道自己应做什么或不知道自己会做什么。但是在民主和谐气氛的家庭中成长起来的大学生，进入大学后往往能够快速独立，自己解决自己的事情。在这样的家庭里，家长并不会通过各种命令要求孩子，而孩子在遇到问题时能够充分发挥自己的智慧独立解决问题。这样的家庭氛围能够使孩子感受到轻松与愉悦，也不会惧怕家长，从而使这些学生进入大学后能够更快地适应新的环境。

第二节　高校思想政治教育环境的优化对策

在思想政治教育过程中，环境会对最终的效果产生直接影响。从目前来看，随着全球化发展及国内教育改革的深入，高校的思想政治教育环境更为复杂，一些原来有效的教育方式不再适应当前的环境，因此高校必须探索出与新时代相适应的思想政治教育方式，促使高校思想政治教育环境产生更好的效果。

一、高校思想政治教育环境优化的原则

在高校思想政治教育环境优化的过程中，必须遵循整体性与协调性相结合原则、主导性与主体性相结合原则、适应性与创造性相结合原则，同时也要注意原则的灵活性，还要根据实际环境来选择合适的方式方法。

（一）整体性与协调性相结合原则

整体性与协调性相结合的原则，规定了高校思想政治教育环境优化的方法以及路径方面的选择。这一原则对所有方面以及所有时期都有相应的优化要求，是高校思想政治教育环境从微观到宏观的相互协调与整合。

第一，需要坚持整体性原则。整体性原则具体指的是在环境优化的过程中，必须充分以整体为基础进行考量，主要包括空间立体性、时间连续性、布局合理性以及结构完整性。在实际进行过程中，要对制度环境的约束性进行合理运用，对舆论环境的导向性进行理性安排，同时也要对环境建设的层次性进行严格把控。对于高校思想政治教育环境优化人员来说，需要充分考虑思想政治教育周围的环境（主要为自然环境和社会环境），从中挖掘更多的积极因素，消除不良因素，以此实现思想政治教育环境的优化。第二，需要坚持协调性原则。协调性原则具体表现为在优化思想政

治教育环境的过程中，必须对各个要素之间的关系进行协调。具体来看，协调性原则不仅要求保障思想政治教育环境在横向上的协调统一，也要求思想政治教育环境在纵向上实现协调统一。从横向协调统一来看，要想实现思想政治教育环境的优化，必须在同一时间段对网络环境、社会环境以及学校环境等方面的作用方向进行统一，这样能够形成良好的教育影响力和作用合力。从纵向协调一致来看，在思想政治教育环境优化的过程中，必须重视不同阶段之间的关系，以及不同阶段之间的承前启后，主要原因是思想政治教育环境优化的过程中必然会出现多种环节，而这些环节都具有不可替代性，所以必须注意不同环节之间的衔接，以此避免不同环节出现脱离或重复的情况。

从整体上来看，在对思想政治教育环境进行优化的过程中，不仅要对各个子环境进行优化、协调，还需要以整体为出发点，以发展的眼光看待思想政治教育环境的优化问题，始终保持优化目标与环境的协调统一。

（二）主导性与主体性相结合原则

主导性与主体性相结合原则，规定了思想政治教育环境优化的支撑力量，是对思想政治教育环境优化的必然要求。其中主导性原则指的是思想政治教育环境优化的具体组织者和实施者要具有主导性。具体来看，在宏观社会经济环境、政治环境以及文化环境方面，国家以及政府是具体的组织者和实施者；在微观环境方面，教师和家长是微观环境的实际组织者以及实施者。他们必须做到以身作则，给大学生树立良好的榜样；必须时刻具有思想政治教育环境优化的意识，只有这样才能够在实际工作过程中做好自己的本职工作，为大学生营造良好的思想政治教育环境。另外，思想政治教育工作者是思想政治教育的主要导师，必须重视自身的言谈举止以及道德修养，需要将自身的权威性逐渐转化为内在权威，只有这样才能够充分获得学生的认可与敬重。

主体性原则指的是将受教育对象作为主体且充分尊重受教育者的主体地位。任何一位大学生都是独立的个体，都有其独立的个性以及潜能，只有将大学生的主体发展与素质教育进行充分结合才能使大学生的主体性被充分挖掘出来。思想政治教育环境优化的最终目标是使大学生处于更好的外部环境中，从而促使大学生将思想政治教育的相关知识内化为自身的情感与信念，并且体现在大学生的外在行为以及思想道德素质方面。因此，在高校思想政治教育环境优化的过程中，必须充分以学生为中心，结合大学生的特点以及实际需求，在了解大学生实际思想状况的基础上制订出合理的思想政治教育计划。

对主导性与主体性相结合原则的坚持，必须充分发挥思想政治教育环境优化过程中组织者与实施者的导向作用，还要充分尊重大学生的主体地位，这样才能够有效地提升思想政治教育效果，实现思想政治教育环境和效果的统一。

（三）适应性与创造性相结合原则

适应性原则主要指的是在高校的思想政治教育中，无论是内容、形式、方法还是手段等方面都需要充分适应时代发展的要求，同时也要充分适应思想政治教育的总体方向，还要充分满足大学生在新时代产生的新期待。从目前来看，我国正处于改革发展的关键时期，形成了利益格局的多元化以及价值取向的多样化局势。对于高校思想政治教育环境优化的组织者以及实施者来说，必须在优化的过程中做到与时俱进，充分适应新的环境以及新的形势，以长远的眼光当好大学生思想的引领者与指导者，要充分传播更多的正能量，促使学生思想政治教育工作的科学化水平不断地得到提高。具体来看，高校的组织者与实施者必须将思想政治教育环境优化工作放到时代发展的大背景下，比如在遵循大学生价值取向的基础上，通过主流价值观念引导大学生，使大学生更加深入地理解社会主义核心价值观。

创造性原则主要指的是在面对新的环境时，需要适当发挥自身的主观能动性，从而创造出更加适合发展的新环境。对于高校思想政治教育环境的组织者和实施者来说，需要在对环境优化的过程中充分发挥自身的主观能动性，这样一方面能够对一些还没有对思想政治教育产生影响的思想进行丰富与改造，使这些思想能够对大学生产生积极影响；另一方面可以对那些原本不利于思想政治教育的环境进行改造，消除环境中存在的各种消极因素，或将这些消极因素转变为积极因素。

二、当代高校思想政治教育环境优化措施

（一）创设更加文明的网络环境

网络环境是所有网民共同形成的环境。所有网民都希望拥有一个良好的网络环境，但是从实际情况来看，在网络环境中难免会出现一些负面的声音，因此必须创设更加文明的网络环境。

1.加强网络立法，规范网络行为

通过实际调查发现，很多人认为网络环境是一个自由的环境，在这一环境中，可以充分释放自己的压力，可以在不考虑其他人感受的情况下发表各种看法或言论，可以不顾及自己的看法或言论是否侵害了他人的合法权益。这样的错误认识，导致在网络环境中产生了各种问题，比如个人信息的泄露、网络诈骗、网络赌博等。之所以会出现这些问题，主要原因是当前我国建立的网络法律法规制度仍不够完善。对此，我国立法机构以及相关部门必须加强关于网络的法律与制度建设，也要提出更高标准的安全要求，严格遵守安全管理原则，使网民在网络环境中遵守法律规则，约束自己的行为。只有这样才能够保障形成良好的网络环境，从而保障网民的合法权益。

2.加强网络监管

如果没有网络安全，国家安全也会受到威胁。从目前来看，之所以网络会成为各种不怀好意之人散布谣言的场所，主要原因在于当前我国的网络技术还存在一定缺陷，并且在网络监管方面尚不完善，因此必须进一步发展网络技术，加强网络监管。

我国相关部门需要进一步发展网络监控技术，早日通过技术手段杜绝网络中存在的各种不良信息。第一，我国相关部门要加强对网络监控技术的研究，在这些技术的基础上选择更为可靠的网络平台对网络中的不良信息进行筛选，从而缩小不良信息的传播范围。第二，避免或减少不良信息对大学生所产生的负面影响。相关部门要努力研发网络监控技术，同时政

府部门也要加强对网络的监督和管理，控制不良信息的传播源头。比如在网络环境中，一些犯罪分子会鼓动大学生进行网络赌博或网络贷款，这些行为都会对大学生产生严重的负面影响。第三，必须建立能够对网络犯罪进行打击的机制，严厉打击违法犯罪分子，从而将各种违法犯罪活动的危害降到最低。

高校需要加强对校园网络的监督和管理，同时在日常教育过程中引导大学生正确使用网络。从目前来看，一些不法分子将一些病毒通过网络进行传播扩散，很多大学生在不知情的情况下容易打开带有病毒的链接，导致电脑中毒，进而导致电脑中存储的各种资料被损坏、被窃取或直接被清除。高校必须对校园网络进行监管。比如，高校可以使用一些技术手段对网络环境中存在的不良信息进行过滤，高校校园网络的监管人员需要定期对校园网络进行检查，及时发现其中存在的问题并且解决这些问题。高校可以对大学生进行积极引导，让大学生正确使用网络，强化大学生对网络环境中各种负面信息的认识，从而培养大学生抵抗负面信息影响的能力，帮助大学生在使用网络的过程中自觉抵制各种不良信息的负面影响。

3.弘扬积极健康的网络文化

对于高校的思想政治教育活动来说，必须适应时代的发展，在教育内容方面增加与时代相符合的教育内容，还要对教育方式进行创新。当前移动网络的快速发展为高校思想政治教育工作的发展提供了更多可能性，网站的管理者需要时刻保持清醒，始终把握正确的价值导向，从而在网络环境中不断地倡导主流文化。

第一，各大网站需要把握正确的价值导向，在网络环境中加大宣传主旋律的力度。网络中存在一些公开课等相关教育资源，这些教育资源能够为受教育者学习带来更大的便利。由此可以看出，如果能够良好地运用网络教育功能，在网络文化环境中弘扬积极向上的文化，就能为高校思想政治教育环境的优化提供更多保障。从宣传内容方面来看，这些网络资源可以涉及社会主义先进文化、科学理论文化以及人文素养等各个方面，通过这些内容营造积极健康的舆论环境。从宣传形式方面来看，可以采用广大网民十分喜欢的形式进行宣传，比如可以通过小品的形式进行宣传，可以通过短视频的形式进行宣传等。宣传时还要充分以主流意识形态为宣传内容，这样才能使高校思想政治教育的亲和力及说服力得到有效增强，从而在无形中促使思想政治教育实现大众化发展。

第二，思想政治教育工作者要充分利用网络引导大学生在实践过程中践行社会主义核心价值观。在高校思想政治教育环境优化的过程中，相关工作者应将线上和线下的思想政治教育充分结合，借助网络平台使大学生通过不同的形式表达自己对社会主义核心价值观的认识，同时也可以通过组织网络活动加强大学生对主流文化的认识，从而引导大学生在实际生活中践行社会主义核心价值观，增强大学生的思想道德品质。除此之外，还可以通过建设内容更加丰富的教育网站，将关于思想政治教育的各种成果集合在一起，然后充分利用网络信息快速传播的优势，为大学生提供更加精准的思想政治教育资源，使大学生能够在短时间内更快更好地掌握思想政治教育的重点，从而帮助大学生形成正确的价值观念。

4.加强网络道德教育

网络道德是一种在互联网快速发展背景下的新产物，是在网络环境中，人们通过网络形成的人和人之间及人和社会之间的行为规范或准则。由于网络环境具有开放性及隐蔽性，大学生在网络环境中容易出现道德失范的问题，甚至一些大学生在没有约束的情况下会走上违法犯罪的道路。在此基础上，必须对大学生加强网络道德教育，使大学生能够在网络环境中通过相应的道德来约束自己。第一，社会需要对大学生进行引导，使大学生树立正确的网络责任意识和道德意识。具体来看，政府应对网络道德进行大力宣传，通过各种网络道德活动引导大学生文明上网。同时，还需要促使大学生的网络责任意识得到提升，对网络环境的维护仅依靠政府的网络监管难以实现，而是需要各个方面的共同努力。大学生可以通过对自己行为的规范，为维护良好的网络环境贡献力量。第二，高校的思想政治教育工作者需要将网络道德教育引入当前的教育体系中，通过学校教育促使大学生的网络道德素养得到提升。高校可以在计算机网络课程中加入网络伦理知识，使大学生在学习课程的过程中了解网络伦理知识，从而认识到在网络环境中约束自己的思想和行为的重要性，明确知道某些事情不能做。第三，大学生也要增强自身的网络道德修养，使自己具备更强的社会责任感。大学生在网络环境中，可能会因为网络环境的限制较少而进行情绪上的发泄或发表一些错误的言论。这些错误的言论一旦被发出，就可能在短时间内形成负面导向，从而影响他人的上网质量。所以大学生需要加强自身的道德素养，保障自己有明确的上网目标，并且要对自己的网络行为进行规范，在网络环境中遵循相关的网络道德。

（二）构建和谐的社会环境

和谐的社会环境构建需要从经济、政治和文化三个方面入手，充分发挥各种影响因素的作用，从而为高校思想政治教育提供更好的社会环境。

1.充分发挥物质文明的基础作用

首先，在构建和谐社会环境的过程中，需要始终坚持以经济建设为中心。马克思主义认为生产力是一切的根本，无论是政治、意识形态还是法律，都会受到经济基础的影响。习近平总书记在党的十九大报告中指出，必须坚定不移贯彻新发展理念，必须坚定不移把发展作为党执政兴国的第一要务，坚持解放和发展社会生产力，推动经济持续健康发展。这些充分说明在思想政治文化环境优化的过程中，必须始终坚持以经济建设为中心，要充分发挥出物质文明的基础作用。

其次，要对分配制度进行深化改革。个人的思想品德发展必然会与个人的物质利益追求紧密相关。在社会发展过程中，个人的劳动价值是否得以实现，不仅会对个人的道德水平产生影响，也会对整个思想政治教育的效果产生影响。对于高校的思想政治教育环境来说，如果社会的收入分配环境存在问题，那么必然会在很大程度上对大学生思想政治教育活动的开展以及实施产生影响。所以，当前我国需要建立更加科学与公正的社会分配制度，以更好地促进高校思想政治教育的有效开展。

2017年的政府工作报告指出，必须深化收入分配制度改革，稳步推动养老保险制度的改革。这些政策充分体现出党和政府对收入分配问题的高度重视，希望能够通过制度方面的调整促进收入分配的改革。因此，在当前需要针对不同家庭收入差距较大的情况，尽快进行更加深入的分配改革，从而为高校大学生提供更加公平的竞争环境，解决高校大学生当前存在的心理不平衡问题，为促进大学生思想道德品质的全面发展提供更多保障。

最后，要对当前的经济产业结构进行调整。从目前来看，我国依然存在产业结构不合理的问题，导致整个社会对高素质人才的需求量较少，而人才需求量较少就会大大抑制高校大学生的就业。当前我国需要大力推进供给侧结构性改革，对要素配置进行优化调整，实现产业结构的升级，从而促使高端供给得到提升，最终解决大学生的就业问题。

通常情况下，对经济产业结构进行合理调整，可以为整个社会提供更多的就业岗位，这样既能够缓解大学生的就业压力，还可以为高校大学生营造出一个更加公平的竞争环境，也可以为高校思想政治教育提供更好的外部社会环境，促进高校思想政治教育顺利开展。

2.充分发挥政治文明的作用

我国的民主法治建设，在一定程度上会对大学生法治观念的形成与发展产生影响，如果能够加快民主法治建设，就可以促使大学生增强对党和政府的信任。可以从以下三个方面入手加快民主法治建设。

首先，发展社会主义民主政治。我国在发展过程中，应始终坚持和完善人民代表大会制度、中国共产党领导的多党合作和政治协商制度，要不断地完善相关的工作机制，从而促进多层制度的发展。同时，还需要动员广大人民群众开展各种民主实践活动，鼓励所有公民积极参与政治，这样能够促使大学生的政治参与意识得到一定增强，还可以促使民主政治的实现。

其次，需要全面实现依法治国。在依法治国方面，要充分发挥宪法的引领及推动作用，做到有法可依、有法必依、执法必严、违法必究；还要充分发挥法律的保障性作用，以此保护公民的合法权益，这样能够促进大学生形成正确的法律意识，从而使大学生严格规范自己的行为。

最后，要加强党风廉政建设。近年来，我国开展了反腐倡廉工作，并且取得了显著效果，在一定程度上形成了良好的党风。尽管如此，当前还需要进一步加强对党员的党风廉政教育，使党员的公仆意识得到增强，真正把为人民服务的宗旨铭记在心。同时还需要完善相关的反腐倡廉制度，严格按照相关制度办事，提升惩治力度，优化整体环境。

3.发挥先进文化的导向作用

先进文化指的是与人类发展方向相符合，并且能够充分反映人类社会的理想信念，也能够体现社会生产力发展要求的文化。从目前来看，我国的先进文化主要指的是具有中国特色的社会主义文化，是以社会主义核心价值观为基础和核心的文化。

第一，要积极弘扬和践行社会主义核心价值观。思想政治教育需要充分发挥中国特色社会主义文化的导向作用，这样才能够实现以政策舆论进行引导、以科学的理论进行武装以及以高尚的精神进行塑造的目标。第二，要提升大众的文化品位。随着改革的不断深入，大众文化快速发展，同时大众文化凭借其通俗性及流行性获得了各个层次民众的喜欢，成为我国文化的重要组成部分。但是大众文化存在明显的缺陷，比如趣味较低俗等。如果对大众文化不加任何限制任其自由发展，那么就会给我国的文化环境带来较大的负面影响，所以在当前必须提升大众文化品位，促使大众文化为高校思想政治教育环境提供更多支撑。具体来看：一方面，要充分发挥先进文化的引领和示范作用，以此引导大众文化的发展。先进文化处于整个文化的上层，需要承担起引导其他文化的责任。如果大众文化能够得到先进文化的正确引导，那么就能促使大众文化在健康文明的基础上传播文化信息，提升人的思想道德品质，从而逐步过滤当前存在的各种低俗文化内容。另一方面，要建立文化信息反馈机制，加强对文化的监督和管理。从目前来看，我国的文化产业发展十分迅速，但是由于大众文化存在一些缺陷，导致文化产业存在诸多问题，比如存在一些具有封建迷信思想的活动或一些较为低俗的信息等。当前，我国必须建立、完善文化信息的监控机制，对大众文化中所传播的各种信息内容进行筛选和把控，留下积极向上的内容，去除其中的糟粕部分，使大众文化的品位得到提升。同时，我国还需要加强对文化市场的监管，以此遏制低俗文化的发展势头，对整个文化环境进行优化调整。

（三）建立优良的学校环境

学校环境是高校思想政治教育环境的重要组成部分，能够对高校的思想政治教育最终效果产生直接影响，所以必须建立优良的学校环境。从目前来看，建立优良的学校环境可以从以下四个方面入手。

1.加强校园文化建设

第一，高校必须充分重视校园文化对学生产生的引导作用。校园文化是一种特殊的文化类型，是由教师、学生及其他工作人员所形成的一种具有特殊性的人文环境。校园文化能够在无形中作用于大学生，进而实现高校思想政治教育目标。要想创建出良好的校园文化环境，高校需要做到以下两点：首先，高校在创建校园文化环境的过程中，必须始终坚持以社会主义核心价值观为引导，同时在此基础上充分体现学校的特色以及历史。近些年来，我国很多高校在不懈努力下形成了自己的办学特色，并且使学校的发展被所有教师与学生认同，形成了一种共同追求。所以，高校需要在此基础上通过对校园内部格局进行规划，设置各种具有标志性的景观，使高校的校园文化能够与办学特色保持一致。其次，高校需要加强作风建设、师德建设及学风建设。在高校中，领导层的思想境界以及整体作风会对学校的文化建设方向与水平产生直接影响。高校必须加强对领导干部的作风建设，转变部分领导干部存在的不良思想，从而帮助这些领导干部改善工作作风，为学校民主氛围的形成提供更多保障。教师的思想品质也会对大学生产生无形的影响，教师的思想、行为以及态度等会对大学生产生一定的影响。因此，高校需要加强师德建设，促使教师能够在日常教学过程中约束自己的言行，为大学生树立好的榜样。同时，高校还需要建立合理的师德奖惩机制，以对师德建设进行监督。高校的学风是依靠所有师生而形成的环境，学风会对大学生的学习水平以及思想道德品质产生直接影响。所以高校需要加强学风建设，要以严格监督为保障，对教育方式和教育理念进行创新，以大学生的实际学习情况为基础，帮助大学生对思想政治教育有更深的理解，最终形成端正的学风。

第二，高校需要丰富思想政治教育活动。在开展思想政治教育活动的过程中，高校要保障思想政治教育活动的丰富多样，有效解决学生群体中出现的无人参与思想政治教育活动的问题。一方面，高校可以组织大学生参观各种教育基地，对大学生展开情景教育。通常情况下，大学生往往难以对思想政治教育活动中的理论教育产生共鸣，甚至会产生厌恶情绪，导致这种理论性的思想政治教育效果不理想。相较于理论性的思想政治教育，情景教育能够更好地吸引学生进行理论学习，提高学生学习的兴趣。具体来看，高校需要组织学生参观各种教育基地，如军事博物馆、历史博物馆等，让大学生充分体验这些情境的同时，引导大学生深入认识我国的历史发展，知晓和平的来之不易，最终促使大学生形成爱国主义思想。高校应加强爱国主义教育，使学生全面了解党史、新中国史、改革开放史、社会主义发展史，增强历史自信，学习民族精神、时代精神，争做时代新人，另一方面，高校可以组织大学生开展各种具有趣味性的社团活动。从目前来看，我国大部分高校在开展思想政治教育活动的过程中，往往是以专题讲座或知识竞赛的形式进行的，但是这两种形式对于大学生而言整体趣味性较低，导致大部分大学生参与的积极性不高。因此，高校必须改变这一情况，如通过更具趣味性的社团活动开展思想政治教育活动，丰富教育活动的开展形式，借此吸引大学生积极参与教育活动，从而促使大学生思想道德品质得到提升。另外，高校还可以通过各种志愿者活动或假期实践活动开展思想政治教育活动，促使大学生在参与活动的过程中逐渐走向成熟。

2.实现校园网络建设的创新

校园网络是校园环境的重要组成部分，也是校园环境新的文化载体及信息传播媒介，对大学生获取信息具有重要作用。在互联网时代，大学生已经习惯通过互联网获得各种信息，以及了解社会发展的实际情况。高校必须结合大学生的特点，充分运用大学生喜欢的方式，促使高校网络思想政治教育主阵地得到加强，从而保障网络思想政治教育的效果。同时，高校还需要对网络思想政治教育内容进行更新，保障网络思想政治教育的深度，从而开创高校网络育人的新格局。具体来看：首先，高校需要打造关于思想政治教育的精品网站。在这一方面，高校需要投入更多资金到校园网络基础建设上，建立一支综合素质高的思想政治教育队伍，其中的工作人员不仅要有思想政治教育方面的理论知识和技能，还需要有网络管理方面的知识和技能，从而充分保障思想政治教育精品网站的整体质量。其次，高校需对现有的网络思想政治教育资源进行整合。高校可以通过各种教育软件将具有思想政治教育意义的内容收集起来，然后将这些内容编制成一些网络课程或视频，让学生在空闲时间进行学习，实现网络教育资源的共享。最后，高校需要对思想政治教育内容进行丰富和更新。高校在建立精品网站或对网络资源进行整合的基础上，还需要及时地对思想政治教育内容进行更新和丰富。高校只有紧跟时代步伐，不断地对思想政治教育内容进行更新，不断地增强思想政治教育内容的吸引力，才能够更好地吸引学生，促使学生更加深入地学习思想政治教育内容，最终帮助大学生形成正确的价值观念。

3.改善学校周边环境

学校周边环境是学生在空闲时间重要的活动场所之一，学校周边环境的好坏会对大学生的思想道德培养效果产生影响，甚至会对大学生的生命财产安全产生影响。高校必须重视学校周边环境，通过各种方式进行改善，从而为大学生提供更好的周边环境。首先，从实际情况来看，高校要想有效地改善学校周边环境，只依靠学校的安保力量是无法实现的，还需要政府相关部门的配合，才能够营造更好的周边环境。其次，对于相关政府部门来说，必须更加重视高校周边的各种安全问题，如交通安全、食品安全等，通过各种方式对这些方面的问题进行合理治理。相关部门还需要对高校周边的娱乐场所进行整治，持续优化营商环境，规范商业摊点，来优化学校周边环境。例如，在学校周边放置醒目的减速标志，警示所有经过学校的车辆必须减速慢行。再次，政府相关部门还要对学校周边环境进行不定期检查，制定关于治理高校周边环境的制度。最后，高校也要加强安全教育，使大学生自我保护能力得到提升，如对学校住宿生严格执行相关的管理规范，对校外住宿学生严格按照相关规定进行管理。

4.建设思想政治教育制度环境

思想政治教育是一种培养人良好品德和行为习惯的教育活动，制度在其中发挥了重要作用，对人的发展有着重大意义。在高校思想政治教育环境优化过程中，应按照思想政治教育提出的要求加强制度环境建设。制度环境是影响大学生思想道德素质的重要因素，高校优化思想政治教育的制度环境可以通过以下三个方面进行：第一，高校需要根据中国特色社会主义教育发展的实际需求以及结合自身的实际情况，建立相应的校园管理制度。第二，在制度建立完成后，高校要通过各种方式保障制度严格执行。建设思想政治教育制度环境必须有十分严格的执行力作为支撑，将制度执行融入高校大学生的日常生活，不能流于表面，不能出现形式主义方面的问题。同时，在实际执行的过程中，必须讲究灵活多变，这样才能够使制度环境产生的效果更加明显。第三，制度的制定必须以大学生的全面发展为基础，还要充分发挥制度的教育功能。对于高校大学生而言，思想政治教育不仅要重视提升大学生的智力素质，还需要重视培养大学生的非智能素质；不仅要将注意力放在对高校大学生言行举止的约束与惩罚方面，还需要将注意力放在对大学生思想道德品质的引导方面，这样才能够使制度环境充分发挥应有作用，从而使高校思想政治教育环境建设获得更好的效果。

（四）营造民主和谐的家庭环境

1.加强对家庭教育环境的重视程度，倡导新的教育理念

其实，学生存在的问题折射出的是家庭教育的问题，学校复杂的教育过程中产生的一切困难的根源都可以追溯到家庭。当前，要想提升思想政治教育环境的建设效果，就必须加强对家庭教育环境的重视。首先，高校

需要加强与学生家长的联系，向学生家长强调家庭教育环境的重要性，促使家长更加重视家庭环境，为大学生创造更好的家庭氛围。其次，家长需要保持平和的心态，在日常生活中通过循循善诱的方式与大学生进行交流互动，还要充分掌握大学生的心理情况，及时帮助大学生发泄心中的不良情绪。最后，家长需要在日常生活中与大学生建立更为稳固的信任关系，引导大学生愿意与家长进行交流沟通，从而促使大学生形成健康的人格。另外，在家庭教育中也需要重视新的理念。第一，家长应树立全面发展的理念，在家庭教育的过程中不能只强调对文化知识的学习，而忽视思想政治教育。第二，家长在教育孩子的过程中需要把握好尺度，不能溺爱孩子，而应在孩子遇到困难和挫折时，给孩子提出一些建议，从而促使大学生的抗挫折能力得到提升。

2.提升家长的文化水平和道德修养

家庭环境会对大学生产生直接影响，家长的所有行为都会影响孩子。在家庭教育过程中，家长必须注意提高自身的文化水平，更重要的是提升自己的道德修养，严格要求自己，从而发挥出自身榜样的作用。家长提高自身文化水平和道德素养，可以从以下三个方面入手。

第一，家长要在日常生活中加强学习，提高自己的文化水平。相较于孩子而言，家长所掌握的各种文化知识能够在孩子遇到问题时给予一定帮助，也可以满足孩子的好奇心，这些对孩子形成正确的价值观念有着重要作用。如果家长在日常生活中不重视提高自身的文化水平，那么家长所掌握的知识就会与孩子不断学习的知识形成冲突，从而导致家长无法解决孩子遇到的问题。对于家长来说，必须加强学习，在工作之余多阅读历史、自然及科学等方面的图书，以使自身的文化水平得到提高，从而引导孩子养成良好的学习习惯。第二，家长应不断强化法律意识。只有家长知法、懂法和守法，才能够在孩子面前树立好的榜样，促使孩子也做到知法、懂法与守法。对于大学生来说，容易意气用事，在遇到问题时往往不会考虑后果。家长必须在日常生活中不断强化大学生的法律意识，告诫大学生需要遵纪守法，要远离各种违法活动。第三，家长要不断提升自己的思想道德素养。通常情况下，人们可以从大学生的身上看到家长的影子，从而初步了解家长的做事风格以及平时的言谈举止。因此家长必须对自身的言谈举止进行规范，在孩子面前做好正确示范，教导孩子要成为一个道德高尚的人。尤其是在为孩子提供物质基础保障的同时，应给予其更多情感上的关怀，还要向其输入更多积极的能量。

3. 家长需要形成科学的育人理念

在家庭教育中，家长的教育理念决定其教育方式和教育方法。因此，家长需要掌握科学的教育理念，这样才能在教育孩子的过程中使用正确的教育方法。从目前的实际情况来看，很多家长过于重视孩子的成绩，但却忽视了孩子的道德修养、自理能力等方面的培养，导致很多孩子只看重分数，却不能生活自理，并且道德素质不高。具体来看，家长可以通过以下两个方面树立科学的育人理念：第一，家长要拥有良好的心态，不要对孩子抱有过高的期望。所有人都有优势和缺点，家长要看到孩子身上的闪光点，通过正确的方式教育孩子。如果家长对孩子有过高的期望，不仅会给孩子带来过高的心理压力，也会导致孩子在长期心理压力的影响下产生逆反心理，这样不利于孩子的发展。第二，家长需要树立全面发展的理念。素质教育不仅要重视学生的学习成绩，也要重视学生的道德品质等素质的培养，在提升孩子科学文化水平的同时，也要重视培养孩子的道德素养，比如家长可以在日常生活中不断教育孩子要诚实守信、团结友爱等。除此之外，家长还需要不断鼓励孩子与他人进行交流沟通或积极参与各种社会实践活动，这样能够提高孩子的交流能力。

4. 营造民主和谐的家庭氛围

要想形成民主和谐的家庭氛围，就需要所有家庭成员的共同努力。首先，家长必须将孩子看作独立的个体，要充分尊重孩子的选择。在我国很多家庭中，一些家长往往会将孩子看作一个没有任何社会经验以及认知的幼儿，并且认为自己需要为孩子作出决定。但是这些家长忽视了孩子一直处于成长中，无论是身体方面还是心理方面都在不断发展。如果家长长期为孩子作决定，那么家长对孩子的这种关心在无形中就会转变成一种对孩子的限制，从而导致孩子对父母产生反感。在这样的情况下，孩子不愿意与父母进行沟通，而家长不知道孩子的实际想法，最终导致家长和孩子之间出现隔阂。因此，家长必须将孩子看作一个独立且平等的个体，要充分尊重孩子作出的选择，这样才能够促使孩子充分感受到父母对自己的尊重，此时孩子才会积极地与父母进行交流沟通，向父母阐明自己的想法。其次，家长在日常生活中应增加与孩子交流沟通的频率。这里所说的"沟通"不仅包含父母日常的嘘寒问暖，也包含精神沟通。具体来看，家长必须用长远的眼光看待孩子的发展，不能总将大学生看作一个没有任何分辨能力或判断能力的幼儿。同时，孩子在成长过程中会面对社会中的各种复杂关系，难免会产生诸多问题，此时家长就需要及时对孩子进行引导，激励孩子积极地解决这些问题，这对其形成正确的价值观及良好的性格具有重要作用。从整体上来看，如果一个家庭有民主和谐的氛围，那么家长和孩子之间的关系就会形成一种朋友关系，即相互尊重、相互理解。孩子在遇到一些困难和问题时也愿意积极向家长倾诉，家长也会及时了解孩子遇到的各种问题，并且给予相应的帮助。在这样的环境中成长起来的大学生能够更好地认识到尊重与平等的重要性，往往也会充满自信。

（五）构建和谐的个人心理环境

和谐的心理环境对大学生的行为具有导向作用，从而在潜移默化中影响大学生的价值观念和价值取向。由此可以看出，在思想政治教育过程中，以心理变化规律为基础对大学生进行心理疏导能够有效提升大学生的心理素质，从而实现大学生的全面发展。

1.培养大学生对心理环境的认知

如果大学生本身对心理环境的认知较深，那么大学生就会关注心理环境的建构，从而使心理环境对自我思想政治教育产生重要影响。如果大学生对心理环境的认知不到位，那么极有可能导致大学生找不到养成优秀品格的途径，无法认识到自身存在的问题，而找不到这些问题的原因，就会导致大学生无法找到解决问题的方法。所以，在高校思想政治教育环境建设过程中，必须构建大学生的心理环境，使大学生认识到思想政治教育的重要性，从而自觉提升自身的思想道德品质。具体来看，对于大学生来说，需要在日常学习生活中通过读书与学习对自身的认知进行强化。对于教师而言，在教学过程中不能照搬各种教学方法，而是要在充分结合大学生实际情况的基础上，通过更加适合的教育方法促使大学生的认知能力以及判断能力得到提升，从而引导大学生形成高尚的思想道德品质，帮助大学生塑造良好品格。比如教师可以通过理论讲授的方式，使大学生对心理环境的重要性有新的认知；通过对案例进行解读的方式，强化大学生充分认识心理环境建设的重要性；通过实验模拟等方式，促使大学生了解心理环境建设的路径；通过观看各种电影强化大学生对心理环境的认知。要想构建出和谐的高校思想政治教育环境，就必须帮助大学生构建和谐的心理环境，发挥心理环境对大学生的积极影响，从而提高高校的思想政治教育效果。

2.丰富大学生的心理环境情感体验

凡是能够促使大学生产生愉快或满意的心理环境体验都能够促使高校的思想政治教育效果得到强化，因此就需要丰富大学生的心理环境情感体验。具体来看，可以通过以下两个方面进行：第一，高校需要创设能够促使学生产生赏心悦目感觉的情景。比如，高校可以在日常教学过程中举办一些诗歌朗诵比赛或歌唱比赛，让大学生在这种情景的影响下，激发对自然和艺术美的体验，从而引起大学生的情感共鸣，使大学生产生更多的积极向上的心理环境情感体验。在这种情感释放的过程中，大学生会在潜移默化中接受思想政治教育。第二，加深教师与学生的情感交流。教师在对学生进行教育的过程中，不仅要对学生有更多的关心和评价，同时也要积极引导学生学会对他人的关心和体谅。具体来说，教师在教学过程中要始终保持乐观向上的情绪，同时也要保持积极饱满的热情，这样才能够在教学过程中感染大学生，从而引导大学生不被消极悲观情绪影响，使大学生建立积极的心理环境。除此之外，教师还应随时掌握大学生的心理环境情况，如果大学生出现了一些负面情绪，教师就需要对大学生的心理环境认知进行强化，通过各种方式促使大学生的心理环境情感更为丰富，从而帮助大学生走出困境、构建出健康的心理环境，提升高校思想政治教育的效果。

3.锻炼大学生的心理环境意志力

要想使高校的思想政治教育获得良好的教育效果且稳定延续下去，同时帮助大学生抵御各种诱惑，践行社会主义核心价值观，就需要锻炼大学生的心理环境意志力。第一，在思想政治教育过程中必须强化大学生的困难意识。心理环境意志的形成并不是一蹴而就的，而是一个循序渐进的过程，在大学生有了心理环境认知且已经形成了一定心理环境情感的基础上，高校就要进一步对大学生进行引导，使大学生对心理环境有更深的理解。高校还应引导大学生做好应对各种困难的准备。大学生要想形成良好的心理环境意志，就必须克服更多的困难，如果在这一过程中大学生跨越了诸多困难，那么就能够获得更大的成就。第二，高校应为大学生开展挫折教育。挫折教育能够锻炼大学生的意志力，使大学生在面对困难时始终坚持自我，并且以积极的态度面对各种问题和解决问题，还可以促使大学生保持心理环境的稳定。具体来看，无论是社会实践活动还是志愿者服务活动，都是进行挫折教育的途径，这些实践活动可以促使大学生积极面对困难，深刻认识挫折，从而在克服困难的过程中提升自己承受挫折的能力，激发学生不怕失败、勇于向前的意志。

4.坚定大学生的心理环境信念

信念在大学生思想道德品质中占据主导地位，是促使大学生在实际生活中践行思想道德观念的重要心理支撑。由此可以看出，信念会对大学生产生巨大影响。因此，在高校思想政治教育过程中构建大学生心理环境，也需要大学生对心理环境有着坚定的信念。通常情况下，如果大学生拥有健康的心理环境，那么就能有效提升大学生的思想道德修养。要想坚定心理环境信念，大学生需要做到以下两点：第一，大学生需要不断强化对心理环境建构的责任与担当。实现和谐的心理环境要求大学生不仅能够克服困难，还要在实际生活中自动肩负起构建良好心理环境的责任。同时，大学生不仅需要做好自己的心理环境建构，也要在日常生活中帮助身边人做好心理环境建构。第二，大学生应追求心理环境建设的最高境界，比如大学生在经历磨难后也要坚定自己的信念，即使身边的人不再坚守，也不能影响自己的行事作风，并且还要引导他人持之以恒，最终提升自身的心理环境建构层次。从整体上来看，真正能够坚定自身心理环境信念的人，必然能够将这样的认知付诸行动，无论是处于不良的环境中还是在各种困难的阻碍下，都能够始终坚守自己的信念。

（六）朋辈环境为高校思想政治教育提供机会

朋辈群体在校园中广泛存在，其成员经常会聚集在一起开展活动，长期的交往使成员之间结下了深厚的友谊，相互之间能够产生较大的影响。对于高校思想政治教育环境建设来说，需要为大学生创建朋辈环境，从而为思想政治教育提供机会。

1.建立正确的群体目标

朋辈教育是针对朋辈群体成员及成员之间存在的问题，通过朋辈群体之间的感召力和影响力发挥教育作用。高校必须客观公正地分析教育环境带来的问题，分析朋辈群体之间的有利因素和不利因素。首先，高校应始终坚持正面价值导向引导大学生参与朋辈教育活动。校园环境从表面上来看是一个安静的环境，这种表面现象往往会给人一种错觉，即很多人认为校园内的环境是和谐统一且不存在问题的，事实上并不如此。社会环境中的各种因素都会对大学生的思想意识造成各种冲击，对朋辈群体也不例外。其次，我国正处于大变革的时期，东西方文化的不断交流碰撞，促使高校的大学生教育呈现出多元化发展趋势，这就导致高校大学生中一些学生崇尚集体主义，一些学生具有爱国主义，而有的学生却形成了追求功利的价值观念，还有些学生更多地追求个人利益。如果在朋辈群体中这种不正常的心态成为大多数，那么就会影响朋辈群体的其他成员。当前，高校必须始终坚持社会主义核心价值观，以此对朋辈教育活动内容进行指导，促进朋辈教育活动得到有效开展。

2.培养优秀朋辈群体

高校要在朋辈群体中树立典型，发挥典型朋辈群体的榜样优势。高校树立典型的意义在于把先进模范事例展示出来，从而更好地融入教育，发挥正能量的宣传作用。当前，高校内部有各种先进朋辈群体人物，高校应利用这些人物的先进事迹来培养优秀的朋辈群体，从而发挥榜样作用。在宣传榜样的过程中，必须始终遵循实事求是的原则。具体来说，朋辈群体的学习榜样必须是真实存在的人物，一定要鲜活地展现在学生面前，要让学生看到榜样是怎样进行奋斗的，只有这样榜样才有足够的说服力。真实的榜样往往也会存在一定的缺点，只有引导大学生正确面对各种缺点，才能最终实现教育目的。具体来看，高校可以组织各种关于学习榜样的活动，如"英雄在我心中"活动，引导朋辈群体中的成员将榜样的事迹内化为自己的力量，从而形成促进大学生积极向上的动力。

（七）构建"四位一体"的思想政治教育环境

1.充分发挥社会主义核心价值观的引导作用

在当今时代，各种文化思潮在我国相互碰撞与交流，再加上我国的改革开放与市场经济的快速发展，促使我国的民众在思想观念、价值观念等方面呈现出多样化发展趋势，并且形成了新的特点。因此，要充分发挥社会主义核心价值观的优势和引导作用，将社会主义核心价值观融入高校的思想政治教育，促使高校思想政治教育获得更好的效果。

2.明确"四位一体"思想政治教育环境的布局思路

从目前的实际情况来看，对高校思想政治教育环境产生影响的是网络环境、社会环境、学校环境及家庭环境。当前必须打破不同环境之间存在的界限，充分利用各个环境的优势，促使网络、社会、学校及家庭结合起来，形成"四位一体"的思想政治教育格局，为大学生营造更好的外部环境。

首先，以网络环境作为平台。随着互联网的快速发展，网络环境已经成为大学生的重要环境之一，在大学生的日常生活中扮演着越来越重要的角色。相较于其他平台，网络平台更加便利，不仅促使大学生的学习途径得到拓展，还使师生的交流方式更加丰富。但是网络环境中的各种信息难辨真假，其中的负面信息还可能对大学生的思想道德品质产生不良影响，再加上当前大学生群体是互联网的主要群体之一，所以不可忽视网络环境对大学生产生的负面影响。由此，当前必须利用好网络平台的优势，借助网络促进高校思想政治教育工作的有效开展，达到网络思想政治教育的目的。

其次，充分以社会环境为延伸开展思想政治教育。社会环境是一个宏观环境，所有人都会受到社会环境的影响。对于大学生来说，尽管大学生生活在学校环境中，可以在一定程度上远离社会环境的影响，但是并不意味着大学生可以完全脱离社会环境的影响。社会环境中的政治、经济以及文化因素都会对大学生产生影响，良好的社会环境对大学生思想政治教育获得良好效果起到重要作用。

再次，充分发挥学校环境的作用。对于大学生来说，高校是进行思想政治教育的主阵地，学校环境对高校的思想政治教育环境的影响至关重要，占据着重要地位。如果高校有着完善的教学设施，拥有良好的校园环境及浓厚的学术氛围，那么就能够促使大学生在日常学习生活中不断地提升思想道德素养。由此也可以看出，高校的物质环境和制度环境会对大学生的思想道德品质产生影响。高校必须改善学校环境，有效地提升大学生思想政治教育的实效性。

最后，充分以家庭环境为基础。家庭环境作为大学生思想道德品行的重要影响因素，对大学生的成长具有深远和持久的影响。家庭是学生成长的第一课堂，家庭教育对学生价值观念的形成和发展起着至关重要的作用。因此，高校在构建思想政治教育环境系统时，应当重视家庭教育环境建设，引导家长积极培育学生的社会主义核心价值观，加强家庭教育与学校教育的衔接，形成良好的教育合力。家长的文化水平、道德修养、教育理念及家庭氛围等因素都会对大学生产生深远影响。家长的言传身教、家庭的和谐氛围、家庭的教育方式等会直接影响学生的思想道德发展。因此，高校需要重视家庭教育的渗透力量，通过家长学校、家访活动等形式，加强对家长的教育引导，推动家庭教育与学校教育的有效互动。同时，高校可以通过建立家庭教育指导服务中心，提供家庭教育咨询、家庭教育心理辅导等服务，帮助家长提高家庭教育水平，加强对学生的教育引导。高校还可以通过加强师生沟通，积极倡导家校合作，促进学校教育与家庭教育的有效衔接，构建家校共育的教育模式，为大学生的健康成长提供坚实的思想道德基础。

影响高校思想政治教育环境的因素有很多，高校思想政治教育环境建设是一个循序渐进的过程，需要各种环境的合力，只有这样才能够促使各个环境发挥积极作用，促进高校思想政治教育环境的建设。

第六章　新媒体环境下高校思想政治教育环境的建设

当前，新媒体技术的快速发展已经改变了人们的生活和工作方式，也给高校的思想政治教育环境建设带来了新的挑战和机遇。新媒体平台成为青年学生获取信息和表达意见的重要渠道，也为高校的思想政治教育提供了全新的展示与传播手段。在这样一个充满机遇和挑战的环境下，如何通过建设合适的思想政治教育环境，引导和促进青年学生的思想、情感和价值观念得到提升，是摆在我们面前的重大课题。因此，本章将从新媒体环境下高校思想政治教育环境的建设角度出发，探讨如何通过多维度的手段提升高校思想政治教育的有效性和质量，推动高校思想政治教育的创新与发展。

第一节　新媒体环境下高校思想政治教育环境的新变化

随着新媒体的发展，高校的思想政治教育环境也发生了一定的变化。对当前高校思想政治教育环境形势在新媒体环境下产生的变化进行分析，能够更好地把握高校思想政治教育环境的现状，同时解决其中存在的主要问题。

一、校园环境产生的新变化

新媒体的快速发展以及在全世界的流行，导致高校的教育环境发生了巨大变化，主要体现在以下三个方面。

（一）校园文化环境的变化

在校园文化环境方面发生的变化具体表现为：第一，新媒体技术在各个领域被广泛运用，促使人们的语言表达方式发生改变，并且在这一过程中逐渐使人们形成了一种相较于其他语言体系完全不同的新语言体系，即网络语言。高校中的大学生群体更容易接受新事物，大学生在日常学习生活中愿意使用更加简洁和新颖的语言进行表达与交流，这样就促使大学生群体的交流方式发生了巨大变化，也就是网络语言成为高校文化环境中的重要因素。从目前来看，在高校文化环境中，除了由各种符号组成的网络语言以外，还存在由图片组成的网络语言，比如很多大学生在交流的过程中会使用一些网络图片表达自己的想法。

第二，信息产业的快速发展，促使信息消费成为人们日常生活的重要消费之一，从目前来看，人们已经形成了信息消费习惯。互联网时代，受信息传播的影响，信息消费行为的影响更大、传播范围更广，相较于其他消费行为，信息消费行为的优势更大。从实际情况来看，当前各种信息产品和信息服务存在于高校的文化环境中，对大学生的学习与生活产生了巨大影响，改变了高校大学生的学习环境，大学生愿意投入更多时间与精力在信息消费方面。相较于其他消费形式，信息消费促使高校大学生的消费生活向多元化和多层次化方向发展，同时也满足了高校大学生消费的个性化需求。

第三，新媒体促使亚文化在校园文化环境中不断蔓延。这种新媒体下的亚文化是一种青年亚文化，主要体现在高校大学生群体所认同的个性张扬、压力释放以及情绪表达的方式。对于大学生群体来说，这种亚文化在某种意义上具有一定的积极性。但是这种亚文化在带来一定积极影响的同时，也体现出当前高校大学生对主流文化存在一定的不满或逃避的问题，在这一方面有着消极影响。比如，当前正在我国高校校园内流行的各种网络游戏及网络音乐等，有些内容就与主流文化存在一定的背离，对校园文化环境产生了一定的负面影响。

（二）校园人际关系的虚拟化

当前，随着新媒体的发展，人们之间的交往通常会使用一些符号或图片来代替自己的真实身份，人们在新媒体基础上进行的人际交往具有虚拟化特征。比如当前各种网络平台，如微博、微信及百度贴吧等，为高校大学生之间的交流提供了便捷，大学生能够通过这些平台在网络中畅所欲言，彼此交换自己的看法。在这样的情况下，高校大学生的人际交往环境虚拟化特征更加突出。正是由于大学生的人际交往环境更加具有虚拟性，大学生才拥有了一个障碍更少、束缚更少的交流环境。大学生群体就更加乐于进行表达，更加喜欢与他人交流，所以通过这样的环境能够更好地把握大学生的实际思想动态，并以此为基础对大学生进行及时的疏通和引导，进而促使高校思想政治教育校园环境的活力得到一定程度的提升。

但如果大学生过分依赖虚拟环境，就很容易导致大学生无法从虚拟环境中脱离并融入现实环境。大量相关调查发现，当前高校大学生之间进行情感联络以及思想交流不再像以往一样通过直接面对面进行，而是通过各种交流软件或网络平台进行。这种具有虚拟化特征的人际交往以及交流环境缺少了以往面对面交流的人情味和真实的情感，这就导致大学生之间所形成的人际交往环境失去了原有的温度，只是在冰冷的网络支撑下进行交流，这也容易导致大学生形成自私且冷漠的性格。这一点与高校思想政治教育目标相背离，与大学生群体应具有的无私且热情的性格是不对应的。

（三）高校教育平台多样化

长期以来，高校以课堂为主要的思想政治教育平台。但是随着新媒体在高校思想政治教育中的应用，原有的平台获得了一定程度的改进，在此基础上塑造出了全新的思想政治教育平台，由此导致高校的思想政治教育环境产生了新的变化，出现了新的情境。对于高校的思想政治教育工作者来说，可以通过新媒体技术的优势，比如电脑、软件等将文字信息、视频信息及声音信息融合在一起，从而形成更加丰富多样的课件，通过多媒体设备进行展示，使课堂教学更加生动与灵活。对于大学生来说，在新媒体技术的帮助下，接受教师传授知识的过程不再局限于现实的课堂，而是在现实课堂以外也可以通过各种网络课堂接受教育，从而使大学生接受教育的空间得到一定程度的拓展。

正是新媒体技术促使高校思想政治教育平台更加多样化，所以新媒体技术为高校的思想政治教育环境带来了更多的积极因素，展现出新媒体技术对思想政治教育环境的积极影响。不过，由于新媒体技术导致的积极影响和消极影响同时存在，使得高校对校园环境的监督与管理难度增加了。从目前实际情况来看，我国存在各种网络教育平台，这些网络教育平台上发布的信息鱼龙混杂，真假难分，高校大学生群体难以分辨这些教育平台是否真实可靠，其中有部分网络平台为了获得更多利益进行高额收费，却没有带给学生实质性的内容。这种现象应被消除，但目前一些网络平台依然进行着虚假经营，其中的负面因素不断增多，对大学生产生了较多的负面影响。

二、社会环境的新变化

新媒体的快速发展对社会环境也产生了各种影响，导致社会环境发生了新的变化。这些变化对高校的思想政治教育环境产生了一定的冲击。

（一）社会空间屏障被突破

在现代社会，人们传播信息的能力以及与他人沟通的能力得到了巨大提升，这使得原有的信息屏障被打破，对高校的思想政治教育环境产生了一定的影响。高校原来的思想政治教育主要通过教师对学生进行单向教育，在这一过程中所有的要素都较为稳定，存在较强的封闭性。但是在今天，随着新媒体的快速发展，信息传播更加迅速，高校的思想政治教育环境屏障被新媒体快速突破。

高校大学生通过新媒体带来的便利，能够随时随地接受来自各个地方的信息，从而打破了学校环境对信息传播的束缚，这就导致高校大学生在这种更加广泛的空间中受到不同的影响，其中既包含积极影响，也包含一定的消极影响。积极的影响主要表现在，我国一些相关部门通过网络表达对热门事件的一些看法，并且通过这些看法带给大学生正面引导，这能够促使高校的思想政治教育环境得到一定程度的优化，也能够促使高校思想政治教育环境的强化功能得到提升。但是高校的思想政治教育环境并不能自主筛选积极的影响因素，消除掉其中存在的消极因素，所以消极的影响对高校的思想政治教育环境不可避免，比如在社会环境中存在的一些错误信息或虚假信息，会导致高校思想政治教育环境的正面导向作用被削弱，从而使大学生正确的价值观念受到影响。

（二）社会舆情的复杂化

新媒体有着更加强大的信息传播能力以及更加广泛的传播范围，这就使社会舆情相较于以往更加复杂，主要体现在以下三个方面：第一，新媒体促使舆论传播主体具有更强的匿名性。在新媒体的支撑下，很多人可以匿名在互联网中传播一些错误言论或虚假言论，以此表达自己对社会的不满或发泄心中存在的各种负面情绪，并且试图通过这些言论获得其他人的支持。由于这些言论是匿名发布的，人们并不知道这些信息的制造者是谁，以及这些信息背后的真实目的。第二，新媒体促使人们可以通过更多渠道参与其中。从目前的实际情况来看，互联网已经成为社会舆论的中心，各种社会舆论可以通过互联网进行快速传播，不再受时空的限制，这样就使得人们可以通过各种方式参与社会舆论的讨论。对于社会监管部门来说，无论是匿名性发布还是多种渠道的舆论参与，都使监管更具有难度，监管部门往往很难找到恶意言论的源头。第三，新媒体促使社会舆情的发展存在更大的不确定性。社会舆论的可引导性以及一些民众本身的冲动与鲁莽，导致一些带节奏的舆论会在互联网中快速传播，并且这些舆论的传播者会通过各种引导手法或引导技巧，对民众进行负面引导，从而导致新媒体环境支撑下的社会舆情具有不确定性。

在新媒体的影响下，社会舆情更加复杂，这导致高校的思想政治教育环境中的各种舆情因素难以控制。其主要原因在于：一方面，当今的大学生群体已经十分习惯通过网络获得需要的信息。大学生会在网络平台上接收各种信息，但是由于大学生获取信息的方式较简单与直接，导致大学生群体容易被一些负面信息影响，甚至会被这些负面信息引入歧途。另一方面，一些思想政治意识不强但是有相应经验的媒体从业人员会通过自己掌握的舆论话语权，利用大学生传播一些错误言论。这些都会导致高校思想政治教育的效果被削弱。

三、家庭环境的新变化

今天来看，新媒体对于大学生群体来说已经是一种很熟悉的事物，已经影响到大学生的家庭关系以及家庭教育，同时也充分体现了大学生群体家庭环境的变化。

（一）家庭代际关系的变化

在家庭代际关系方面，新媒体带来的变化主要体现在家庭代际沟通以及家庭代际距离方面。新媒体技术在家庭环境中的应用，使大学生和父母之间的交流更加便利。比如，大学生在学校可以通过各种聊天软件，如QQ、微信等与父母进行交流，这在一定程度上促使大学生的家庭代际沟通得到加强。同时，新媒体具有自主化特点和个性化特点，使大学生群体在面对父母时有了更多的话语权，很多大学生敢于在父母面前表达自己的想法，并且敢于挑战父母的权威，敢于在一个话题中与父母进行争论，这些都有利于大学生形成更加健全的人格。大学生能够更加快速地接受不同的媒体形式，但是父母一辈接受新媒体的程度往往较低，这样大学生和父母之间对新鲜事物的接受程度以及理解程度存在较大差异，从而导致大学生和父母之间的代际距离有所增大。而这种代际距离的增大，不仅反映在大学生的日常家庭生活中，同时在所有家庭成员之中也有反映。

（二）传统家庭道德的继承性被弱化

随着家庭代际关系的变化，当前大学生家庭环境中的家庭道德以及知识经验等方面的传承受到一定程度的影响。以往，父母是孩子的启蒙老师，也是道德传承的责任人，在大学生成长过程中所形成的各种道德认知以及获得的各种知识信息有较大比例来自父母。在日常生活中,大学生的父母经常会向大学生传授一些道德准则,并且在日常生活中给予大学生家庭教育,这在无形中对大学生产生影响。父母对大学生的道德教育是父母在自身实际情况的基础上进行的,以使孩子形成完整的道德人格。但是随着新媒体的发展,大学生能够通过网络或其他渠道接收到更多的信息,再加上大学生更加容易接受新鲜事物,促使大学生成为各种新型文化的拥护者,并且对父母向自己传递的传统道德标准产生怀疑。这种现象充分反映出当前在大学生道德观形成过程中,大学生的主体性导致其与父母之间的传统道德继承性被削弱,所以不利于传统道德文化的传承。

第二节　新媒体环境下高校思想政治
教育环境的现状及存在的问题

从目前来看,高校要想准确掌握思想政治教育环境建设发展的现实诉求,不仅需要掌握时代发展带来的各种变化,还需要充分认识当前高校思想政治教育环境的现状及存在的各种问题。

一、新媒体环境下高校思想政治教育环境建设发展的现状

著名传播学者麦克卢汉认为,任何一种技术的发展都会倾向于创造出一个新的环境。新媒体作为一种新技术,在当前不仅对现有环境进行改造,而且会逐渐创造出新的环境。在此基础上,教育工作者要充分认识新媒体环境下高校思想政治教育环境的变化,对当前高校思想政治教育环境建设发展现状进行剖析,从而找到新媒体在其中产生的各种积极作用。

(一)校园环境建设现状

第一,新媒体的快速发展使得信息传播更加便捷,而信息传播的便捷

促使高校校园环境功能的发挥得到增强。从实际情况来看，当前高校内部的各媒体都承担了一部分的思想政治教育任务，比如宣传学校的思想政治工作、引导舆论以及建设校园文化等；在一些高校中创建了微信公众号，通过公众号向所有学生发布关于思想政治教育的信息，宣传党的发展路线与方针等；还有一些学校建立了自己的官方微博，通过微博向所有学生宣传思想政治教育方面的内容，这些都促使高校的思想政治教育环境更好地发挥作用。同时，这样的校园新媒体还承担着披露校园内存在的各种不良现象的职责，如学生考试作弊、破坏校内公共设施等，正是由于这些新媒体承担了这些职责，因此减少了校园内不良行为的产生。

第二，新媒体信息传播具备的开放性，促使高校校园环境育人空间得到拓展。以往，高校思想政治教育环境的育人空间更多局限在思想政治教育课堂上。随着新媒体的发展，高校思想政治教育有了一个开放的巨大的网络空间，高校的思想政治教育可以通过校园的各种网站及其他网络等进行，学生也可以通过这些渠道获取自己需要的思想政治教育信息。与此同时，教师也可以通过各种网络平台或搜索引擎等搜集更多关于思想政治教育的教学资源，并且能够通过音频、视频等形式在新媒体设备中将这些教学资源展示出来。另外，各种思想政治教育内容可以通过新媒体平台在第一时间，并且是在不受任何影响的条件下传递给大学生，使大学生受到一定程度的影响。这些方面都充分体现了新媒体促使高校的思想政治教育环境育人空间得到拓展。

第三，新媒体信息传播的交互性，促使高校校园环境中的师生关系更加和谐。长期以来，在教育领域一直提倡教师与学生之间要形成和谐的师生关系，这种关系也是教师和学生所向往的。对于高校的思想政治教育来说，教育不仅是进行知识方面的教育，更重要的是进行道德层面上的教育以及情感方面的熏陶，所以教师与学生之间的交流十分重要。如果高校的思想政治教育只是在思想政治教育课堂上进行，那么必然会导致高校的思想政治教育僵化且呆滞，具体表现为教师没有足够的亲和力，学生对教师充满了抵触感。在新媒体的支撑下，教师能够通过运用新媒体与学生实现不受时空限制的交流，也能够实现更加及时的互动，教师和学生之间能够及时进行意见交换或思想表达，也能够实现彼此之间心得体会的分享。所以，新媒体为教师和学生编织了一条无形的纽带，将教师和学生紧紧联系在一起，从而形成一种新型且更加灵活的交流场景。在这样的场景中，教师和学生之间的交流得到了拓展，也促使教师和学生之间的交流时空被延展，帮助教师和学生之间的关系向和谐方面发展。

（二）社会环境建设现状

从当前的实际情况来看，第一，新媒体作为一种具有开放性的系统，促使社会文化环境更加开放与多元。随着新媒体的发展，信息的全球化已经实现，各个地区人们的思想意识以及价值观念等不断进行碰撞与互动。在这样的大环境中，我国高校的大学生在看待国内及国际问题时使用的思考方式以及产生的认知程度有了新的变化，一些学生逐渐具有了国际化的视野以及更加开放的思考意识。在新媒体时代，高校大学生不仅会受自己所在地区文化的影响，而且会思考所在地区存在的问题，高校大学生会受到来自不同地区或国家的文化影响。比如一些学生虽然生活在经济较为发达的城市，但是会关心经济较为落后地区的问题；我国高校大学生虽然生活在和平的环境下，但是会关心中东地区的战争问题，关心不同国家产生的贸易问题；等等。从整体上来看，高校大学生群体更加愿意以及热衷于接受新的思想和新的观念，而新媒体的快速发展正好为他们接受这些新思想和新观念提供了渠道。在这样的新型平台中，大学生更加关注国内和国际上发生的大事，并且会在互联网中表达自己的看法与观点。同时，大学生也会充分了解世界文化，形成更加具有开放性和全球性的价值观念。

第二，新媒体和社会主义市场经济的发展，促使我国形成了更具开放性、平等性以及自由性的经济环境。在社会主义市场经济的发展过程中，我国的市场经济建设逐渐形成了更加开放且包容的环境，这种环境为高校大学生形成独立与竞争的意识提供了支撑。新媒体技术的发展与应用，又为大学生提供了个性化的表达方式。大学生在自身观念与意识得到改变，并且在可以进行个性化表达的基础上，充分体现出新媒体和市场经济所带来的社会环境变化。所以，市场经济的发展和新媒体的发展相辅相成，共同形成了一个新的社会环境。比如，在网络空间中，大学生可以表达自己关于一些社会问题的看法，或阐述自己的一些观点和思想。当然，在新媒体出现之前，大学生群体就喜欢对已出现的各种问题表达自己的看法，甚至会组织多人进行讨论，不过，无论是看法的表达还是组织讨论皆在小范围内进行，参与其中的人数较少。在新媒体环境下，大学生群体对某种社会问题的讨论可以通过互联网进行，通过互联网就会有更多人参与其中，从而实现更大范围的讨论，达到集思广益的效果。同时，大学生在参与讨论的过程中会充分展示自己的个性，表达自己认为正确的观点，这样就会促使大学生产生一种主人翁的感觉。因此，当前社会环境的平等性、包容性以及自主性就会被凸显出来。

第三，社会政治环境中的网络民主意识不断加强。众所周知，高校的思想政治教育与社会政治环境紧密相关。网络民主是新媒体快速发展促使环境产生的新特征，是新媒体技术与当前社会政治民主化发展相结合形成的产物。在新媒体支撑的平台中，人们参与政治的形式发生了变化，具有虚拟性和匿名性。在这一过程中，人们可以不受自己身份、地位等方面的束缚充分表达自己的观点，这样就促使人们参与政治的机会和话语表达的权利更加平等。同时，新媒体具有较强的开放性和匿名性，这就使人们进行民主监督以及政治参与有了平等的机会，并且参与空间也得到了拓展，最终促使社会形成了网络民主模式。从当前的实际情况来看，网络民主已经成为大学生群体认同并且推崇的一种形式，大学生敢于对各种贪污腐败或滥用职权的事件充分发表自己的观点，并且通过网络进行快速传播，从而发挥自己的正能量。所以网络民主能使大学生的民主意识不断提升，社会政治环境的民主性更加凸显。

（三）家庭环境建设现状

现在，新媒体技术已经在社会的各个方面得到应用，走进了千家万户，因此新媒体技术在家庭环境的建设方面也发挥了重要作用，主要体现在以下两个方面：第一，新媒体的发展促使家庭成员内部关系产生了变化。从目前的实际情况来看，很多家庭中的父母与长辈已经习惯使用微信与孩子进行联系和交流，以此来了解孩子在学校的学习情况，同时也让孩子了解当前的家庭情况。正是通过这种更加便捷的交流方式，促使大学生和父母之间的情感交流更加频繁，从而形成了一种更加和谐的家庭环境。第二，各种新媒体的发展，促使家长和学校毫无交流的状态得到改变。比如大学的辅导员可以通过建立微信群或QQ群与大学生的家长进行交流，或向家长透露学生在学校的实际情况，使家长知道孩子在学校学习的内容。同时，学校的辅导员也可以向家长传授相关的教育方法。这些都促使学校和家庭的思想政治教育形成合力。

二、新媒体环境下高校思想政治教育环境建设面临的问题

在新媒体技术的支撑下，高校的思想政治教育环境建设整体呈现出良好的发展态势，但是在这一过程中也出现了一些问题，主要表现在以下四个方面。

（一）网络信息监管和预警难度变大

目前智能手机已经普及，并且受到大学生群体的喜欢，成为大学生群体日常学习生活的重要工具。随着5G网络的到来以及无线网络的覆盖，再加上智能手机时刻在线，均为各种不良信息提供了传播渠道。一些不法分子会利用微信、QQ等社交平台向大学生宣传一些不健康的思想，由于互联网本身的开放性和虚拟性，这些信息具有极强的隐藏性，从而使监管部门难以有效地追查到信息的源头。智能手机具有摄像及摄影功能，大学生在遇到一些突发事件时可以通过手机进行录像或录音，并且将这些内容发布到互联网上。但是大学生在此过程中往往欠思考，导致在网络中引发一些负面效应，从而对高校的思想政治教育环境产生负面因素或带来不可控的因素。这些都会给高校的思想政治教育环境建设带来更大的压力。

（二）社会主流意识形态地位受到威胁

多种多样的现代化信息传播方式促使各种文化不断地碰撞与交融，从

而为西方的社会思潮提供了成长的土壤，这些社会思潮不断地融入我国的社会主流文化中，导致各种价值观念一并呈现在大学生眼前。在现实生活中，由于教师的文化背景不同以及在价值取向方面存在差别，且思想观点也存在一定分歧，不同教师对意识形态的认知程度存在不同，因此教师采用的教育方式也存在不同，最终导致高校的思想政治教育没有形成统一或有效的意识形态教育方式。当前大学生心性不够成熟，很容易在这种多元的价值观念环境中迷失，这也导致大学生在面对各种信息时缺乏选择与正确判断的能力，或在价值观念的影响下其情感态度、兴趣爱好、行为表现都体现出极大的不稳定性。这些都会导致社会主义主流意识形态的影响力受到限制，从而导致大学生丧失社会主义理想信念。

（三）优秀传统道德的传承受到挑战

随着现代化尤其是互联网的快速发展，我国几千年延续的家庭道德受到冲击。这导致当前部分高校的大学生产生了心理疾病，比如网络孤独症、人际交往危机等。这些问题无法在家庭环境中得到治愈，但是大学生又渴望交到新的朋友或受到其他人的重视，于是将这种情感寄托在虚拟的网络世界中，最终不能自拔，导致大学生和父母之间的沟通更加难以进行，最终变成恶性循环。在这样的恶性循环中，大学生的家长不知道大学生的真实想法，而大学生也难以理解父母的一些做法或行为，从而导致家庭成员应有的孝慈精神受到冲击，最终体现为家庭道德教育效果不断下降。同时，当前的优秀传统道德存在被消解的危机，不良信息腐化着部分大学生的思想观念。一些大学生将原本应严肃对待的事情或事物娱乐化或轻松化，而这种娱乐化或轻松化导致学生的道德标准不断降低。部分大学生受自私自利的思想观念影响，以冷漠的态度处理事情或完全不进行处理，甚至一些大学生还会通过一些错误言论进行抱怨，整体表现出责任感不足的问题。另外，一些传承至今的道德观念成了某些大学生闲暇时调侃的话题。这些大学生并不重视传统道德观念，认为传统道德观念不应对自己形成束缚。在这样的环境中，我们必须认识到传统道德意识不断消解的危机，在此基础上重建社会公德，这是新媒体环境下高校思想政治教育环境建设发展过程中必须解决的问题之一。

（四）物质化倾向不断加大

随着我国社会主义市场经济的发展，大学生逐渐形成了求实进取的精神。与此同时，也使一部分大学生产生了过度追求物质的心态。从目前来看，新媒体所带来的便捷与方便，促使市场经济中的一些负面思想开始通过新媒体快速传播，甚至一些别有用心的人会利用这些思想来腐化那些思维较为简单且没有责任担当的大学生。目前在大学校园中存在的校园贷和网贷问题，一些不法分子通过网络技术建立了可以贷款的平台，然后利用部分大学生的虚荣心引诱其贷款，最后因无力偿还高额利息，部分大学生受到了极大的伤害。还有部分大学生在一些社交平台上炫耀自己的财富，并且认为人生就该享受。市场经济带来的负面影响正在冲击大学生的意志品质，导致高校思想政治教育环境建设的难度不断增加。

第三节　新媒体环境下高校思想政治教育环境建设的新要求

新媒体的发展不仅是技术的发展，同时也是人们思想观念的发展。在新媒体的影响下，高校的思想政治教育环境建设有了新的要求，具体表现为转变和创新思维方式、提升新媒体素养以及优化思想政治教育内容。

一、转变和创新思维方式

从目前来看，高校思想政治教育环境产生的变化以及其中存在的各种问题，都要求高校思想政治教育环境的建设者必须转变和创新自身的思维方式。首先，环境能够对大学生发挥出激励或教化的作用，而高校的思想政治教育环境对大学生的意义在于，能够促使大学生形成正确的价值观念，还可以促使大学生深刻认识社会主义核心价值观，并且主动践行社会主义核心价值观。其次，高校思想政治教育环境的建设者在高校思想政治教育环境建设与发展过程中发挥着主导作用。最后，新媒体的发展促使不同主体的价值观念发生碰撞，大学生的价值观念也受到巨大的影响，并且产生了与时代相适应的变化。基于上述内容，高校思想政治教育环境的建设者必须敢于转变以及创新自己的思维方式，这样才能够促使高校思想政治教育环境在新媒体环境中得到更好的发展。

要想有效转变和创新思维方式，就必须在结合实际情况的基础上改变原有的习惯性思维。通常情况下，习惯性思维的形成主要原因是思维者本身存在一定的思维定式。简单来说，思维定式就是人按照自己以往所积累的经验或所获得的教训形成的思维方式或思维路线，这样的思维往往具有固化性、反复性及稳定性。在环境没有发生任何变化的情况下，人们往往在自身思维定式的影响下，通过以往已经使用过的方法或手段来解决出现的问题。但是外在环境产生变化时，原来的方法不能适应新的环境，并且会与人们在使用新方法解决问题时产生一定程度的冲突，之所以会产生冲突，主要原因在于人本身的思维定式。我国高校的思想政治教育内容具有十分突出的国家意识形态性，所以我国高校的思想政治教育承担着意识形态教育的任务。因此，人们在通常情况下认为高校思想政治教育服务于我国意识形态教育是科学认识问题，而不是价值认识问题。这种思维仅看到了我国高校的思想政治教育所具有的政治性与阶级性，没有看到高校思想政治教育内容的价值性。在思想政治教育方法方面，灌输式教育占据主导地位，即在教育过程中将重点放在理论和原则等方面的传授上，并且认为接受思想政治教育的人只要能够对理论有所认识，就可以说是进行了思想政治教育，但是这一过程缺少了后续自我改变和自我创造的过程，那么这样的思想政治教育就不是真正意义上的思想政治教育。在新媒体发展的背景下，当前高校的思想政治教育环境已经产生了一定变化，但是人们存在的惯性思维导致很多思想政治教育环境的建设者还是在强调相应的理论及原则，忽视了人本身的成长规律以及人在社会中跟随社会变化而产生的需求变化，这就导致思想政治教育环境建设不能实现人的全面发展的终极目标。所以在新媒体快速发展的环境中，高校思想政治教育环境的建设者必须紧跟时代发展，转变和创新自身的思维方式，特别是在思想政治教育工作环境建设过程中要充分把握人的成长及发展规律，这样才能够为大学生营造一个能够充分发挥教化作用的思想政治教育环境。

二、提升新媒体素养

媒介素养指的是公民在面对各种媒介信息时，进行解读以及适应的过程中所具备的能力。根据这一定义，新媒体素养可以认为是一种人们对新媒体运用的能力，或是一种对新媒体信息进行批判，并且在此过程中养成文明传播的道德修养。因此，提升新媒体素养可以促使高校的思想政治教育环境建设满足新时代的要求。

第一，高校需要对大学生进行新媒体素养教育，这是高校思想政治教育环境实现与时俱进的重要表现之一。目前来看，人们所生活的媒介环境已经发生了巨大变化，并且人们的思想观念在媒介环境发生变化的基础上也出现了诸多变化，原来以报刊及广播等传统媒介为主要载体的传播形式逐渐向以电脑、手机等新媒体媒介转变。所以，高校思想政治教育的理念必须跟上时代步伐，不仅要对大学生进行新媒体素养教育，提升大学生信息使用以及传播的能力，还要在此基础上引导大学生正确理解以及合理使用各种新媒体资源，并且在此基础上利用现代传媒的交互性以及创新性，充分发挥大学生的才能，最终促使大学生能够更好地适应媒介环境产生的变化，以形成相适应的能力。这就要求高校的思想政治教育必须紧跟时代发展进行改进与创新，在原来的基础上促使教育内容得到更新，并且要采用新的教育形式，特别是要将新媒体素养教育融入思想政治教育中，促使高校的思想政治教育得到有效的延伸及拓展，从而促使高校的思想政治教育环境建设顺利进行。

第二，新媒体素养是高校思想政治教育主体与客体适应新媒体发展的必备素质。随着新媒体技术的不断进步，新的媒介形式与传统媒介形式在同一时空中出现，这对人们的生存发展产生了巨大影响。其中，新媒体为人们提供了更多的信息，而这些信息为人们判断美与丑、真与假提供了基础，并且帮助人们建构起对国家、民族以及社会等方面的认知。但是相较于传统媒体形式，新媒体有着更为强大的媒介威力，正是这种媒介威力使得通过新媒体传递的信息更为丰富，其中存在的各种正面信息能够更好地帮助人们了解整个社会，从而更好地适应环境。但是在这些信息中同样存在一些负面信息，这些负面信息对整个信息造成了污染，对人们的心灵产生侵蚀。在这样的情况下，只有形成面对新媒体的自觉理性，并且形成基于新媒体的信息思考能力与判断能力，才能够在新媒体环境中不会产生空虚之感。从这里可以看出，提升大学生的新媒体素养对高校的思想政治教育环境建设具有重要性。

三、优化思想政治教育内容

随着传播技术的发展，各种思想价值观念在同一时空相互碰撞，从而促使信息内容和信息的来源具有更大的不确定性。在这样的情况下，就需要高校勇于创新，在实践过程中对思想政治教育内容进行调整，使思想政治教育内容得到丰富与优化。在新媒体浪潮下，优化思想政治教育内容主要体现在两个方面。

一方面，在高校的思想政治教育内容方面必须突出政治性，在教育过程中要充分传播主流思想。新媒体技术的快速发展和广泛应用，为大学生带来了具有开放性和交互性的空间，促使大学生可以在这样的虚拟空间更加方便地获取信息，同时大学生又可以通过这样的虚拟空间自由表达自己的言论。在此基础上，高校的思想政治教育必须充分强调政治性。当然，在高校的思想政治教育内容方面具有政治性是必需的，但这也导致人们已经形成习惯，甚至忽略了这种政治性在思想政治教育中的重要意义。同时，新媒体在信息传播方面具有快捷性，在表达方面具有交互性，在内容方面具有随意性，所以，在高校的思想政治教育中，必须增加关于政治方向、政治理想、政治立场以及情感等方面的内容。与此同时，在高校的思想政治教育中，与爱国主义和社会主义相关的教育也不能忽视，这样才能帮助大学生树立正确的政治观念。党的十九大报告明确指出，必须掌握意识形态工作的领导权，培育和践行社会主义核心价值观。这些内容都为高校指明了思想政治教育必须包含的内容。换言之，高校的思想政治教育必须通过开展有效的思想政治教育活动来引导学生充分理解马克思主义，充分践行社会主义核心价值观，形成实现中华民族伟大复兴的坚定信念。

另一方面，在高校思想政治教育内容方面，必须充分弘扬中华优秀传统文化，弘扬民族精神。在新媒体时代，各种快餐化的信息已经将人包围，人们在这样的环境中无时无刻不在被动接收各种信息，同时也在主动传递与分享各种信息。在这样的信息时代，导致客观和真实的信息以及传统的优秀思想道德受到网络中不良信息的冲击。对此，高校的思想政治教育就要充分弘扬中华优秀传统文化，尤其是其中的民族精神不能被遗忘。中华民族几千年来形成的传统文化是以儒家思想为主体的，并且在其中融入了道家、佛教及法家等不同思想，传统文化不断发展，最终形成了现在较为完备的文化体系。儒家思想提倡礼和仁，其中包含各个方面，比如政治、经济及文化等，是一套十分庞大并且较为复杂的文化体系。儒家思想强调必须将道德教育摆在教育的首位，必须在教育的过程中不断强调道德规范与伦理规范，所以儒家在此基础上为人们制定出一定的社会规范与内在修养准则。中华传统文化具有极强的生命力，并且具有极其突出的继承性，经过几千年的凝炼，已经完全适应了这个社会。当前高校的思想政治教育必须将传统文化融入其中，以优秀传统文化为基础架构思想政治教育的内容，这样才能够促使高校的思想政治教育拥有更为深厚的文化根基。换言之，高校的思想政治教育内容必须对优秀传统文化进行吸收，然后在发展融合的过程中促使优秀传统文化产生新的活力，这样就能够形成一种既有传承又有发展的民族精神，从而促使大学生在始终遵循道德规范的基础上适应新媒体时代。

第四节　新媒体环境下高校思想政治
教育环境建设的对策

从目前来看，新媒体已经成为高校思想政治教育环境建设的重要内容之一，在建设过程中必须充分结合新媒体对思想政治教育环境建设造成的新变化以及提出的新要求，还要根据相关的理论基础与实际情况，遵循相应的建设原则和方法，找到合理并且可行的思想政治教育环境建设对策。

一、提升社会环境产生的正面影响

根据思想政治教育环境建设的基本原则及方法，要想促使高校的思想政治教育环境建设获得相应成果，就需要提高社会环境的正面影响。

第一，当前必须建立完善的新媒体信息监管制度。对于政府而言，需要制定关于新媒体运行以及监管的规章制度，为新媒体的发展实现制度化与规范化提供相关保障。同时，监管制度要想合理及有效地运转，还需要有相关法律法规的支撑，政府相关部门以及立法机构需要根据实际情况制定相应的法律法规，保障新媒体信息监管制度能够得到有效落实。另外，政府相关部门还需要在建立完善监管制度的基础上，充分发挥自身的主导作用，对各个新媒体进行积极引导，使新媒体平台能够顺利运行，同时也使高校大学生在相关制度与法规的指导下积极参与各种新媒体活动。政府相关部门还要促使相关新媒体信息监管制度与法律法规产生效力，这样才能使新媒体活动以及新媒体中的信息对高校的思想政治教育环境建设产生更大的正面影响。具体来看：首先，政府部门需要加大新媒体人才队伍建设力度，促使更多专业人才组成新媒体人才队伍，制定出更加专业的新媒体信息监管制度。其次，政府部门需要建立相应的培训制度，定期或不定期举办关于新媒体制度与相关法律法规的培训活动，以使新媒体工作者对新媒体制度与法律法规有深刻的认识。再次，政府部门需要建立相关的考评制度，对新媒体平台或新媒体机构的工作者进行考评，对其中有突出表现的工作者予以物质奖励及精神表彰，对其中没有遵循相关制度规范以及相关法律法规的工作者实施行业惩戒。最后，政府部门需要加强对舆情的监控与引导，要对新媒体中的各种信息进行过滤和筛选，遏制具有煽动性舆论的传播，以促使网络环境得到净化。

第二，要积极唱响社会主旋律，大力弘扬中华优秀传统文化。我国各大网络新闻媒体需要主动承担起社会责任，对虚假化以及媚俗化问题进行纠正，从而发挥在传统文化与社会主义主旋律传播和教育方面的宣传和引导作用。首先，新媒体的从业人员必须具有相关的政治素养以及职业素养。对于新媒体从业人员来说，必须在日常工作中不断地提升对政策的理解力，做一名具备较高政治素养且能够进行科学传播、文明传播的媒体人。其次，新媒体平台必须大力弘扬中华优秀传统文化，并且在此基础上推出包含优秀传统文化的教育资源，以此形成具有艺术性和文化内涵的优秀传统文化教育精品，比如新媒体平台可以开通以优秀传统文化为基础或主题的公众号等，这样能够促使高校大学生在良好的社会文化氛围中形成优秀的思想道德品质。

第三，紧跟政治发展前进的脚步。党的十九大报告明确指出，必须始终坚持社会主义核心价值体系。所以，高校必须做好思想政治教育环境建设，社会中的各大新媒体平台要充分利用网络宣传社会主义核心价值观，同时引导学生践行党的十九大报告倡导的道德规范与行为品质。各大新闻媒体也要因势利导，加强大学生主流意识形态传播的建设和创新，充实大学生的精神世界，帮助大学生提高辨别与研判社会中的各种思想意识的能力。

二、优化校园环境

当前，提高校园环境质量已经变得尤为重要。优化校园环境可以帮助学生获得更好的体验和享受，增强学生的思维能力及探索创新能力，促进学生和教师的良好互动和相互信任。优化校园环境不仅可以提升教育质量，同时也是推动社会进步的重要手段。

（一）对传统媒体资源和新兴媒体资源进行整合

在校园环境优化过程中，高校校园媒体应通过其本身所具有的导向性以及对学生的影响力，在高校思想政治教育环境建设过程中发挥应有的作用。要想在此过程中使其作用最大化，就必须对校园媒体进行整合，具体为对高校中的各种新闻媒体进行整合，以实现资源共享。不管是传统媒体还是新兴媒体，都有自己的优点和缺陷，在整合传统媒体资源和新兴媒体资源的过程中，需要充分认识到其优势和缺点，然后通过各种方式促使传统媒体和新兴媒体的优势得到最大限度的发挥。从目前来看，要实现校园内传统媒体资源和新兴媒体资源的有效整合，最为重要的是高校必须基于各种媒体形态，比如校报、校刊、广播及电视等，组建对校园内媒体进行综合管理的部门，通过这一部门促进传统媒体及新兴媒体发挥自身的优势。同时，还需要通过这一部门负责校园内不同媒体的配合及协调，从而打破校园内各个媒体分散运行的局面，促使所有媒体能够联合成一个整体。比如高校可以建立校园宣传中心，并且通过这一中心来负责信息的采集和编写，指导各个传媒的具体运作方式。具体来看，校园宣传中心的工作人员可以统一进行活动策划、新闻的采访以及稿件撰写等，通过校报、校刊或校园网站对这些稿件进行发布，或通过校园电视台播放相关的新闻节目。经过这样的整合过程，能够解决校园内各个媒体在信息发布方面存在的时间差异以及信息无法共享等问题，从而形成校内宣传的合力。除此之外，建立校园媒体统一管理机构，还能够为校园各种媒体提供更加有序的空间，从而促进各类媒体的健康发展。

（二）提升高校思想政治教育工作者的新媒体素养

在新媒体快速发展的背景下，优秀的高校思想政治教育工作者不仅要具备相应的思想政治教育理论知识，也要掌握新媒体技术。对于高校来说，思想政治教育工作者必须在日常工作中主动学习各种网络技术，掌握各种新媒体的应用技能，同时能够将这种技能或知识运用到实践中。具体来看，高校的思想政治教育工作者需要在各种新媒体的支撑下，通过各种新的社交平台与大学生进行交流沟通，如微信、微博、QQ等，这样不仅能够更好地宣传社会主义主流文化，还可以与学生建立更为紧密的关系。新媒体时代是一个充满创新的时代，对于高校的思想政治教育工作者来说，在掌握新媒体知识与技术的基础上，还需要具备创新素质。高校的思想政治教育工作仍然处于发展过程中，需要在实践过程中不断地摸索与发展，总结出思想政治教育工作的规律，从而在此基础上培养创新思维，并在实践工作过程中进行创新。

（三）构建和谐向上的校内人际交往环境

今天，新媒体潮流已经对整个社会产生了巨大影响，大学生对新媒体的使用已经形成习惯，并且大学生的学习、生活已经离不开新媒体。比如在高校中，几乎所有学生在校园内部进行消费都会使用手机进行支付；很多高校的校园卡充值可以通过支付宝或微信来完成；很多大学生在人际交往的过程中也会使用各种社交平台进行交流，如微信、QQ等，这些社交软件不仅帮人们节约了更多的时间，还提升了交流的效率。需要注意的是，在网络中进行的交流具有虚拟性，甚至在一些情况下与现实相对立，但是仍然存在一部分学生沉迷于网络世界而不能自拔，最终影响学生形成健康的人格与思想道德品质。当前需要有相应对策来解决大学生在人际交往环境方面产生的各种问题。从大学生之间的交往来看，在新媒体时代，不同的大学生的人际交流不能过于依赖各种网络交流平台，而应通过其他方式进行交流沟通。比如，可以通过社团活动进行想法和意见的交流，通过座谈会进行交流沟通。对于高校来说，必须在大学生通过微信或QQ进行交流的基础上，组织线下的社团活动或座谈会来促使大学生进行线下的面对面交流，这样能够使大学生在各种活动中更好地体会现实社会中真实的人际交往，从而提升大学生在现实社会的人际交往能力。其次，从师生之间的人际交往来看，尽管微信、QQ等聊天软件使教师与学生之间的交流更加方便，但也带来了一些问题。比如教师和学生之间面对面交流的次数不断降低，而在网络上交流的次数不断上升，但是真正意义上能够实现心灵交流的是面对面的交流。所以，应让教师和学生之间实现真诚且和谐的交往，在教师与学生进行网络交流的同时，为教师与学生创造面对面交流的条件。最后，高校应重视学生的心理健康状态。无论是在虚拟世界中还是在现实生活中，学生的心理健康状况对他们形成积极的人际交往有着重要作用。所以，高校应设计出更加完善的心理健康辅导模式，促使大学生不仅能够在网络交流中沿着正确的方向发展，而且能够通过面对面的交流来提升交际能力。

（四）开展丰富多样的校园文化活动

长期以来，校园文化活动都是高校思想政治教育环境的重要组成部分，在思想政治教育环境中发挥着重要作用。但是校园文化活动不是孤立存在的，而是与现实社会的很多活动存在紧密联系，因此会受到社会中一些重大事件的影响。在重大事件发生时，无论产生的影响是正面的还是负面的，都会对高校从事思想政治教育的教育者与教育对象产生影响，从而引起大学生思想观念的变化。对于高校而言，必须开展丰富多样的校园文化活动，以此促使思想政治教育环境能够对大学生产生积极影响。第一，高校需要将社会中所发生的重大事件引入思想政治教育课堂教学内容中，这样不仅能够解决思想政治教育课堂教学内容单一枯燥的问题，而且能提升学生的学习兴趣，对学生进行正确引导，帮助学生对重大事件或者热点问题作出正确判断。同时，将重大事件引入课堂教学内容中，还能够为校园文化活动的开展提供更多的教育素材，然后在对社会重大事件进行分析和总结的基础上，使教育文化环境得到优化。具体来看，在选择重大社会事件时需要选择那些具有典型性的重大事件，这样能够更加顺利地在校园内部通过校园文化环境提升思想政治教育效果。比如可以促使高校大学生参与我国的一些重大活动，高校可以通过各种座谈会以及宣传活动等开展校园文化活动。这些校园文化活动的开展不仅能使大学生的集体观念得到强化，还能够帮助大学生充分认识各种重大事件发生的原因和背景，以及帮助大学生形成在面对困难时的积极心态，从而引导大学生形成良好的是非观念。

另外，高校还需要在开展丰富多样校园文化活动的过程中进行充满人文关怀的校园物质文化建设。学生在这样的校园文化物质环境中能够逐渐形成健康且阳光的心理品格，实现学习效率和审美能力的提升。具体来看，首先，高校需要在教学设施以及人文景观方面给予更高重视，投入更多时间与精力进行建设，从而为高校大学生提供更适合学习的环境氛围，减轻学生的心理压力。其次，高校需要建设一个安静且干净的生活区，将家庭温暖融入校园，使学生在得到充分休息的同时感受到家庭温暖，从而以更加充沛的精力投入学习。最后，高校需要建设良好的宿舍环境，为大学生提供良好的休息环境，从而为学生的课堂学习提供更多保障。

（五）坚持高校的优良传统

高校在发展过程中形成了独特的优良传统或精神品质，比如北京大学的创新、浙江大学的坚韧等。高校需要积极地承担应有的社会责任，更好地融入社会、服务社会、引领社会，引导大学生在学习更多知识的同时，培养满足社会需求和适应学科发展的高层次人才。要想实现这一目标，高校不仅需要对师资力量进行优化，还需要充分认识自身的优良传统，对大学生进行引导，从而在承担社会责任的基础上提升人才培养效果。在社会主义现代化快速发展的今天，高校还需要传承自身的优良传统与精神品质，从而促使大学生对社会主义核心价值观有更为深入的理解，帮助大学生实现全面发展。

（六）完善课程体系

思想政治教育理论课程能够促使高校思想政治教育工作获得更多的支持，并且能够帮助高校的思想政治教育工作明确方向。高校在思想政治教育过程中必须抓住这一机会，对教学体系和机制进行改革，从而为思想政治教育体系与机制的形成与发展提供更多的保障。无论是体系还是机制的改革都不是一蹴而就的，都会涉及多个方面，是一项复杂且长期的工程。具体来看，第一，高校需要积极面对思想政治理论学习和必修课程学习之间的矛盾，然后在此基础上，对两者的关系进行认真分析，判断孰轻孰重，既要在教学实践过程中注意两者之间的联系，也要充分注意思想政治理论课程的内容和中学阶段道德课程内容之间的差异，并且要保障思想政治理论课和必修课程在内容方面保持一致。第二，高校需要对课程体系和理论体系之间的关系进行研究，不仅要保障日常教学过程中相关课程内容具有更强的可理解性，还不能超出学生可以理解和接受的范围；既要注意课程内容具有整体性和逻辑性，也要采用科学与合理的讲述方式。第三，在教学过程中，教师需要注意讲述方法，使用丰富多样的教学手段进行教学，发挥课程的示范作用，通过社会中的各种案例进行讲解，使学生对课程内容有更为深入的理解。同时，教师还需要对教学内容进行更新，将党和国家提出的新理论充分融入其中，然后在结合实际案例的基础上启发学生，研究在面对一些错误信息或不良现象时应采取的措施，从而使学生对不良思想的警惕性得到加强。第四，高校需要重视教师队伍建设。一方面，高校在教师聘任方面需要进行严格控制，并且要对高校思想政治理论课方面的具体实施细则进行细化和完善，以使高校思想政治理论课教师的责任感得到加强。另一方面，高校需要建立更为有效的思想政治教育理论教师评价体系，以使教师形成正确的教学观念，从而促进教学效果得到提升。

三、充分发挥家庭环境的作用

家庭环境对大学生的发展以及整个社会发展都有着重要作用，对大学生的成长具有十分重要的作用，所以必须重视家庭环境的作用。从目前来看，各种互联网技术的快速发展建构起了家庭、学校以及社会之间沟通的桥梁，改变了以往家庭独立在社会环境和学校环境之外的情况。当前，必须充分突出家庭环境的重要地位，通过新媒体的优势来促使家庭环境得到优化和发展。

新媒体时代是一个信息共享以及信息传播形式多样化的时代，因此家庭环境不再是以往的封闭环境，而是与学校环境以及社会环境紧密相关。社会需要通过各种措施来促使家庭环境得到优化，促进家庭环境能够对学生的发展以及社会发展产生积极作用。

（一）加强家庭和学校的联系与合作

高校需要通过互联网技术，在更大范围内高效率地收集思想政治教育资源，从而在此基础上丰富思想政治教育资源。同时，高校还需要建立并开通思想政治教育网络或校园网络，使家长、学生和高校思想政治教育工作者共享思想政治教育环境资源。在思想政治教育资源共享的过程中，让家长充分学习关于思想政治教育的各种教育方式和方法，从而促使家长进一步对家庭环境进行优化。另外，家长在这一过程中也需要向高校的思想政治教育工作者提出相关建议，这样才能实现家庭与学校共同对思想政治教育环境进行建设的目标。在实现思想政治教育资源共享的基础上，家长和高校还需要探索共同参与思想政治教育的方法和形式。比如，高校可以和家长通过建立微信群或QQ群的方式，向学生家长表明思想政治教育的重要性，从而引起家长的重视；高校可以通过微信群或QQ群向家长展示思想政治教育的相关内容，使学生家长能够充分了解思想政治教育方面的信息。而通过与高校思想政治教育工作者的联系，家长可以分享自己在思想政治教育方面的方法，以及对家庭环境进行优化的方式等。

（二）家庭成员共同营造和谐的家庭环境

首先，父母需要与孩子多进行交流沟通，并且在日常生活中与孩子友好相处，这样能够促使家长成为孩子的良师益友，帮助孩子形成健全的人格。其次，父母需要充分尊重孩子做出的选择，并且以此为基础给予孩子更多指导，使孩子不依赖父母，形成独立自强的品格。最后，所有的家庭成员都需要紧跟时代步伐，充分利用新媒体带来的便捷，了解新的知识和掌握新的技能，了解国家大事，从而提升自身的综合素质。

（三）相关部门要加大宣传力度

政府相关部门或社会相关组织需要通过电视或广播等传统媒体和新媒体来宣传和谐家庭环境的重要性。同时也需要通过组织各种以家庭为基础的社会实践活动来增强宣传效果。比如，相关主管部门可以联合其他部门组织和谐家庭活动，通过各种新媒体平台展示和谐家庭的事迹，在社会中产生联动效应，使更多家庭受到影响，促使家庭道德建设在社会道德建设中发挥出更大作用，从而实现家庭环境和社会环境之间的和谐发展。

四、建立和维护高校思想政治教育环境整体生态系统

高校思想政治教育环境的整体生态系统应包含两个部分，具体为校内生态系统和校外生态系统。校内生态系统主要包括校园内部各种因素；校外生态系统包含存在于社会环境、家庭环境等环境中的各方面因素。从整体上来看，高校思想政治教育环境正是在内外生态系统的相互影响和相互作用下不断运行和发展的。

在新媒体技术的支持下，新的传播技术、新的资源形式及新的媒体类型已经产生，这些都使高校思想政治教育环境的内外生态系统的信息交流过程受到互联网技术的影响。教师与学生的主动性、目的性及计划性等方面又会反作用在校园环境中，促使校园环境产生相应变化。与校园内部生态系统相对应的校外生态系统的主要功能是，促使校园内系统和校园外系统之间形成循环，实现信息的交换与能量的转化，从而为校园内部的主体群落提供全面服务。同时，校园外生态系统需要承受社会政策、技术发展带来的冲击。随着新媒体的发展，校园内部生态系统和外部生态系统之间有了更为频繁的交流互动，并且两者之间的相互作用程度不断加深。同时由于网络技术本身的指向性以及可选择性产生的影响，因此校园内部生态系统和外部生态系统无论在政治、经济还是文化等方面，都开始产生界限跨越的情况，从而促使整个系统处于全球化的环境中。在此基础上，高校要想建立一个良好的思想政治教育环境整体生态系统，就必须对内部的网络环境以及主体群落进行净化和调控，同时在此基础上促使校园内部生态系统和外部生态系统形成一个和谐且有效的信息交流整体。另外，为了保障高校思想政治教育环境整体生态系统的稳定以及合理发展，避免在发展过程中出现某些危机，还需要对这种整体生态系统进行维护。具体来看，可以通过以下三个方面进行。

（一）加强法律的规范与引导

在新媒体管理规则和法规体系初步形成的环境下，需要完善网络的法律法规，使网络的法律法规更加专业化和细节化。只有完善的法律法规，才能够促使新媒体下的高校思想政治教育环境生态系统的基本规范得以形成。比如，需要对互联网域名进行管理，还需要对网站访问授权进行管理，明确规定禁止各种不良信息的传播，这样能够为高校的思想政治教育环境整体生态系统实现安全运行与发展提供更多支持。

（二）完善新媒体管理的保障体系

要想有效贯彻法律精神以及切实实施法律条文，还需要有一定的制度和体系作为支撑。新媒体时代，信息呈现爆炸式的增长，需要通过新媒体从业人员的自觉与自律以及政府相关部门的监督与考核，共同构建一个较为理想的新媒体管理保障体系，以保障高校思想政治教育环境整体生态系统能够长期保持健康运转。

（三）积极开展新媒体素养教育

在新媒体时代，我国各级政府机构与社会组织、企业单位等必须形成合力，通过宣传新媒体素养等方式，从而为大学生创造出接受新媒体素养教育的机会。同时，在家庭教育中，家长也不能忽视对孩子进行新媒体素养培养，家长要在日常生活中对孩子进行引导，并且要监督孩子在新媒体环境中的各种行为，如果发现大学生出现了一些错误行为，必须及时制止并且告知大学生在使用新媒体的过程中要自觉抵制各种不良信息。另外，高校的领导者以及管理者必须充分认识到高校是进行新媒体素养教育最主要的场所，所以必须通过设立相关教育课程或组织各种培训，促使学生更加积极地投身到校园文化建设中，这样不仅能够促使大学生的综合素养得到提升，还可以使大学生充分认识到思想政治教育对自身发展的重要作用。

参考文献

安韫超，2022.融媒体环境下高校辅导员开展大学生思想政治教育工作的策略 [J].现代商贸工业,43(20):180-182.

陈嘉迪,郑永扣,2021.自媒体环境下高校思想政治教育的新特征及路径优化 [J].南通大学学报（社会科学版）,37(6):129-136.

陈奎儒，蔡雯馨，肖秀烽，2022.高校周边环境对大学生思想行为的影响及其对策：基于绵阳市6所高校实证分析 [J].西部素质教育,8(14):43-45.

戴静，2016.手机媒体环境下高校思想政治教育工作优化路径研究 [J].太原城市职业技术学院学报(7):84-86.

董优,赵树明,2021.网络环境背景下的大学生思想政治教育模式转变：评《大学生思想政治教育工作研究》[J].热带作物学报,42(9):后插7.

范英，2008.优化育人环境培养创新人才：试论高校图书馆的思想政治教育功能 [J].江西图书馆学刊(4):76.

郭福仙，2011.浅议网络环境下我国高校思想政治教育内容和方法的优化 [J].当代教育论坛(综合版)(7):27-28.

郭莹，2020.高校思想政治教育在新媒体环境下面临的问题与优化措施 [J].农家参谋(1):276.

何慧星，薛林月，2009.论高校思想政治教育心理环境及优化：以新疆高校为例 [J].高校教育管理,3(4):6-9.

何世明，2018.高校思想政治教育网络环境优化办法 [J].才智(33):175.

胡启明，李春梅，2022.社交网络"评论"视角下大学生思想政治教育风险及应对 [J].高校辅导员学刊,14(2):23-28.

胡清华, 2008. 论强化思想政治工作对优化高校创业教育环境的影响 [J]. 湖南科技学院学报 (12):138-141.

黄炳辉, 2008. 建构主义理论在优化高校学生公寓思想政治教育环境中的应用 [J]. 黑龙江高教研究 (7):82-84.

黄静惠, 2021. 基于生态环境优化的高校思想政治教育建设路径 [J]. 环境工程,39(12):80-81.

纪晨,2017.新媒体环境下高校思想政治教育接受机制的优化研究[J].才智(12):107.

江旭, 王漫群, 2022. 基于易班平台探讨大数据环境下的大学生思想政治教育：以贵州理工学院为例 [J]. 产业与科技论坛,21(8):150-152.

孔繁怡, 2021. 新媒体环境对高职院校大学生思想政治教育的影响与策略 [J]. 品位·经典 (1):90-92.

匡长用, 2018. 简析自媒体环境诉求下的高校思想政治教育优化措施 [J]. 文化创新比较研究,2(2):180,182.

李晨涌, 2017. 社会主义核心价值观对新疆高校大学生思想政治教育环境的优化作用 [J]. 教育观察,6(1):25-26.

李佳润, 郭灿灿, 2014. 优化高校思想政治教育路径分析：新媒体环境下 [J]. 现代商贸工业,26(23):32-33.

林珊珊, 黄爱玲, 2019. 试论网络时代大学生思想政治教育环境优化的路径 [J]. 辽宁科技学院学报,21(5):102-103,31.

刘廷福, 2019. 新媒体时代大学生思想政治教育环境优化的路径选择 [J]. 三门峡职业技术学院学报,18(3):104-107.

刘卫平, 陈莉, 2012. 高校思想政治教育环境：现状分析与路径优化——基于和谐生态的视阈 [J]. 湘南学院学报,33(4):89-93.

刘志鹏, 2018. 文化视角下优化高校思想政治教育的环境对策 [J]. 东方企业文化 (S2):140.

马发亮, 李雪萍, 2016. 新媒体环境中高校思想政治教育传播存在的问题及优化路径探析 [J]. 传播与版权 (7):159-160,163.

邱燕，2015. 新媒体环境下高校思想政治教育工作的优化策略 [J]. 学校党建与思想教育（下）(12):62-63.

邱叶，2020. 移动媒介环境下高校思想政治教育微空间实践路径优化几点思考 [J]. 高教论坛 (5):7-10.

石瑞，龙涵嫣，杨娟，2021. 新媒体环境下大学生媒介接触行为调研报告：以长沙民政职业技术学院为例 [J]. 新闻研究导刊 ,12(16):51-53.

宋佳曼，2020. 论新时代高校思想政治教育环境的优化：基于对《关于费尔巴哈的提纲》的理解 [J]. 新西部 (9):138-139,152.

宋晓宁，艾俊顺，2021. 网络环境下大学生思政教育长效机制的构建：评《网络思想政治教育生态系统研究》[J]. 中国油脂 ,46(6):35.

孙兆延，2022. 新媒体环境下大学生思政教育传播模式的创新：推荐《新媒体时代思想政治教育传播学创新研究》[J]. 新闻记者 (1):F0003.

谭爽，2021. 信息技术时代大学生思想政治教育接受机制分析与探讨：评《新媒体环境下大学生思想政治教育接受机制研究》[J]. 人民长江 ,52(9):I0007.

陶莎，2021. 高校思想政治教育中的环境生态理念建设：评《环境生态工程》[J]. 环境工程 ,39(1):I0011.

王宏源，2017. 优化新时期高校大学生思想政治教育工作环境的对策思考 [J]. 中州大学学报 ,34(3):117-120.

王静，2021. 大数据技术在高校思想政治教育工作中的建设与融合：评《大数据时代思想政治教育环境新论》[J]. 中国科技论文 ,16(6):I0009.

王立寒，王道红，袁新月，2021. 高校思想政治教育环境对大学生的品行塑造与功能优化 [J]. 广西青年干部学院学报 ,31(5):52-55.

王欣，2020. 大众文化视域下高校思想政治教育环境优化的价值与思路 [J]. 河南工业大学学报（社会科学版）,36(6):82-86, 99.

魏荣，毛汪兴，2016. 论自媒体环境诉求下的高校思想政治教育优化路向 [J]. 思想政治教育研究 ,32(3):116-119.

徐建平，张立飞，2020."行为气场"培树对高校思想政治教育环境优化的实效性探析 [J]. 邢台职业技术学院学报,37(6):32−35.

杨冉，2021. 新经济环境下当代大学生思想政治教育中逆反心理的类型及其成因 [J]. 财富时代 (8):138−139.

杨思佳，董龄烨，2021. 新媒体环境下加强大学生思想政治教育：评《新媒体视阈下基于 VR 技术的思想政治教育研究》[J]. 中国科技论文,16(4):I0005.

叶梦迪，2018. 融媒体环境下高校思想政治教育工作优化研究 [J]. 太原城市职业技术学院学报 (11):81−83.

叶淑芹，2015. 网络环境下大学生的思想政治教育工作预防西方意识形态建设策略 [J]. 科技风 (9):252.

于玺，2018. 新媒体环境下高校思想政治教育的路径优化：基于广东高校的实证研究 [J]. 社会工作与管理,18(4):92−96.

云鹰，2021. 大学生思政教育创新背景下的新媒体技术应用：评《新媒体环境下大学生思想政治教育接受机制研究》[J]. 中国科技论文,16(3):I0017.

张晓霞，2022. 心理学在高校思想政治教育中的价值：新媒体环境下《高校课程思政：共识、设计与实践》探索 [J]. 新闻爱好者 (7):I0008.

张琰霞，2016. 优化高校思想政治教育同辈群体环境的探析 [J]. 湖北函授大学学报,29(4):58−59,99.

赵嘉麒，2007. 以人为本创建和谐校园：优化高校的思想政治教育环境 [J]. 伊犁师范学院学报（社会科学版）(3):63−65.

QI D,WEN N, 2013. Innovation on Environmental Construction of Ideological and Political Education in Colleges[J]. Higher Education of Social Science,5(3):66−68.

QIN R P,ZHAO M M, 2017. Research on Continuity of Ideological and Political Education Environment in Colleges and Its Optimization Ways[C]//The 2nd International Conference on Judicial, Administrative and Humanitarian Problems of State Structures and Economical Subjects (JAHP 2017)(Advances in Social Science, Education and Humanities Research, Vol.159):535−539.

WEN L,QU W, 2014. The Changing Times and Countermeasures on Ideological and Political Education Environment of College Students[C]//Proceedings of 2014 4th International Conference on Applied Social Science(ICASS 2014). 52 th ed.[S.L: s.n.]:653−656.

YANG J Q, 2015. Complexity and Strategy of Ideological and Political Education Environment in the New Century[J].International English Education Research(5):21−24.

后 记

在新的形势下，环境对高校思想政治教育所产生的影响更加明显，所以高校的思想政治教育环境对大学生的思想品德建设产生了重要影响。环境会对高校思想政治教育和学生未来发展产生影响，特别是在当前教育环境所产生作用越来越明显的背景下，需要高校对思想政治教育环境进行优化，以充分发挥思想政治教育环境的建设作用，促使思想政治教育活动能够获得更好的效果。

思想政治教育是一项复杂的社会工程。处于思想政治教育环境中的人，必然会受到思想政治教育环境的影响且与环境进行互动。从我国思想政治教育的实际情况来看，由于历史传承，在思想政治教育研究和教学过程中，更多的是提及理论灌输，对下一步的研究较少。同时，在思想政治教育学科发展过程中，不管是将灌输作为主要的教育方法，还是将灌输作为主要的教育原则，都体现出理论灌输在我国高校思想政治教育中占据主导地位。近几年来，随着我国教育改革的不断开展，教育领域对思想政治教育环境建设有了更深入的认识，并且对当前思想政治教育环境建设进行了反思。在全球化发展过程中，西方国家不断地向其他国家推行他们的意识形态，比如西方国家通过各种物质产品及精神产品，并且利用其拥有的信息优势，不断地将他们的意识形态以及价值观念输入我们的生活中，从而从各个方面对我国民众产生影响。西方资本主义国家对我国的和平演变图谋没有发生任何改变，因此我国必须促进思想政治教育环境建设产生更好的效果。

信息时代，我国在进行经济建设的过程中，思想政治教育环境已经发生了巨大变化，无论是人们的生活方式、思维方式还是信息的传输方式等方面都发生了本质变化。为了促使高校的思想政治教育实效性得到提升，我国必须进行新的思想政治教育尝试，通过隐性教育、无意识教育等多种方式使高校大学生对各种信息进行准确判断，从而自觉抵制不良信息的影响。

本书在对思想政治教育环境建设进行探索分析的基础上，对当前我国高校思想政治教育环境的现状进行调查分析，并且提出相应的优化措施，希望能为我国高校思想政治教育环境的建设与优化提供更多思路。本书尽管在一些方面进行了研究与分析，并且得出了一定的结论，但是也存在一些需要进一步研究和深化的内容，比如对思想政治教育环境的区分方面，很多对环境产生影响的因素，其本身不仅作为一种影响因素存在，同时又能够对另外一种因素产生影响，这些都对高校的思想政治教育环境建设与优化提出新的要求与挑战，从而增加了高校思想政治教育环境建设与优化的难度。

高校思想政治教育环境建设与优化是一个恒久的研究领域，需要后来者不断地进行深入研究，从而为我国高校思想政治教育环境建设与优化提供更多建设性意见。除此之外，高校还需要为学生营造出更好的思想政治教育环境，这样才能为培养高素质人才打下良好基础，才能够促使思想政治教育事业健康发展。